Vitrations de Architecture
Suivi de
Frontières de Aqua
Selgitus delan

I0391706

Rome, G. Herold.

©

V

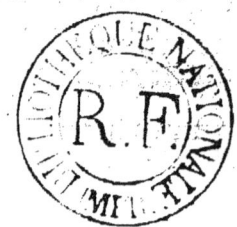

IO.SVLPITIVS LECTORI SALVTEM :.

Cum diuinū opus Victruuii : nó modo studiosis: sed reliquis ho
minibus: si in exemplaria innumera diffunderetur: multum con
ferre posse animaduerterem: cessantibus id agere aliis: ut puto in
melioribus occupatis : quod diu multumcʒ ad publicum usum
desideraui: ipse tandem effeci . Collatis enim multis id genus li/
bris: & in primis uno nostri Delii manu: satis accurate pscripto:
eum mihi laborem assumpsi: ut q̃tum per plurimas occupatónes
meas fieri posset: redderem unum imprimendorum archetypum
adeo emendatum : ut paruus labor cuiuis alteri eiusdem rei stu/
dioso relinqueretur. Q uod si fidelis ut spero librarius fuerit: &
cum his impressis scripti calamis conferentur: facile fides nostra
& diligentia apparebit: Nec tamen illud commiserim: quin com
plura ex iis quæ ille peruerterit(necʒ enim aliter fieri potest) in
postrema pagina annotanda non congeram. Siqua uero in qui/
busdā græcis quæ obscura sane deprauatacʒ sunt: interim percun
ctando meliora potero inuenire: ibidem silentio uon præteribo
Figurarum descriptionibus quoniam earum exempla habere ne
quiuimus: & sunt rationis difficilis: & artificibus laboriose : sua
in marginibus spatia seruabuntur : ut quom uel nostro uel alio/
rum studio edentur in lucem: suis locis possint affigi: Interim ue/
ro litteratos omnes in quorum manus uolumina hæc peruene/
uelim oratos: dent nobiscum opam ut habeať hic auctor emen/
datissimus: & sit suis undicʒ partibus absolutus: quod quideʒ spe
ro fore breui:: cum ob ingeniorum copiam & prestantiam: tum
ob laudis ardorem maxime cuicʒ erudito adiunctum: qᴜ ᴣm mihi
in publico commodo non appetenti: satis blanditurā pu ᴐ. quia
primus hoc in stadio curro: & ad certamen uia iam liberaliť stra/
ta reliquos Inter se excito. Vale iam: & liuore lectio careat: Age
cʒ ut ego cum aliis te quocʒ sine odio commendare possimus :.

.: INDEX :.

RAPHAELI·RIARIO CARDINALI:SANCTAEQuE ROMANAE ECCLESIAE CAMERARIO.IO.SVLPI⸗ PITIVS FOELICITATEM :.

Vicqnid curæ:studii:uigiliarum & opere: in emendan
q   do & uulgando Victruuio posui. Q uicquid utilitatis
in medium affero.Q uicqd forsan & laudis consequar
tuæ dedico amplitudini Raphael Riarie Ro.ec. dignissime Ca
merarie:certum litteratorum præsidium:Fotor ingenioᵱ. Spes
publica.Patrocinium populorium:benignitatis delitie : uirtutū
qʒ plurimarum uiuida quædā effigies: Cui enim hunc aptius pos
sem?qʒ cui ego sum deditissimus:& a quo me diligi:& Victruuiū
in delitiis haberi intelligo?Immo ad quē libentius architectus ip
se se diriget?qʒ ad eū qui sua lectõe plurimū delectatʼ.Q uiqʒ suis
ꝓceptis & sæpe & in magnis ædificiis:si uixerit:sit usurus Q uēqʒ
prætoria:uillas:tēpla:porticus:arces:& regias:sed prius theatra
ædificaturū spe certa colligimus.Tu·n·primus Tragoediæ quam
nos iuuentutē excitandi gřa & agere & cātare primi hoc æuo do
cuimus(Nā eius actõnem iā multis sæculis Roma nõ uiderat)in
medio foro pulpitū ad quinqʒ pedum altitudinem erectum pul⸗

cherrime exornasti:Eandemqʒ postq̃ in Hadriani mole Diuo In
nocentio spectante est acta:rursus intra tuos penates tanq̃ in me
dia circi cauea toto consessu umbraculis tecto:admisso populo &
pluribus tui ordinis spectatoribus honorifice excepisti▪Tu etia3
primus picturatæ scœnæ faciem quom Pomponiani comœdiam
agerent:nostro sæculo ostendisti.Quare a te quoqʒ Theatrũ no/
uum tota urbs magnis uotis expectat:Videt ▪n▪ liberalitatem in
genii tui:qua ut uti possis deus & fortuna concessit▪Cum igitur
nec desint tibi facultates: nec uoluntas gratificandi▪Accinge te
ocius ad hanc beneficentiam alacriter exhibendam▪Quid enim
popularius:Quid gloriosius ista tua ætate facere possis:Q▪Ca
tulum qui primus spectantium cõsessum inumbrauit: iam æqua
uisti.Claudio in pictæ scenæ uarietate non inuidemus▪Antonii
argenteam:Petreii auream: Catuliqʒ eburneam ut luxum nimi/
um expetit nemo▪Versatilem & ductilem quando libuerit facies
non difficulter.Illud unum igitur superest:ut mediocrem lõcum
ex Victruuii institutione constituas:in quo iuuentus tibi deditis
sima ad maiorum se imitationem in rēcitãdis poematis fabulisqʒ
actitandis in deorum honorem festis diebus exerceat:honestisqʒ
spectaculis & moneat populum & exilaret:Nam quæ uoluptas
potest cum hac spectandi delectatione conferri:quæ per oculos
& aures blande in animos influens:eos titillat: mouet: docet:&
afficit:Valeant ergo digladiantium inter se hominum:muta:fu
nestaqʒ:& cum bestiis uix unq̃ sine humana cæde spectacula:&
uel hic litteratis:uel in campo militaribus delectemur▪Ea autem
ut quam optime & sæpissime fiant:Theatro est opus▪Quo quid
fieri & presentibus & posteris iucũdius potest:Si enim post Pom
peianum illud marmoreum & capacissimum:minora & incultio/
ra:magnæ suis gloriæ fuerunt auctoribus.Q̃uãtæ tibi nunc erit
quom nullum integrum extet:si aut dirutum reparaueris:aut tio
uum erexeris:Aedes sacras quarum est maxima copia(Atqʒ uti/
nam tam sanctæ q̃ passim deos ueneraremur)in ætate prouectio
ri ponere poteris:Producet enim tibi uitam omnipotens:si bene
feceris:& ad summa rerum te euehet:ut non mõ maxima quæqʒ
urbium ornamenta:sed etiam nouas urbes constituas▪Nunc ue/

ro hæc occafio prætermittenda non eft.Vides enim magnum ad
Romam ornandam:inter præftantiffimos: & fuiffe iam pridem
& effe certamen:ac unumquenq̃ in fuæ laudis argumento:quod
prudenter excogitauere uerfatos effe atq̃ uerfari ▪ Sixtus Pon▪
Max▪compluribus facris ædibus inftauratis:Pontem refecit: Vi
as direxit & ftrauit:Bibliothecam copiofiffimã ordinauit:Tum
Diuæ Virgini fpeciofiffima templa ædfiicauit▪Innocentius uero
ad illum & Paulum fuperandum erectus:omnia præclara & po⸗
pularia cogitat▪Itaq̃ impofito bellis fine : Prætorio fuburbano
peracto:agilitatis certaminibus & equitum concurfionibus:do⸗
talibufq̃ & fumptuariis legibus reuocatis:Falconis Sinibaldi fui
queftoris:fummi confilii:fidei auctoritatis:& patriæ amãtiffimi
uiri:& Marcelli Capiferri Nicolaiq̃ Porcii ædiliũ fingularis ami
citiæ:cura:tum Flore campus▪tum Circus flaminius lateribus ap
tiffime fternitur ▪ De Gymnafio noftro euertendo & magnifice
conftruendo (Q uod utinam præoccupaffes: ibi enim quotidi
ana omnium difciplinarum edũtur fpectacula)Prudentiffimi re⸗
formatores iam iniere confilium:& eurythmiam & fymmetriam
difpofuere:Q uæ cum ita fint quid aliud noui huic eft fæculo re⸗
liquum:nifi ut aut fontes inducantur:aut theatrum ædificetur:
Fontes uel tu poftea:uel quiuis alius cũ multa utilitate gratiaq̃
inducet:Nunc theatrũ quin uel inftaures uel nouũ cõftruas caue
ne dfferas:ne tantam expectatõem & fpem eludere uidearis: Dif
ficile eft▪n▪amãtiffimi populi defideriũ aut diu ptrahere:aut om
nino fruftrari:Gratia▪n▪qua nõis celebritas uiget uel remittitur
uel extinguitur.Q d̃ ne tibi poffit accidere▪Age hanc gloriofã
prouinciam toto populo optante:& ut magnificentius & inftru⸗
ctius erigas:aurum per fingula capita ultro conferente:iam arri⸗
pe:& te gratiofum & clariffimũ:hac infigni liberalitate: gratiofi
orem illuftrioremq̃ reddens: ppetua populũ R▪o▪uoluptate : cũ
æterna tui memoria bea▪ Interim uero nr̃m hoc munufculũ que
fo ne afpneris:atq̃ ut ei donec tibi noftris aliqd fabricatũ mani⸗
bus afferã:acquiefcas:dignatõem tuã magnope uelim oratam :▪

▪: Vale :▪

L. VICTRVVII POLLIONIS AD CESAREM AVGV STVM DE ARCHITECTVRA LIBER PRIMVS.
PREFATIO

Vm diuina mens tua:& numen Impatōr Cæſar imperio potiretur orbis terrarū:inuictaꝗ uirtu te cunctis hostibus stratis triumpho uictoriáꝗ tua ciues gloriárentur:& gentes oēs subacte tuū spectarent nutum.P.Q.R.& Senatus liberatus timore ampliſſimis tuis cogitatiōibus cōſiliiſꝗ gubernaretur.Non audebam tantis occupatiōibus de Architectu ra scripta & magnis cogitatiōibus explicata ædere.Metuens ne nō apto tpe interpellans subirē tui animi offenſione.Cum uero atten derem te non solū de uita cōi oīum curam.P.Q. rei conſtitutiōe habere.Sed etiam de oportunitate publicorumꝗ edificioꝗ ut ciui tas aperte nō solū prouinciis eſſet aucta.Verū etiā ut maieſtas ĩ perii publicorum edificiorum egregias haberet auctoritates.Non putaui pretermittendum quin primo quōꝗ tpe de his rebus eā ti bi ædere.Ideoꝗ primum paꝛēti tuo de eo fueram notus & eius uir tutis ſtudioſus.Cum aūt cōcilium celeſtium in ſedibus imortalita tis eū dedicauiſſet.&Impium parentis in tuàm poteſtatem tranſtu liſſet.Illud idem ſtudium meum in eius memoria permanens in te contu lit fauorē.Itaꝗ cum.M.Aurelio & .P. Numidico &. CN. Cornelio ad preparatiōe baliſtarum & ſcorpionum reliquorúꝗ tormentoꝛ refectiōem fui preſto:& cum eis cōmóda accepi:ꝗ cum mihi primo tribuiſti recognitiōe per ſororis cōmendationem ſer uaſti.Cum ergo eo beneficio eſſem obligatus ut ad exitū uite non haberē inopie timorē hec tibi ſcriber cepi.ꝗ animaduerti te multa ædificauiſſe & nunc ædificaꝛ.Reliquo quōꝗ tpe & publicorum & priuatorum edificiorum pro amplitudine rerum geſtarū ut poſte ris memorie traderēt curam habiturum.Conſcripſi preſcriptiōes terminatas ut eas attendens & ante facta & futura qualia ſint ope ra per te nota poſſes habere.Nāꝗ his uoluminibuſ aperui omnes diſcipline rationes.

Rchitecti est scientia pluribus disciplinis & uariis erudi
tioibus ornata.cuius iudicio pbantur q̃ a ceteris artibuſ
pficiuntur opera. ea nascitur ex fabrica & rocinatiōe. Fa
brica est continuata ac trita usus meditatio.qūe manibus perficit
& materia uniuscuiuſq̃ generis opus est ad ppositū deformatōis
Ratiocinatio aūt est que res fabricatas solertie ac rōnis pportione
demonstrare atq̃ explicare poteſt.Itaq̃ architecti qui sine lr̄is con
tenderant ut manibus essent exercitati non potuerūt efficere ut ha
berēt p laboribus auctoritate.Qui aūt rōcinatiōibus & lr̄is solis
cōfisi fuerunt umbrā non rem pſequuti uidentur.At qui utrūq̃ p
didicerūt uti omnibus armis ornati ocius cum auctoritate quod
fuit positum sunt assequuti.Cum in omnibus eni rebus. Tum
maxime in architectura hec duo insunt qd significat & quod sig
nificat.Significat ppolita res de q̃ dicit.hac aute significat demō
stratio rōibus doctrinæ explicata.q̃re uidetur utraq̃ parte exerci
tatus esse debere qui se architectū pfiteat. Itaq̃ eum & ingeniosū
esse oportet & ad disciplinam docile.neq̃ eni ingeniū sine discipli
na aut disciplina sine ingenio perfectū artifice pōt efficere. & ut sit
teratus sit.peritus graphidos.eruditus geometria historias cōplu
res nouerit.Philosophos diligēter audiuerit. Musicā sciuerit. Me
dicine non sit ignarus.responſa iuriscōsultoꝝ nouerit.Astrologiā
cœliꝗ rōnes cognitas habeat. que cur ita sint he sunt cause . Lr̄as
architectum scire oportet:uti cōmentariis memoriā firmiorē effice
re possit. Deinde graphidos sciam habere. quo facilius exempla
ribus pictis quā uelit opis spēm deformare ualeat.geometria autē
plura presidia prestat architecturf &primū ex euthygrāmis circini
tradidit usum e quo maxime facilius edificioꝝ in areis expediunt
descriptiones normarumq̃ & librationū & linearū directiones. itē
popticen in edificiis a certis regionibus coeli lumina recte ducun
tur per arithmeticen ratio sumptus edificioꝝ consumatur: mensu
ratum rōnes explicantur:Difficileſq̃ symmetriaꝝ q̃stiones geome
tricis rationibus & metodis inueniuntur.Historias aūt plures no
uisse oportet: q̃ multa ornamēta sepe i opibus architecti designāt

de quibus argumétis rónem cur fecerint querétibus reddere debét
quéadmodú fi quis ftatuas marmoreas muliebres ftolatas & que
cariatides dicuntur pro colúnis in opere ftatuerit & infuper mutu
los & coronas collocauerit percontantibus ita reddet rationem. Ca
riaciuitas peloponenfis cú perfis hoftibus contra græciá confenfit
Poftea græci per uictoriam gloriofe bello liberati cómuni confilio
cariatibus bellum indixerút. Itaq oppido capto: uiris interfectis:
ciuitate declarata matronas earú in feruitutem adduxerút. nec fút
paffi ftolas neque ornatus matronales dponere. ut non uno trium
pho ducerentur fed æterno feruitutis exemplo graui contumelia
preffæ pœnas pendere uiderétur pro ciuitate. Ideo qui tunc archite
cti fuerunt edificiis publicis defignauerunt earum imagines oneri
ferendo collocatas. ut etiam pofteris nota pœna peccati cariatium
memorie traderet. non minus lacones paufania ageftille polidos
filio duce pitaleo prelio pauca manu infinitú numerum exercitus
Perfax cú fuperauiffét: a to cú gloria triumpho fpoliox & prede
porticú perficá ex manubiis laudis & uirtutis ciuium indicem ui
ctorie pofteris pro tropheo conftituerút. ibiq captiuox fimulacra
barbarico ueftis ornatu fuperbia meritis cótumeliis punita fubfti
nentia tectú collocauerunt: uti hoftes horrefcerent timore eox for
titudinis effectus. & ciues id exemplú uirtutis afpiciétes gloria ere
cti ad defendédam libertaté effent parati. Itaq ex eo multi ftatuas
perficas fubftinentes epiftilia & ornaméta eox collocauerút: & ita
ex eo arguméto uarietates egregias auxerút opibus. Item funt alie
eiufdé hiftoriæ generis. quax noticiá architectos tenere oporteat.
Philofophia uero perficit architectú aio magno. & uti nó fit arro
gans: fed potius facilis æquus & fidelis fine auaritia quod eft ma
ximú. Nullú eni opus uere fine fide & caftitate fieri pót. ne fit cu
pidus neq in muneribus accipiendis habeat aim occupatú. fed cú
grauitate fua tueat dignitaté boná famá habédo. hec eni philofo
phia pfcribit. Preterea de rex natura que græce phifiologia dicit.
Philofophia explicat: q neceffe eft ftudiofius nouiffe. qp hét mul
tas & uarias naturales queftiones. ut etiá in aquax ductióibus. in
curfibus eni & circuitióibus & librata planitie expreffionibus fpi

ritus naturales aliter atcɜ aliter fiũt.quoꝝ offensionibus nemo me
deri poterit nisi qui ex philosophia principia reꝝ nature ñouerit
iteɜ Thelbie Aut archimedis & ceteroꝝ qui eiusdẽ generis precep
tã cõscripserũt leget:Sẽtire nõ poterit nisi his rebus a philosophiſ
erit institutus.Musicen autẽ sciat oportet uti cantionicã rõnem &
mathematicaɜ notam habeat.Preterea balistaꝝ catapultaꝝ scorpio
num tpaturas possit recte facere. in capitulis eñi dextra ac sinistra
sunt foramina he mitonioꝝ.per que tendunt̃ surculis & uectibus
e neruo torti funes q̃ nõ p̃cludunt̃ nec preligant̃ nisi sonitus ad ar
tisicis aures certos & equales fecerint.Brachia eñi que in eas tentio
nes includunt̃:qum extendunt̃ equaliter & pariter utracɜ plagã
emittere debent.ɋ si non hemitonia fuerint impedient certã teloꝝ
missionẽ.In theatris uasa erea que in cellis sub gradibus mathema
tica rõne collocantur sonitũ & discrimina q̃ græci ethea uocant ad
symphonias musicas siue concentus cõponunt̃ diuisa in circinati
one diatesseron & diapẽte & disdiapason.ut uox scenici sonitus cõ
ueniẽs in disputationibus tactu cũ offenderit aucta cũ incremẽto
clarior & suauior ad spectatoꝝ perueniat aures.hidraulicas quocɜ
machinas & cetera q̃ sunt similia his organis siue musicis rõnibuſ
efficere nemo poterit. Disciplinam uero medicine nouisse oportet
ꝓpter inclinatioẽs celi q̃ græci climata dicũt.& aeris & locoꝝ que
sunt salubres:aut pestilentes:aquarũmɋ usus. sine his enim rõni
bus nulla salubris habitatio fieri poterit.Iura quocɜ nota habeat
oportet ea:que necessaria sunt edificiis cõibus parietũ ad ambituɜ
stillicidiorum & cloacarum liminum.Item aquarum ductiones &
cetera que huiusmõi sunt nota oportet sint architectis uti ante ca
ueant q̃ instituãt edificia:ne cõtrouersie factiſ opibus p̃ribus fami
liaꝝ relinquant̃,& ut legibus scribendis prudẽtia cauere possit &
locatori & cõductori.Nãcɜ si lex perite fuerit scripta:erit ut sine
captiõe utercɜ ab utrocɜ liberet̃.Ex astrologia aũt cognoscit̃ oriẽs
occidens.meridies.septentrio. & celi ratio equinoctiã.solstitium.
astroꝝ cursus.quoꝝ noticiã si qs nõ habuerit horologioꝝ rõnem
oino scire non poterit.Cũ ergo tanta hec disciplina sit cõdecorata
& abundans eruditionibus uariis ac pluribus nõ puto posse iuste

repente architectos profiteri nisi qui ab etate puerili his gradibus
disciplinaz scandendo scia plerunqz lraru & artiu nutriti puenerit
ad summu templu architecturæ. Ac fortasse mirz uidet imperitis
hoibus posse naturã tm numerz doctrinaz zdiscere & memoria cõ
tinere. Cu aut animaduerterint oes disciplinas inter se coiunctionē
rerz & coicationē habere fieri posse faciliter credet. Encyclios eni di
sciplinæ uti corpus unu ex his membris est coposita. Itacz qui a te
neris etatibus eruditioibus uariis instruunt oibus Iris agnoscut
easdē notas coicationéqz oium disciplinaz & ea re facilius oia cog
noscut. Ideocz de ueteribus Architectis Pythius qui primus ædez
mineruæ nobiliter est architectatus ait in suis cõmentariis archite
ctum oibus artibus & doctrinis plus oportere posse facere q̃ q̃ sin
gulas res suis industriis & exercitatioibus ad summã claritatē pdu
xerut. Id aut re nõ expedit. Non eni debet nec pot esse architectus
grãmaticus uti fuerit Aristarchus sed non agrãmatos nec musicus
ut Aristoxenus. sed nõ amusos. Nec pictor ut Apelles. sed graphi
dos nõ impitus. nec Plastes quēadmodu Miron seu Policletus. sed
ratiõis plasticæ nõ ignarus. nec denuo medicus ut hippocrates sed
non amateologetus. nec in ceteris doctrinis singulariter excellens.
sed i his nõ imperitus. Nõ eni in tantis rerz uarietatibus elegãtias
singulares quilq̃ cõsequi pot. cp earz rõcinatioes cognoscet & perci
pere uix cadit in ptatem. nec tm non tm architecti nõ pnt in oibus
rebus habere summu effectu. sed etiã ipsi q priuatim pprietates te
nent artiu nõ efficiunt ut habeãt oes summu laudis principatu. er
go si in singulis doctrinis singuli artifices necz oes sed pauci æuo
ppetuo nobilitatē uix sunt cõsecuti. Quemadmodu potest archite
ctus qui pluribus artibus debet esse peritus. nõ id ipm mirz & ma
gnu facet. neqd ex his indigeat. sed etiã ut oes artifices superet. qui
singulis doctrinis assiduitatē cu industria summa pstiterit. Igitur
i hac re Pythius errasse uidet. cp animaduerterit ex duabus rebus
singulas artes esse copositas ex ope & eius rõcinatione. Ex his autē
unu ppriu esse eorz q singulis rebus sunt exercitati. id est opis effe
ctus alterz cõmune cu omnibus doctis id est rõcinatio. uti medicis
& musicis & de uenarum pythimo & ad pedē motus ut si uulnus
mederi aut egrz eripere de periculo oportuerit nõ accedet musicus

sed id opus ppriū erit medici iter in organo non medicus sed mu
sicus modulabit ut aures suē cantiōibus recipiāt iocūditatē. Simi
liter cū astrologis & musicis est disputatio cōis de simphatia stella
rum & simphoniaᵣ in ꝗdratis & trigonis diatesseron & diapēte a
geometris diuisus ꝗ græce logos opticos appellatur. Ceteris꜀ om
nibus doctrinis multæ res uel oēs cōes sunt dūtaxat ad disputādū
opeᵣ uero ingressus ꝗ manu aut tractionibus ad elegantiā perdu
cunt ipoᵣ sunt qui proprie una arte ad faciendū sunt institutī. er
go satis abunde uidetur fetisse. ꝗ ex singulis doctrinis partes & ra
tiones eaᵣ mediocriter habeat notas eas que necessarie sūt ad archi
tecturā. Vti si ꝗd de his rebus & artibus indicare & probare opus
fuerit ne deficiat. Quibus uero natura tm tribuit solertiæ acumi‑
nis memoriæ: ut possint geometriā astrologiā musicen ceterasꝗ di
sciplinas penitus hre notas: pretereunt officia architectoᵣ & effici
unt mathematici. Itaꝗ faciliter cōtra eas disciplinas disputare pos
sunt ꝗ pluribus telis disciplinaᵣ sunt armati. Hi aūt inueniunt
raro ut aliꝗ fuerunt. Aristarchus Samius. Philolaus & Architas
Tarētinus Apollonius Pergeus Erathostenes Cyreneus Archime
des & Scopinas a Syracusis qui multas res organicas gnomonicas
numero naturalibusꝗ rōnibus inuentas atꝗ explicatas posteris re
liquerunt. Cum ergo talia ingenia a naturali solertia non passim
cunctis gētibus sed paucis uiris hre concedat. officiū uero archite
cti oibus debeat eruditionibus esse exercitatum. Et ratio ppter am
plitudinē rei umittat nō iuxta necessitatē sumas sed etiā mediocres
scias hre disciplinaᵣ. Peto a te Cæsar & ab his qui ea uolumia sūt
lecturi expostulo ut si ꝗd paᵣ ad regulā artis grāmaticæ fuerit ex
plicatū ignoscat. Nanꝗ nō uti sūmus Phus nec Rethor disertus
nec Grāmaticus sūmis rōnibus artis exercitatus sed ut architectus
his lris imbutus hæc nixus sum scriber. De artis uero ptāte ꝗꝗ in
sūt i ea rōcinatiōes polliceor uti spero his uoluminibus nō modo
edificātibus sed etiā oibus sapiētibus cū maxima auāte sine dubio
pstatuᵣ.   Ex ꝗbus rebus arthitectura cōstet.

Rchitectura aūt cōstat ex ordinatiōe ꝗ græce taxis dicit
& ex dispositione. Hanc autē græci diatesin uocant. & eu
rithyma & symmetria: & decore & distributiōe que græce

economia dicif.Ordinatio est modica membroꝝ opis cōmoditas
separim uniuersæꝗ pportiōis ad symmetriā cōparatio.hec cōponi
tur ex quātitate ꝗ græce posotes dicif.Quātitas aūt est moduloꝝ
ex ipius opis suptio ex singulisꝗ mēbroꝝ partibus uniuersi ope
ris coueniēs effectus.Dispositō aūt est reꝝ apta collocatio:elegāsꝗ
cōpositiōibus effectus operis cū ꝗlitate.Spēs dispositiōis ꝗ græce
dicunf idæ hæ sūt Ichnographia:Ortographia:Scenographia.
Ichnographia est circini regulæꝗ modicæ cōtinēs usus: ex ꝗ capi
untur formaꝝ i solis areaꝝ descriptiōes.Orthographia aūt est ere
cta frontis imago: mc diceꝗ picta rōnibus opis futuri figura.Itē
scenopraphia est frontis & lateꝝ ascedentiū adumbratio:ad cirini
ꝗ centeꝝ oium lineaꝝ responsus.hæ nascunt ex cōgitatiōe & inuē
tione.Cogitatio est cura studii.plena & industriæ uigilātieꝗ effe
ctus.pprositi cū uoluptate.Innentio aūt est ꝗstionū obscuraꝝ ex
plicatio ratioꝗ nouæ rei uigof mobili repeꝝea.he sūt terminatiōes
dispositionū.Eurithyma est uenusta spēs cōmodusꝗ in cōpositio
nibus membroꝝ aspectus.hæc efficif cū membra opis coueniētia
sunt altitudinis ad latitudinē:latitudinis ad longitudinē & ad lū
mam oia respōdent suæ symmetrie.Itē symmetria est ex ipius opis
membris couenies.cōsensus ex partibusꝗ separatis ad uniuersæ fi
guræ speiem:rate partis responsul ut in hōis corpore:e cubito pe
de:palmo:digitis:ceteriꝗ particulis.Symmetros e eurithyme ꝗli
tas sic est in opeꝝ pfectiōibus. De edibus sacris.

e T primū in ædibus sacris aut e colūnaꝝ crassitudinibus
aut de triglipho :aut etiā e batere balistæ foramine:quod
græci peritretoꝝ uocitāt.nauibus interscalinio qd disecia
ce dicif.Itē ceterorū operā e membris iꝝuenio symmetriaū ratioci
natio.Decor aūt est emēdatus opis aspectus pbatis rebus cōpositi
cū auctoris pficif.statione qd græce Thematismos dicif.seu cōsue
tudine aut natura statiōe cū ioui fulguri & cælo & soli & lunæ ædi
ficia sub diuo hyphetra cōstituentur.Hoꝝ eni deoꝝ & spēs & effe
ctus in apto mūdo :atꝗ lucenti:pntes uidemus:midente & marti
& herculi ædes dorice fient.his eni diis ppter uirtutē sine delitiis
ædificia cōstitui decet:ueneri flore pserpinæ phonticon.nymphis
corynthio genere cōstitutæ:aptas uidebūtur hfe pprietates ꝗ his

diis propter teneritaté graciliora & florida foliiſcȝ & uolutis nrna/
:ta opera facta augere uidebútur iuſtú decoré: Iunoni: Diane:libe
ro pri :ceteriſcȝ diis qui eadé ſunt ſimilitudie ſi ædes ionicæ cóſtru
entur.habita erit ratio mediòcritatis cȝ·a ſeuero more doricoȝ & a
teneritate corynthioȝ tpabitur eoȝ inſtitutio pprietatis.Ad cóſue
tudiné aút decor ſic exprimié :cú edificiis interioribus magnificis
item ueſtibula cóuéniétia & elegátia erút facta. Si eni interiora pſe
ctus habuerint elegátes :aditus aút humiles & inhoneſtos nó erút
cú decore.Item ſi Doricis epiſtiliis in coronis denticuli ſculpenè·
aút in Puluinatis Colúnis & Ionicis epiſtiliis capitulis exprimen
tuȝ·Trigliphis:tranſlatis ex alia róne pprietatibus i aliud genus
opis offendeè aſpectus.Aliis ante ordinis cóſuetudinibus inſtitu
tis.Naturalis auté decoȝ ſic erit:ſi primú oibus templis ſaluberri
mæ regióes: aquarúcȝ ſótes in his locis idonei eligétur:in qbus ſa
na cóſtituantur.Deinde maxie eſculapio ſaluti & eoȝ deoȝ quoȝ
plurimi medicinis ægri curari uidétur.Cú.n.ex peſtiléti i ſalubré
locú corpa egra tráſlata fuerint & e fontibus ſalubribus aquarum
uſus ſubmiſtrabunè·celerius conualeſcét:ita efficieè uti ex natura
loci maióres auctaſcȝ cum dignitate diuinitas excipiat opiniones.

   De hoſtiis opeȝ & balneaȝ feneſtris.

   Tem nature decoȝ erit ſi cubiculis & bybliothecis ab ori
i   ente lumina capiútur.balneis & hybernaculis ab occidé
   te hyberno.Pinacothecis &.qbus certis luminibus opus
eſt partibus a ſeptentrione:cȝ ea cæli regio necȝ exclaratur necȝ ob
ſcuratur ſolis curſu :ſed eſt certa immutabilis die perpetuo.

   De qualitatibus locoȝ & copiis opeȝ.

   Iſtributó aút eſt copiaȝ locicȝ cómoda diſpéſatio parcacȝ
d   in opibus ſúptus :cú róne téperantiæ.Hæc ita obſeruabi
   túr.Si primú architectus ea nó qret quæ nó poterút in
ueniri aut parari niſi magno.Nancȝ non oibus locis harenæ foſſi
tiæ:nec cementoȝ :nec abietis:nec ſappinorú: nec marmoris copia
eſt:ſed aliud alio loco naſcié :quoȝ cóportatióes difficiles ſunt &
ſumptuoſe.utendú aút eſt ubi nó eſt harena foſſitia fluuiatica aut
marina lota.Inópie abietis aut ſappinoȝ uitabútur utédo cupſſó
populo :ulmo:pinu.reliȝ his ſimiliter erút explicanda. Alter gra

dus erit diſtributiõis cũ ad uſum patrũfamil.& ad pecuñie copiã
aut ad eloquêtie dignitatê edificia alte diſponêt.Nãꝗ aliter urba
nas domos oportere cõſtitui uidet̃ : aliter ꝗbus ex poſſeſſionibus
ruſticis influũt fructus:nõ idem ſenatoribus.Aliter beatis & deli
catis.Potêtibus uero quoꝗ cogitatiõibus.R.P. gubernãt ad uſũ
collocabunt & oĩno faciêdæ ſũt apte oĩbus ꝑſonis edificioꝗ diſtri
butiões.   De partibus architecture in priuatis & publicis.

Artes iꝓius architecturæ ſũt tres.edificatio:gnomonice:
P   machiatio.Edificatio aũt diuiſa eſt bipartito e ꝗbus una
        eſt mœniũ &cõi operꝗ in publicis locis collocatio.Altera
eſt priuatoꝗ edifitioꝗ explicatio.Publicoꝗ aũt diſtributiões ſunt
tres:e ꝗbus una eſt defenſionis:altera religionis.tertia oportunita
tis.Defenſiõis eſt muroꝗ turriũꜹ & portaꝗ ratio ad hoſtiũ impe
tus ꝑpetuo repellêdos excogitata.Religiõis deorũ imortaliũ ſano
rũ:ediũꜹ ſacraꝗ collocatio.Oportunitatis cõium locoꝗ ad uſum
publicũ diſpoſitio ut portus:fora:porticus:balnea:theatra:inam
bulatiões.cæteraꜹ ꝗ iiſdem rõnibus in publicis deſignantur locis
hec aũt fieri debet ut habeat ratio firmitatis:utilitatis:uenuſtatiſ
Firmitatis erit habita ratio cũ fuerit fundamêtoꝗ ad ſolidũ depreſ
ſio.quaꜹ eſt materia copiaꝗ ſine auaritia diligês electio.utilitatis
aũt emendata & ſine impeditiõe aſu locoꝗ diſpoſitio & ad religio
nes ſui cuiuſꜹ generis apta & cõmoda diſtributio.Venuſtatis ue
ro cũ fuerit operis ſpecies grata & elegans membrorumꜹ cõnexus
iuſtas habeat ſymmetriarum rationes.

De ſalubris loci electione & luminibus & feneſtris aptis.

N iꝓis uero mœnibus ea erũt principia Primũ electio lo
ī   ci ſaluberrimi:is aũt erit excelſus & non nebuloſus: non
        pruinoſus regioneſꜹ cæli ſpectãs: neꜹ æſtuoſas: neꜹ fri
gidas ſed ſepatas.deinde ſic euitabitur paluſtris uicinitas . Cũ eni
auræ matutine cũ ſole oriête ad oppidũ ꝑueniêt:& his ortæ nebu
læ adiungêtur.Spũſꜹ beſtiaꝗ paluſtriũ uenenatos cũ nebula mi/
xtos in habitatoꝗ corpa flatus ſpargent:efficiêt locũ peſtilentê.Itê
ſi ſecũdum mare erunt mœnia ſpectabuntꜹ ad meridiê aut ad occi
dêtem nõ erunt ſalubria.quia per æſtatê cælum meridianum ſole
exoriente caleſcit:meridie ardet. Item quod ſpectat ad occidentem
ſole exorto tepeſcit meridie calet:ueſpere feruet. Igitur mutationes

caloris & refrigeratiõis corpa q̃ in his locis funt uitiantur. hoc aũt
licet animaduertere etiã ex his q̃ nõ funt aĩalia. In cellis.n.uinariis
lumina nemo capit a meridie nec ab occidẽte fed a feptẽtrione cp il
la regio nullo tpe mutatiões recipit. fed eft firma ppetuo & ĩmuta
bilis. ideo etiã granaria q̃ ad folis curfũ fpectant bonitatẽ cito mu
tant. obfoniacp & poma q̃ non in ea cæli parte ponunt q̃ eft auer
fa a folis curfu non diu feruãtur. nam femp calor cũ excoquit aeri
bus firmitatẽ & uaporibus feruidis eripit exuggẽdo naturales uir
tutes. diffoluit eas & feruore mollefcentes efficit imbecillas. ut etiã
in ferro aĩaduertimus: qd q̃uis natura fit dux ĩ fornacibus ab ig
nis uapore pcalefactuӡ ita mollefcit uti in omne genus formæ faci
liter fabriciter: & idem cũ molle & candens refrigeretur tinctũ frigi
da redurefcat: & reftituat in antiquã pprietatẽ. Licet etiã cõfiderat
hæc ita effe ex eo cp æftate nõ folũ in peftilẽtibus locis: fed etiã in
in falubribus oĩa corpa calore fiãt imbecilla: & per hiemẽ etiã quæ
fint peftilẽtiffime regtones efficiãtur falubres: ideo cp a refrigeratio
nibus folidãtur: nõ minuӡ etiã q̃ a frigidis regiõibus corpa tradu
cũtur in calidas nõ pñt durare fed diffoluũtur. Que aũt ex calidis
locis fub feptẽtrionũ regiões frigidas nõ modo nõ laborãt ĩmuta
tione loci ualitudinibus fed etiã cõfirmãtur: q̃re caueddũ effe uide
tur ut moenibus collocãdis ab his regiõibus q̃ caloribus flatus ad
corpa hoĩm poffint fpargere. Nancӡ pricipiis q̃ græci fthechia ap
pellãt confiderare oportet ut oĩa corpa fint cõpofita id eft calore &
humore terreno & aere: & ita mixtiõibus naturali tpatura figuran
tur oĩum aĩaliũ in mũdo generati q̃litates: ergo in qbus corpibus
cũ exupat e principiis calor tũc interficit: diffoluitcӡ cetera feruore
Hec aũt uitia efficit feruidũ a certis ptibus cælũ cũ ĩfidit ĩ aptas ue
nas plus q̃ patitur e mixtiõibus naturali tpatura corpus. Itẽ fi hu
mor occupauit corpoӡ uenas ĩparefcp eas fecit: ceteracӡ pricipia ut
liqda corrupta diluũtur & diffoluunt cõpofitiõis v̄ tutes. Itẽ e refri
geratiõibus humoris uentoӡ & aurarũ ĩfundũtur uitia corpibus
nõ minus aeris etiã q̃ terræ in corpore naturalis cõpofitio augẽdo
aut minuẽdo infirmat cætera pricĩpia: terrena cibi plenitate: aer
grauitate cæli: fed fi quis uoluerit diligentius hæc fenfu percipere
aĩaduertat teneatcӡ naturas auiũ & pifciũ & terreftriũ aĩaliũ & ita

cõfiderabit difcrimia tem
paturæ.aliã.n.mixtionẽ hẽt genus auiũ:
aliã pifcium:lõge aliter terreftriũ natura.uolucres minus hñt ter
reni.minus humorif.calorif.tpaturæ.& aeris multum.Igiꝭ leuiori
bus pricipiis cõpofitæ facilius in aeris impetũ nitunꝭ.Aꝗtiles aũt
pifcium naturæ ꝗ tpate funt a calido plurimũꝗ ex aere & terrenis
funt cõpofitæ.fed humoris hñt oppido ꝗ paulũ Quo minus hñt
e principiis humoris in corpore facilius ĩ humore pdurãt.itaꝗ cũ
ad terrã pducunꝭ aĩam cũ aꝗ relinquũt.Itẽ terreftria ꝗ e pricipiis
ab aere caloreꝗ funt tpata.minufꝗ hñt terreni plurimũꝗ humorif
ꝗ abundãt humidæ partes non pñt diu in aqua uitã tueri.ergo fi
hec ita uidenꝭ quẽadmodũ ꝓpofuimus:& e principiis aĩaliũ cor
pora cõpofita fenfu pcipimus & exupatiõibus aut defectiõibus ea
labore diffoluiꝗ iudicamus.non dubitamus qn diligẽtius quæri
oporteat uti tpatiffimas cæli regiões eligamus:quom ꝗrẽda fuerit
in mœniũ collocatiõibus falubritas.　　De iocineribus aĩaliũ in
Taꝗ etiã atꝗ etiã ueterẽ reuocandã cẽfeo ra
tionẽ.Maiores enĩ pecoribus imolatis ꝗ pafcebanꝭ ĩ his
locis qbus aut oppida aut caftra ftatiua cõftituebanꝭ in
fpiciebãt.iecinora.& fi erãt liuida & uitiofa prio alia imolabãt.du
bitabãtes utrũ morbo an pabuli uitio lefa effet.cũ pluribus expti
erẽt.& ꝓbauerãt integrã & folidã naturã iecinoꝛ ex aꝗ & pabulo
ibi cõftituebãt munitiões.Si aũt uiciofa inueniebãt iudicio trãffe
rebãt.idẽ iñ hũanis corpibus peftilentẽ futurã,nafcẽte in his locis
aquæ cibiꝗ copiã:& ita trãfmigrabãt:& mutabãt regiões.ꝗrentes
oĩbus rebus falubritatẽ.Hoc autẽ fieri uti pabulo ciboꝗ falubres
ꝓprietates terre uideanꝭ.Licet aĩaduertẽ & cognofcere ex agris cre
fcentiũ q fũt circa potereũ flumẽ qd eft chretæ inter duas ciuitates
Gnofon & Gortynã.dextra.n.& finiftra eius fluminif pafcunꝭ pe
cora.fed ex his ꝗ pafcunꝭ ꝓxiẽ Gnofon fplenẽ hñt.ꝗ aũt ex alte
ra parte ꝓxiẽ Gortynã nõ hñt apparentẽ fplenẽ.Vnde & medici ꝗ
rentes de ea ẽe inuenerũt in his locis herbã quã pecora rodẽdo imi
nuerũt lienes.ita eã herbã colligẽdo curãt Lienofos hoc medicamẽ
to ꝗ etiam Chretẽfes afplenon uocitãt.ex eo licet fcire cibo atꝗ aꝗ
ꝓprietates locorum naturaliter peftilentes aut falubres effe.Item
fi in paludibus mœnia cõftituta erũt.ꝗ paludes fcdm mare fuerit

spectabuntq; ad septentrione aut inter septentrione & occidetem.
hecq; paludes excelliores fuerint q̃ litus maxima rõe uidebunt esse
cõstituta.Fossis eni ductis aque exitus ad litus & mari tempestati
bus aucto in paludibus redundantia motionibus cõcitata maris
q̃ mixtionibus nõ patit̃ bestiarũ palustriũ genera ibi nasci. queq;
de supioribus locis natando pxime litus peruveniũt incõsueta. sal/
situdine necant̃.exemplar aũt huius rei gallice paludes pñt esse q̃
circũ altinũ Rauennã:Aquileiã aliaq; q̃ in eiusmodi locis munici
pia sunt pxima paludibus:q̃ his rõnibus hũt incredibilem salu
britate.Quibus aũt insidentes sunt paludes & nõ hñt exitus pro
fluentes neq; per flumina neq; per fossas uti Pontine paludes stan
do putrescũt & humores graues & pestilentes in his locis emittũt.

De mutatione loci.

Tem in Apulia oppidum Salapia uetus qd̃ Diomedes a
Troia rediens cõstituit siue queadmodũ nõnulli scripse/
runt Elphias Rhoditis in eiusmõi locis fuerat collocatũ.
ex quo incole quotannis egrotando laborantes aliqñ peruenerũt
ad.M.Hostiliũ ab eoq; publice petentes impetrauerũt uti his ido
neũ locũ ad moenia transferenda cõquireret eligeretq;.Tunc is mo
ratus nõ est sed statim rõnibus doctissime q̃litis scdm mare merca
tus est possessione loco salubri.a Senatu.P.Q.R. petiit ut liceret
transferre opidum.cõstituitq; moenia & areas diuisit:minimoq; se
stertio singulis municipibus mancipia dedit.his cõfectis lacũ ape
ruit in mare:& portũ e lacu municipio perfecit.itaq; nunc Salpini
q̃tuor mil.pass. progressi ab oppido ueteri habitãt ĩ salubri loco.

De fundamentis murorũ & turrium zc.

Vom ergo his rõnibus erit salubritatis moeniũ collocan
dorũ explicatio regionesq; electæ fuerint fructibus ad ale
dam ciuitate copiosæ.& uiarũ munitiões aut oportunita
tes fluminũ seu per portus marinæ subuectiões habuerint ad moe
nia cõportationes expeditas.tunc turriũ & murorũ fundaméta sic
sunt facienda.uti fodiant̃ si queãt inueniri ad solidũ.& in solido
q̃tũ ex ãplitudine opis p rõne uideat̃ crassitudine ãpliore q̃ parie
tũ q supra terrã sunt futuri.& ea impleant̃ q̃ solidissima structura
Item turres sunt pricciédæ in exteriore parte:uti cũ ad murũ hostis

impetū uelit appropinquař a turribus dextra ac siniſtra lateribus
apertis telis uulneretur.curandúcꝫ maxime uideť ut nó facilis ſit
aditus ad oppugnādū muꝛx:ſed ita circūdandū ad loca precipitia
& excogitandū uti portaꝗ itinera non ſint directa ſed ſceua nanꝗ
cū ita factū fuerit tunc dextrum latus accedētibus qđ ſcuto nó erit
tectū:pximū erit muro.Collocanda aūt oppida ſunt non q̄drata
nec pcurrētibus angulis.ſed circuitióibus uti hoſtis ex pluribus
locis cóſpiciať.in qbus enī anguli pcurrūt difficiliter defendiť q̄
angulus magis hoſtē tueť q̄ ciuem.craſſitudinē aūt muri ita facie
dam cenſeo uti armati hoies ſupra obuiā uenientes aliū aliū ſine
impeditióe preterire poſſint. dum in craſſitudine perpetue tabule
oleagine uſtulate q̄ celerrime inſtruanť.Vti utrecꝫ muri frontes in
ter ſe quemadmodū fibulis his taleis colligate æternam habeāt fir
mitatē.nanꝗ ei materie nec tēpeſtas nec caries nec uetuſtas pōt no
cere.ſed ea etiā in terra obruta.& ī aqua collocata permanet ſine ui
tiis utilis ſēpiterno.itacꝫ non ſolū in muro.ſed etiā in ſubſtructio
nibus quicꝫ parietes murali craſſitudine erunt facie̅di.hac ŕone reli
gati non cito uitiabunť.Interualla aūt turriū ita ſunt facienda ut
ne longius ſit alia ab alia ſagitte emiſſione:uti ſiqua oppugnetur
tū a turribus que erunt dextra ſiniſtra ſcorpionibus reliqſcꝫ teloꝛx
miſſióibus hoſtes reiicianť.etiā cótra inferiores curriū diuidēdus
eſt murus interuallis tam magnis q̄ erunt turres.ut itinera ſint in
terioribus partibus turriū continuata.necꝫ ea ferro fixa.hoſtis enī
ſiquā partē muri occupauerit q repugnabūt reſcindēt.& ſi celeriter
adminiſtrauerit nó patieter reliqs partes turriū muricꝫ hoſtē pene
trare niſi ſe uoluerīt pcipitare. Turres itacꝫ rotūde aut poligoneæ
ſūt facie̅de. quadratas.n.machinæ celerius diſſipāt qp angulos arie
tes tūdēdo frāgūt.In rotūditatibus aūt uti cuneos ad centꝛx adigē
do ledere nó pn̄t.Itē munitióes muri turriúcꝫ aggeribus cóiunctæ
maxie tutiores ſunt qp necꝫ arietes necꝫ ſuffoſſióes necꝫ machinæ ce
teræ eis ualent nocere. ſed nó in oibus locis eſt aggeris ratio facien
da.niſi qbus extra muꝛx ex alto loco plano pede acceſſus fuerit ad
mœnia oppugnāda.itacꝫ in eiuſmói locis primum foſſæ ſunt faci
endæ latitudinibuſ & altitudinibus q̄ ampliſſimis Deinde funda

mentū muri deprimendū eſt intra alueū foſſe : & id extruendū eſt
ea craſſitudine ut opus terrenū facile ſubſtineaꝉ.Item intetiore par
te ſubſtructionis fundamētum diſtans ab exteriore introrſus am,
plo ſpatio.ita uti cohortes poſſint queadmodum ĩ acie inſtructæ
ad defédendū ſupra latitudinē aggeris conſiſtere. Cum aūt funda
menta ita diſtātia inter ſe fuerint cōſtituta : tunc inter ea alia tranſ
uerſa coniuncta exteriori & interiori fundaméto pectinatim diſpo
ſita queadmodū ſerre dentes ſoluentes ſe collocenꝉ. Cum enim ſic
erit factū:tunc ita oneris terreni magnitudo diſtributa in paruas
partes:neꝗ uniuerſa pondere premens poterit ulla rōne extrudere
muri ſubſtructiones.De ipſo aūt muro equa materia ſtruaꝉ: aut
perficiaꝉ.ideo nó eſt prefiniendū ꝙ in oĩbus locis quas optamus
copias eas non poſſimus habere: Sed ubi ſunt ſaxa quadrata ſiue
ſilex ſiue cementū aut coctus later ſiue crudus his erit utendū. nó
enim uti babylone abundantes liquido bitumine pro calce & ha
rena & cocto latere factū habent muꝜ.ſic item poſſunt oés regióeſ
ſeu locorú ꝑprietates habere tantas eiuſdé generis utilitates uti ex
his cópactionibus ad eternitaté pfectus habeaꝉ ſine uitio murus.

De diuiſione operum que intra muros ſunt & eoꝜ
diſpoſitione ut uentorum noxii flatus uitentur.

Oenibus circūdatis ſequunꝉ intra muꝜ areaꝜ diuiſióes
m   platearūꝗ & angiportuū ad celi regióne directionis diri
  gentur.he auté recte.ſi excluſi erunt ex angiportis uenti
prudéter.qui ſi frigidi ſunt ledunt:ſi calidi uitiant: ſi humidi no
cent.Quare uitandū uidetur hoc uitiū.& aduertendū ne fiat qđ ĩ
multis ciuitatibus uſu ſolet uenire . Quéadmodū ĩ leſbo oppidū
mitylene magnificéter edificatū & eleganter ſed poſitū non prudé
ter.in qua ciuitate auſter qū flat homines ægrotāt.Qū chorus tuſ
ſiunt.Qū ſeptemtrio reſtituuntur in ſalubritaté.ſed in angiportis
& plateis nó poſſunt cóſiſtere ꝓpter uehementiā frigoris. Ventus
aūt eſt aeris fluens unda cū incerta motus redundantia. naſciꝉ cū
feruor offendit humoré & impetus factióis exprimit uim ſpūs fla
tus.Id aūt ueꝜ eſſe ex accolis aeris licet aſpicere:& de latétibus celi
rationibus & artificioſis reꝜ inuentionibus diuinitatis exprimere

ueritaté.Fiunt enī eolipide ææree caue:he habent punctū angustif
fimum que aqua infunduntur collocanturq ad igné & anteq cale
scant non habēt ullum spiritum. Simulac aūt ut feruere cepint ef
ficiunt ad ignem uehementé flatum ita scire & iudicare licet e puo
breuissimoq spectaculo dé magnis & imanibus cœli uentorumq
nature rōnibus si exclusi fuerīt nó solū efficiét corporibus ualenti
bus locū salubré sed etiā siq morbi ex aliis uitiis forte nascent q
ceteris salubribus locis hūt curatióes medicie cōtrarie. In his pp
ter tpaturā exclusióes uentoꝝ expeditius curabūt. uicia aūt sunt q
difficulter curant in regióibus q sunt supra scripte hec. grauitudo
arteriaꝝ ac tussis. pleuresis. thisis. sanguinis eiectio & cetera q non
detractionibus sed adiectiōibus curant. hec ideo difficulter medi
cant. primū q ex frigoribus cócipiunt. deinde q defetis morbo
uiribus cōꝝ aer agitatus ex uétoꝝ agitatiōibus extenuabit. una
q a uiciosis corporibus detrahit succū & efficit ea exiliora. Cótra
uero lenis & crassus aér q pfflatus nó habet neꝗ crebras redundāti
as ꝓpter inmotā stabilitaté adiciendo ad mēbra eoꝝ alit eos & refi
cit q his sunt impliciti morbis:Nónullis placuit esse uétos ꝗtuor
ab oriéte eqnoctiali solanū.a meridie austrū. ab occidéte eqnocti
ali fauoniū.a septétrionali septétrióne. sed qdiligétiuf pquisiuerūt
tradiderūt eos esse octo maxie quidé andronicus cyrrestes qui etiā
exéplū collocauit athenis turri marmórea octogonon.& in singu
lis lateribus octogoni singuloꝝ uentoꝝ imagines exculptas cótra
suos cuiusꝗ flatus designauit supraꝗ eā turri metā marmoreā pfe
cit & insup tritoné ereū collocauit dextra manu uirgā porrigenté.
& ita est machinatus uti uento circū ageret. & semp cótra flatū có
sisteret. supraꝗ imaginé flatis uéti indicé uirgā teneret Itaꝗ sūt col
locati inter solanū & austrū ab oriéte hyberno eurus inter austruꝫ
& fauoniū ab occidéte hyberno. aphricus inter fauoniū & septétri
oné chaurus qué pluref uocāt choꝝ. iter septétroné & solanū aqui
lo.hoc modo uidet esse expressum uti capiat numeros & noia &
ptes unde flatus uétoꝝ certi spirét.Qd cū ita exploratū habeat ut
inueniant regióes & ortus eorū sic erit rōcinādū.collocet ad libel
lā marmoreū amusiū mediis menibus aut locus ita expolietur ad

regulã & libellã ut amuſium non deſideretur.ſupraꝗ eius loci cen
trũ mediũ collocet æneus gnomon ĩdagatio umbre que grece ſcia
teres dicit huius antemeridianã circiter horã quintã ſumenda eſt
extrema gnomonis umbra & puncto ſignanda.Deinde circino de
ducto ad punctũ.ꝗ eſt gnomonis umbre lõgitudinis ſignum ex
eoꝗ a centro circũagenda linea rotundatiõe Iteꝗ obſeruanda poſt
meridiana iſtius gnomonis creſcẽs umbra.& cum tetigerit circina
tionis lineã & fecerit parem añmeridiane umbre.Poſtmeridianam
ſignando púcto ex his duobus ſignis circino decuſſatim deſcribẽ
dam.& per decuſſationẽ & mediũ centrũ linea perducẽda ad extre
mũ.ut habeat meridiana & ſeptẽtrionalis regio tunc poſtea ſumẽ
da eſt.xvi.pars circinatiõis linee totius rotundatiõis.centrũꝗ col
locandũ in meridiana linea.ꝗ tangit circinationẽ.& ſignandũ dex
tra ac ſiniſtra in circinatiõe.& meridiana ac ſeptẽtrionali parte.tũc
ex ſignis his ꝗtuor per centrũ mediũ decuſſatim linee ab extremis
ad extremas circinationes pducende.Ita auſtri & ſeptẽtrionis habe
bit octaue partis deſignató.Relique partes dextra ac ſiniſtra tres
equales.& tres diſtribuende ſunt in tota rotundatione.ut equales
diuiſiones octo uentorum deſignate ſint in deſcriptiõe.Tum per
angulos inter duas uẽtorum regiones & platearũ & angiportorũ
uident debere dirigi deſcriptiones.His enĩ rõnibus & ea diuiſiõe
excluſa erit ex habitatiõnibus & uicis uentorũ moleſta uis. Cum
enim platee cõtra directos uentos erũt cõformate ex aperto celi ſpa
ti impetus ac flatus frequés concluſus in faucibus angiportorum
uehementibus uiribus puagabit.Quas ob res cõuertende ſunt a
regionibus uentorũ directiões uicorũ uti aduenientes ad angulos
inſularũ frangãtur.repulſiꝗ diſſipent.Fortaſſe mirabũtur hi qui
multa uentorũ noĩa nouerunt.ꝗ a nobis expoſitũ ſit tantũmodo
octo eſſe uentos.Si aũt aĩmaduerterint orbis terre circuitiõe per
ſolis curſum & gnomonis eꝗnoctialis umbras.& inclinatione celi
ab Eratoſthene Cyreneo rõnibus mathematicis & geometricis me
thodis eſſe inuentã ducentoꝗ ꝗnquaginta duũ miliũ ſtadiũ. que
fiunt paſſus trecentiés & decics quinꝗginta milia.Huius aũt octa
ua pars quam uentus tenere uidetur:eſt tricies nongenta triginta

Septemmilia & paſſus quingenti. Non debebũt mirari ſi in tam magno ſpatio unus uentus uagando inclinationibus & receſſioni bus uarietates mutatiõe flatus faciat. Itacʒ dextra & ſiniſtra auſtrę Leuchonotus & Altanus flare ſolet. Aphricum: Libanotus & ſub ueſperos. Circa fauonium Argeſtes & certis tẽporibus Etheſiæ ad latera Chauri Circius & Chorus: circa ſeptẽatriõe Tracias galli cus: dextra ac ſiniſtra Aquilonẽ ſupernas & Cecias. Circa ſolanuʒ carbas & certo tẽpore Ornithie. Euri uero medias partes tenentes in extremis euri Cecias & Vulturnus. Sũt autem alia plura nomi na flatuſcʒ uentoɤ a locis aut fluminibus tracta aut mõtium pro cellis. Preterea auræ matutinæ quas ſol cũ emergit de ſubterranea parte uerſado pulſat aeris humorẽ & impetu ſcandẽdo trudens ex primit aurarum ante lucano ſpiritu flatus: qui cũ exorto ſole per manſerint euri uenti tenent partes: & ea re cʒ ex auris procreatur a græcis euros uidetur eſſe appellatus. Craſtinus quocʒ dies ppter auras matutinas Aurion fertur eſſe uocitatus. Sunt autem nõnul li qui negant Eratoſthenem ueram muſicam lorbiſ terræ colligere. Quæ ſiue eſt certa ſiue non uera non poteſt noſtra ſcriptura non ueras hre terminatiões regionũ Vnde uentorum ſpiritu oriunt.

Ergo ſi ita eſt tãtum erit uti nõ certam mẽ ſure ratiõem : ſed aut maiores impetus aut minores habeant ſin guli uenti. Quoniaʒ hæc a nobis ſunt bre uiter expoſita ut faci lius inteligãtur: uiſũ eſt mihi in extremo uolumie formã ſiue uti græci ſchemata di cunt duo explicare. Vnum ita deformatũ ut appareat unde cer

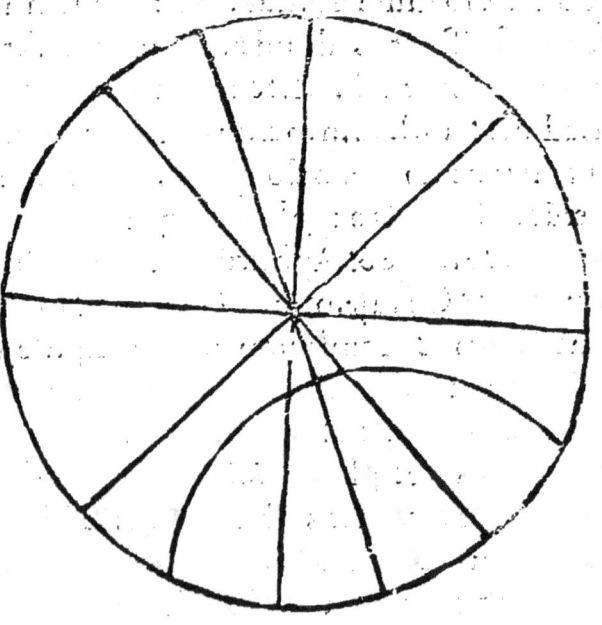

ti uentoꝗ ſpiritus oriantur. Alterum quemadmodum ab impetu
eoꝗ aduerſis directióibus uicoꝗ & plateaꝗ euitant nocētes flatus
Erit autem in exequata planitie cētrum ubi eſt littera. A. Gnomo
nis aūt meridiana umbra ubi eſt. b. & a. cētro ubi eſt. A. deducto
circino ad id ſignū umbre ubi eſt. B. circumagat linea rotundati
onis. repoſito aūt gnomone ubi ante fuerat expectāda eſt dum de
creſcat. Faciatꝗ iterum creſcendo partē añmeridianæ umbræ. poſt
meridianā tangatꝗ lineam rotundationis ubi erit lꝜa. c. tunc a ſig
no ubi eſt. b. & a. ſigno ubi. eſt. c. circino decuſſati deſcribat ubi
erit. d. deinde per decuſſatióe & centrum ubi eſt. d. perducatur li
nea ad extremum in qua erūt linea. e. & f. hæc linea erit in dextra
meridianæ & ſeptemtrionalis regionis: tunc circino totius rotūda
tionis ſumenda eſt parꝑ. xvi. circiniꝗ centrum ponendū in meridi
ana linea: que tangit rotundatióem ubi eſt lꝜa. e. & ſignandū dex
tra & ſiniſtra ubi erunt lꝜe. g. h. Item in ſeptemtrióali parce centrū
circini ponendum in rotundationis & ſeptemtrióali linea ubi eſt
littera. f. & ſignandum dextra ac ſiniſtra ubi ſunt lꝜe. i. & k. & ab
g. ad. k. & ab. h. ad. i. per centrum lineæ perducede. ita ꝗ erit ſpa
tium ab. g. ad. h. erit ſpatiū uenti auſtri & partis meridianæ. Item
quod erit ſpatium ab. i. ad. k. erit ſeptetnrionis. relique partes de
xtra ac ſiniſtra tres diuidende ſunt equaliter quæ ſunt ad orientē
in quibus littere. L. M. & ab occidēte in quibus littere. n. & o. ab
m. ad. o. & ab. l. ad. n. perducende ſunt lineæ decuſſati & ita erunt
equaliter uentorum octo ſpatia in circuitionem quæ cū ita deſcrip
ta erūt in ſingulis angulis octogoni cū a meridie incipiemus inter
Eurum & Auſtꝗ & Aphricū. H. inter Aphricū & Fauoniū. n. inter
Fauoniū & Chauꝗ. o. inter Chaurū & ſeptemtrionem. k. inter ſepi
temtrionem & Aquilonem. i. inter Aquilonem & Solanum. L. n.
Solanum & Eurum. M. ita his confectia inter angulos octogoni:
gnomon ponatur: & ita dirigant angiportoꝗ diuiſióes. xii. diui
ſis angiportis & plateis cōſtitutiſ arearū electio ad oportunitatem
& uſum cóem ciuitatis eſt explicāda ædibus ſacris foro. reliquiſꝗ
locis cóibus & ſi erunt mœnia ſcdm mare ea ubiforū conſtituat eli
genda proxime portum. Sin aūt mediterraneo in oppido medio.

De situ ædiū sacraꝗ in ciuitatibus & extra.

Edibus uero sacris quorū deoꝗ maxime in tutela ciuitas
uideť esse & Ioui & Iunoni & Minerue ī excelsissimo loco

a

Vnde mœniū maxima pars cſpóiçiať areæ distribuunť.
Mercurio autē in foro aut etiam uti Isidi & Serapi in emporio. A
pollini patricꝗ libero secunduꝫ theatrum. Herculi in quibus ciui
tatibus non sunt gymnasia neꝗ amphiteatra ad circum. Marti ex
tra urbē sed ad campū. Iteꝗ ueneri ad portū: id aūt hetruscis etia3
aruspicibus disciplinarū scriptis ita est dedicatū. extra muꝗ uene
ris: uulcani: martis sana: ideo collocari: uti nó insuescat ī urbe ado
lescentibus: seu matribus familiaꝗ uenerea libido. Vulcaniꝗ uis e
mœnibus religionibus & sacrificiis euocata a timore incēdiorum
ædificia uideāť liberari. Martis uero diuinitas cum sit extra mœ
nia dedicata nó erit inter ciues armigera dissensio. Sed ab hostibus
ea defensa a belli periculo cóseruabiť. Item cereri extra urbem loco
quo nó semp hoīes nisi per sacrificiū necesse habeāt adire: cū religi
one caste sáctisꝗ moribus is locus debet tueri. Ceterisꝗ diis ad sa
crificioꝗ rónes aptæ templis areæ sunt distribuende. De ipsis aūt
ædibus sacris faciēdis & areaꝗ symmetriis in tertio & quarto uolu
mine reddā rónes. Quia in secúdo uisum est mihi primū de mate
riæ copiis: q̃ in ædificiis sunt parande: quibus sint uirtutibus &
quē habeant usum. exponere cómēsus ædificiorū & ordines & ge
nera singuia symmetriaꝗ peragere & in singulis uoluminibus ex
plicare.

L. VICTRVVII POLLIONIS DE ARCHI
TECTVRA LIBER SECVNDVS.

Inocrates architectus cogitationibus & solertia fræ
tus. Quom Allexander reꝗ potireť: pfectus est a

d

Macedonia ad exercitum regis: Cupidus cómenda
tionis: is e patria a ppinquis & amicis tulit ad pri
mos ordines & purpuratos lŕas ut aditus hŕet faci
liores: ab eisꝗ exceptus humane petiit uti q̃ primū ad Allexandꝗ
perduceretur. Cum polliciti essent tardiores fuerunt idoneū tps ex

pectantes:itaq̲ Dinocrates ab his se existimãs ludi ab se petit præ
sidium.fuerat eñi amplissima statura facie grata forma dignitateq̲
sũma.His igitur nature muneribus confisus uestimenta posuit in
hospitio:& oleo corpus perunxit:caputq̲ coronauit populea fró/
de.Leuum humerũ pelle læonina texit.dextraq̲ claua tenens inces
sit contra tribunal regis ius dicentis.Nouitas populũ cum aduer
tisset:cõspexit eum Alexander:admirans iussit ei locũ dari ut acce
deret.Interrogauitq̲ quis esset.At ille Dinocrates inqt architéctus
Macedo. Qui ad te cogitationes & formas affero dignas tua clarĩ
tate. Nanq̲ Athon montẽ formaui in statuæ uirilis figurã cuius
manu leua designaui ciuitatis amplissimæ moenia: dextera paterã
quæ exciperet oĩum fluminũ quæ sunt in eo monte aquã:ut inde
in mare profunderet.Delectatus Allexãder ratione formæ statim
q̲siuit si essent agri circa qui possẽfrumẽtaria rõne eam ciuitatem
tueri.Cum inuenisset nõ posse nĩttransmarinis subuectionibuf
Dinocrates inquit attendo egregiã formæ compositionẽ:& ea dele
ctor.sed aĩaduerto ut si quis eduxerit eo loco Coloniã fore ut iudi
cium eius uituperet:ut eñi natus infãs sine nutricis lacte nó po
test ali:neq̲ ad uitæ crescentis gradus perduci:sic ciuitas sine agris
& eoᵲ fructibus in moenibus affluentibus non potest crescere:nec
sine abundantia cibi frequentiã habere populũq̲ sine copia tueri.
Itaq̲ quemadmodũ formationẽ puto ᵱbandã sic iudicio locũ im
ᵱbandum:teq̲ uolo esse mecũ:q̲ tua opera sum usurus.ex eo Dĩ
nocrates a rege nó discessit & in ægyptum est eum prosecutus. Ibĩ
Alexander quom aĩaduertisset portũ naturaliter tutum emporiũ
egregiũ:campos circa totã ægyptũ frumentarios imãnis fluminis
nili magnas utilitates iussit eum suo noĩe ciuitatem Alexandriam
constituere.Itaq̲ Dinocrates a facie dignitateq̲ corporis cõmenda
tus ad eam nobilitatẽ peruenit.Mihi aũt Imperator staturã nó tri
buit natura:faciem:deformauit ætas Valitudo detraxit uires.Itaq̲
q̲m̄ ab iis præsidiis sum desertus.Per auxilium scientiæ:scriptaq̲
ut spero perueniam ad cõmendationẽ.Cum aũt in primo uolumi
ne de officio architecturæ terminatiõibusq̲ artis ᵱscripsi.Item de
moenibus & inter moenia areaᵲ diuisionibus.Insequatur ordo de

ædibus facris & publicis ædificiis.Itemq̃ priuatis quibus propor
tionibus & fymmetriis debeant effe uti explicent nó putaui ante
ponendum nifi prius de materiæ copiis:e quibus collatis ædificia
ftructuris & materie rónibus perficiunt:quas habeant in ufu uir
tutes expofuiffem:quibufq̃ rerum natura principiif effet tempera
ta dixiffe. Sed anteq̃ naturales res incipiã explicare:de ædificiorũ
rónibus:unde initia ceperint:& uti creuerint eoᵽ inuentiones an
teponam & infequar ingreffus antiquitatis reᵽ naturæ: & eorum
qui initia humanitatis & inuentióes perquifitas fcriptoᵽ p̃ceptis
dedicauerunt Itaq̃ queadmodum ab his fum inftitutus exponã.

De prifcorum hominum uita de & initiis humanita
tis atq̃ tectorum & incrementis eorum.

Omines ueteri more ut feræ in filuis & fpeclúcis & nemo
ribus nafcebant:ciboq̃ agræfti uefcendo uitam exigebãt
interea quodã i loco a tempeftatibus & uentis denfæ cre
britatis arbores agitatæ & inter fe terétes ramos ignem excitauerũt
& ea flamma uehementer perteriti:qui circa eum locũ fuerũt funt
fugati.Poftea re quieta propius accedentes cũ aiaduertiffent cómo
ditatem effe magnam corporibus ad ignis teporem ligna adiitien
tes:& ibi cóferuantes alios adducebant:& nutu monftrantes ofté
debant quas haberent ex eo utilitates: in eo hominum congreffu
cum profundebantur alitæ fpiritu uoces quotidiana confuetudi/
ne uocabula ut obtigerant conftituerunt. Deinde fignificando res
fæpius in ufu ex euentu fati fortuito ceperunt : & ita fermones in
ter fe procreauerunt. Ergo cum propter ignis inuentióem conuen
tus initio apud homines & concilium & conuictus effet natus & ĩ
unum locum plures conuenirent habentes a natura primum p̃ter
reliqua aialia ut nó proni fed erecti ambularent:mũdiq̃ & aftrorũ
magnificentiã afpicerent.Item manibus & articulis quã uellét rem
faciliter tractarent:ceperunt in eo cœtu alii de fronde facere tecta:
alii fpeluncas fodere fub mótibus: nónulli hirundinum nidos &
ædificationes eaᵽ imitantes de luto & uirgultis facere loca q̃ fubi
rent.tunc obferuãtes aliena tecta:& adiitientes fuis cogitatióibus
res nouas efficiebant i dies meliora genera cafarum. Cũ effent aũt

homines imitabili dociliq; natura quotidie inuentionibus gloriã
tes:alius alii oftendebat edificiorũ effectus.& ita exercẽtes ingenia
certationibus in dies melioribus iudiciis efficiebantur.Primumcq;
furcis erectis & uirgulis interpofitis luto parietes texerunt.alii lu
teas glebas arefacientes ftruebãt parietes materia eos integumẽtan
tes:uitandoq; hymbres:& æftus:tegebant harundinibus & frõde
pofteaq̃ per hybernas tempeftates tecta non poterant hymbres fu
ftinere faftigia faciẽtes luto inducto proclinatis tectis ftillicidia de
ducebant.Hæc aũt ex his q̃ fupra fcripta funt originibus inftitu
ta effe poffumus fic aiaduertere:cǫ ad hunc diem natiõibus exteris
ex his rebus ædificia cõftituunt̃ : uti Gallia:Hifpania: Lufitania
Aquitania:fcandulis robufteis aut ftramentis:apud nationẽ Col
chorum in ponto propter filuarum abundantiã arboribus perpe
tuis planis dextra ac finiftra in terra pofitis fpatio inter eas relicto
quanto arborũ longitudines patiunt̃ collocantur in extremis par
tibus earũ fupra alteræ tranfuerfæ q̃ circumcludunt mediũ fpatiũ
habitationis:tunc infuper alternis trabibus ex quatuor partibus
angulos iugumentantes:& ita parietes arboribus ftatuẽtes ad per
pendiculum uiarum educunt ad altitudinem turres : interuallacq;
quæ relinquuntur propter craffitudinem materiæ fchidiis & luto
obftruunt.Item tecta recidẽtes ad extremos tranftra traiiciunt gra
datim contrahentes:ita ex quatuor partibus ad latitudinẽ educũt
medio metas quas & fronde & luto tegẽtes efficiunt barbarico mo
re teftudinata turriũ tecta. PHRYGES uero qui cãpeftris locis
funt habitantes propter inopiam filuarũ egẽtes materia eligunt tu
mulos naturales eofcq; medios foffura detinentes & itinera perfodi
entes dilatant fpatia quantum natura loci patitur.Infuper autem
ftipites inter fe religãtes metas efficiunt quas harundinibus & far
mentis tegentes exaggerabant fupra habitatiões maximos grum/
mos e terra:ita hyemes calidiffimas: æftates frigidiffimas efficiũt
tectorũ rationes:nonnulli ex ulua paluftri componunt tuguria te
cta.apud cæteras quocq; gẽtes & nonnulla loca pari fimilicq; ratiõe
cafarũ perficiũtur conftitutiões. Non minus etiã maffiliæ aiaduer
tere poffumus fine tegulis fubacta cum paleif terra tecta.Athenif

areopagi antiquitatis exemplar:ad hoc tps luto tectū.Item in Ca
pitolio cōmonefacere pōt:& significare mores uetustatis Romuli
casa:& in arce sacrox stramentis tecta:ita his signis de antiquis in
uentiōibus ædificiox sic ea fuisse rōcinātes possumus iudicare.cū
aūt quotidie faciēdo tutiores manus ad ædificādū perfecisset:& so
lertia ingenia exercēdo per cōsuetudinē ad artes peruenisset.Tum
etiā industria in animis eox adiecta perfecit:ut qui fuerunt in his
studiosiores fabros se esse pfiterentur.Cū ergo hæc ita fuerint pri
mo cōstituta & natura non solū sensibus ornauisset gentes quēad
modū reliqua aialia:sed etiā cogitationibus & consiliis armauisset
gentes & subiecisset cetera aialia sub potestate.tunc uero & fabrica
tionibus ædificiox gradatim pgressi ad ceteras artes & disciplinas
e fera agrestiqz uita ad mansuetā perduxerunt humanitate.Tum
aūt instruentes aiosez & pspicientes maioribus cogitationibus ex
uarietate artiū natis non casas sed etiā domos fundatas & lateritiis
parietibus aut e lapide structas:materiaqz & tegula tecta perficere
ceperunt.Deinde obseruationibus studiox euagantibus iudiciis
& incertis ad certas symmetriarum rōnes perduxerūt.Posteaqz aiad
uerterunt psusos esse partus ab naturæ materia:& abundanter co
piam ad ædificationes ab ea cōparatam tractando nutrierūt:& au
ctam per artes ornauerūt uoluptatibus elegantiam uitæ.Item de
his rebus qz sunt in ædificiis ad usum idoneæ.quibusqz sunt qua
litatibus & quas habeant uirtutes ut potero dicam.Sed si quis de
ordine huius libri disputare uoluerit:qp putauerit eum primū in
stitui oportuisse ne putet me errauisse:sic reddā rōnem.Cū corpus
architecturæ scriberem primo uolumine putaui quibus eruditiōs
bus:& disciplinis esset ornata exponere:finireqz terminationibus
eius spēs & e quibus rebus esset nata dicere.Itaqz qd oporteat esse ī
architecto ibi pnuntiaui.Ergo in primo de artis officio in hoc de
naturalibus materiæ rebus quē habeant usum disputabo.Nanqz
hic liber non profitetur unde architectura nascat:sed unde origi
nes ædificiox sunt institute:& quibus rōnibus enutritæ & pgres
se sunt gradatim ad hanc finitionē.ergo ita suo ordine & loco hu
ius erit uoluminis constitutio.NVNC reuertar ad propositum
& de copiis qz apte sunt ædificiox pfectiōibus quēadmodū indicā
tur esse a natura rerū procreatæ:quibusqz mixtiōibus principiorū

cōgreſſꝰ temperent:nec obſcura:ſed ut perſpicua legentibus ſint
rocinabor. Nāꝗ nulla materiaꝗ genera:nec corpa:nec res ſine prī
cipioꝗ coetu naſci nec ſubiici intellectui pñt.neꝗ aliter natura reꝗ
ꝑceptis phyſicoꝗ ueras patit hre explicatiões:niſi cauſe ꝗ inſunt ī
his rebus quēadmodū & qd ita ſint ſubtibus rōnibus habeāt deꝰ
mōſtratiões.   De principiis reꝗ ſcdm phorū opiniões.

Hales quidē primū aquā putauit oĩum reꝗ eſſe prīcipi
um Heraclitus epheſius qui ꝓpter obſcuritatē ſcriptoꝗ a
græcis Scotinos eſt appellatus ignem. Democritus quiꝗ
eū ſecutus eſt. Epicurus Athomos quos ńri inſecabilia corpa:non
nulli īdiuidua uocitauerunt. Pythagoreoꝗ uero diſciplina adiecit
ad aquā & ignē aera & terrenū. Ergo Democritus & ſi nō proprie
res noiauit:ſed tm īdiuidua corpa ꝓpoſuit.Ideo ea ipa dixiſſe uī
det ꝗ ea cū ſint diſiūcta nec legunt nec intentionē recipiūt:nec ſe
ctionibus diuidunt:ſed ſempiterno æuo ꝑpetuo infinitā retinent
in ſe ſoliditatē. Ex his ergo cōgruētibus cū res oés coire naſciꝗ uī
deant:& he infinitis generibus reꝗ natura nō eſſent diſparate pu
taui oportere de uarietatibus & diſcriminibus uſus eaꝗ ꝗſꝗ hrent
in ædifictis ꝗlitates exponere:uti cū fuerint note nō habeāt ꝗ ædī
ficare cogitāt errorē. Sed aptas ad uſum copias ædificiis cōparent.

                    De lateribus.

Taꝗ primū de lateribuſ ꝗ de terra eōs duci oporteat dicā
Nō enī de arenoſo:neꝗ calculoſo:neꝗ ſabuloſo luto ſūt
ducendi. Qd ex his generibus cū ſint ducti primū fiunt
ꝗues. Deīde cū ab hymbribus ī parietibus ſpargunt:dilabunt &
diſſoluunt. Paleæꝗ in his nō coherecūt:ꝓpter aſperitatē. Faciēdī
aūt ſūt ex terra albida cretoſa ſiue de rubrica aut etiā maſculo ſabu
lone. Hec enī genera ꝓpter leuitatē hñt firmitatē & nō ſunt in ope
pōderoſa. & faciliter aggerātur. Ducēdi aūt ſunt ꝑ uernū tps & au
tūnale ut uno tpē ſiccecāt. Qui enī per ſolſtitiū parātur ideo uiti
oſi fiūt: ꝗ ſummū eoꝗ ſol acriter quom percoꝗt:efficit ut uideat
aridū. Interior aūt ſit non ſiccus. & cū poſtea ſiccecēdo ſe cōtrahit
ꝓrumpit ea ꝗ erant arida.ita rimoſi facti efficiūtur imbecilles.ma
ximeaūt utiliores erūt:ſi ań bienniū fuerit ducti:nanꝗ nō ań pñt
penitus ſiccecere. Itaꝗ cū recētes & non aridi ſunt ſtructi tectorio
inducto rigidoꝗ obſolidati permanēt ipſi ſedētes nō pñt eandē al

titudinē q̄ est tectorū tenere. Cōt:actiōeq̄ moti nō hærēt cū eo. Sed
a cōiunctiōe eius disparātur.igit̄ tectoria obstructura seiūcta pro
pter tenuitatē qui se stare nō pñt:sed frangūtur:ipsiq̄ parietes for
tuito sedētes uitiant̄:Ideoq̄ etiā Vticēses laterē si sit aridus & ante
quinquēniū ductus sū arbitrio magistratus fuerit ita pbatus tūc
utuntur in parietū structuris:fiunt aūt laterū genera tria. Vnū qd
græce appellat̄ Lichum id est quo nostri utunt̄ longū sesquipedē
latū pede.ceteris duobus græcorum ædificia struūtur:ex his unū
Pentadoron:alterū Tetradoron dicitur. Doron aūt græci appellāt
palmū:qd munerū datio græce doron appellatur.Id aūt semp geri
tur per manus palmū.itaq̄ est quoquouersūs quinq̄ palmorum
Pentadoron q̄ quatuor Tetradoron dicitur.& que sunt publica
opera Pentadoro q̄ priuata retradoro struuntur:fiunt cū his lateri
bus semilateria q̄ cū struūtur una parte lateribus ordines altera se
milateres ponunt̄.ergo ex utraq̄ pte ad lineā cū cōstruūt̄ alternis
choris parietes alligātur.& medii lateres supra coagmēta collocati.
& firmitatē & spēm faciūt utraq̄ pte nō inuenustā Est aūt in hispa
nia ulteriore ciuitas maxia & i galliis & i asia.Itaq̄ ubi lateres sūt
ducti & arefacti piecti natant in aq̄.Natare aūt eos posse ideo ui
det̄:q̄ terra est de qua ducūtur pumicosa.itaā cum est leuis aere so
lidata non recipit in se:nec cōbibit liquorē.Igitur leui raraq̄ cū sit
pprietate non patitur penetrare in corpus humidū potestatē:quo
cūq̄ pōdere fuerit cogitur a rerū natura quēadmodū pumex uti ab
aq̄ sustineatur:sic aūt magnas hñt utilitates:q̄ neq̄ in ædificatiōi
bus sunt onerosi & cū ducuntur a tēpestatibus non dissoluuntur.

N cementitiis aūt structuris primū est   De Arena.

i   de arena querēdū ut ea sit idonea ad materiem miscēdam
          neq̄ habeat terrā cōmixtā.Genera aūt arene fossitiæ sunt
hec:nigra:cana:rubra:carbunculus: Ex his q̄ in manu cōfricata
fecerit stridorē optīa erit.q̄ aūt terrosa fuerit nō habebit asperitatē
Itē si in uestimentū candidum ea coniecta fuerit postea excussa uel
icta id nō inquinarit:neq̄ ibi terra subsedrit erit idonea.Sin aūt
nō erūt arenaria unde fodidant̄:tū de fluminibus aut e glarea erit
excercēda.nō minus etiā de litorē marino:sed ea i structuris hec hēt
uitia:difficulter siccescit.neq̄ onerari se cōtinēter pariel patitur nisi
itermissiōibus reqescat.neq̄ cōcameratiōes recipit.Marina aūt hoc

amplius ꝗ etiã parietes cũ in his tectoria facta fuerint remittentes
falsuginem eoꝝ dissoluunt. Fossitie uero celeriter in structuris sic
eescunt:& tectoria permanent:& cõcamerationes patiunt. Sed hæ
ꝗ sunt de harenariis recentes. Si eni exempte diutius iaceut ab sole
luna & pruina cõcocte resoluunt:& fiunt terrose ita cũ in structu
ram coniiciunt non pñt contenere cementa:sed ruunt & labuntur
Oneraꝗ parietes non possunt sustinere:recentes aũt fossitię cum in
structuris tantas habeãt uirtutes he in tectoriis ideo non sunt uti
les ꝗ pinguitudini eius calx palea cõmixta propter uehementiam
non potest sine rimis inarescere. Fluuiatica uero propter macritaté
subactionibus iũ tectorio recipit soliditaté.   De calce.

E harenæ copiis cũ habeat explicatũ. Tũ etiã de calce dili
gentia est adhibenda uti de albo saxo aut silice coquat:
& ꝗ erit ex spisso & duriore erit utilis in structura. ꝗ aũt
ex fistuloso in tectoriis:cũ ea erit extincta tunc materia ita misceat
ut si erit so ssitia tres harenæ in una calcis infundant:si aũt fluuia
tica aut marina duo harene in una calcis coiiciant.ita enim erit iu
sta ratio mixtionis temperaturæ etiam in fluuiatica aut marina:si
quis testam tũsam & succretam ex tertia parte adiecerit efficiet ma
teriæ temperaturã ad usum melioré. Quare aũt cum recipit aqua₃
& harenam calx tunc confirmat structurã:hec esse causa uidet: ꝗ
e principiis ut cetera corpora:ita & saxa sunt temperata : & ꝗ plus
hñt aeris sunt tenera:ꝗ aque lenta sunt ab humor:ꝗ terræ dura:ꝗ
igniis fragiliora. Itaꝗ ex his saxa si anteꝗ coquant cõcussa minute
mixta arenæ coniitiant in structurã nec solidescunt nec eam pote
runt continere. Cum uero coniecta in fornacem ignis uehemẽti fer
uore correpta amiserint pristine soliditatis uirtutem: tunc exustis
atꝗ exhaustis eoꝝ uiribus relinquunt patetibus foraminibus & ĩ
anibus. Ergo liquor qui est in eius lapidis corpe:& aer cũ exustus
& ereptus fuerit habueritꝗ in se residuum caloré latenté intinctus
in aqua priusꝗ exigui uim recipit humoré penetrãte in foraminũ
raritates conferuescit:& ita refrigeratus reiicit ex calcis corpore fer
uorem. Ideoꝗ autem quo põdere saxa coiiciuntur in fornacem cũ
eximunt non pñt ad id respõdere. Sed cũ expendutur ea magnitu
dine permanente:excocto liquoꝝ circiter tertia. parte põderis immi
nuta esse inuẽniuntur. Igitur cum patét foramina eorum & rarita

tes arenæ mixtionem in se corripiūt: & ita coherescūt siccescendoq̃
cum cementis coheunt & efficiunt structurarum soliditatem.

De puluere puteolano.

e St etiam genuſ pulueris quod efficit naturaliter res admi
randas:nascitur in regionibus baianis in agris municipi
orum:que sunt circa uesuuium mōntē:quod cōmixtum
cum calce & cemento:non modo ceteris edificiis p̃stat firmitatem.
Sed etiam moles q̃ cōstruuntur in mari sub aqua solidescūt.hoc
aūt fieri hac rōne uidetur:quod sub his montibus & terræ feruen
tes sunt.& fontes crebri:qui nō essent si nō in imo haberēt aut de
sulfure:aut alumine:aut bitumine:ardentes maximos ignes.igiſ
penitus ignis aut flāme uapor per interuenia permanans & ardēs
efficit leuem eam eam terram:& ibi q̃d nascitur tophus exurgēs &
sine liquore.ergo cū tres res cōsimili rōne ignis uehementia forma
tæ in unā peruenerunt mixtiōne repente recepto liquore una cohe
rescunt:& celeriter humore durate solidanſ.Neq̃ eas fluctus neq̃
uis aquæ pōt dissoluere.Ardores autē esse his in locis etiā hæc res
potesſ indicare:q̃ in montibus Cumanorū baianis sunt loca suda
tiōibus excauata:in quibus uapor feruidus ab imo nascens ignis
uehemētia perforat eam terrā. per eamq̃ manādo feruidus ab imo
nascēs in his locis oritur:& ita sudatiōnū egregias efficit utilitates
Non minus etiā memorantur antiquitus creuisse ardores & abun
dauisse sub uesuuio monte:& inde euomuisse circa agros flammā.
Ideo nūc q̃ spongia siue pumex pompeianus uocaſ excocto alio
genere lapidis in hanc redactus esse uidetur generis qualitatem.id
aūt genus spongie q̃d inde eximiſ nō in ōibus locis nascitur nisi
circū ætnā:& collibus mysie:q̃ a græcis cataceraunienos nominaſ
& siquæ eiusmodi sunt locorum proprietates.Si ergo in his locis
aquarum feruentes inueniuntur fontes . & in omnibus excauatis
calidi uapores: ipsaq̃ loca ab antiquis memorantur peruagantes
in agris habuisse ardores.Videtur esse certum ab ignis uehemen/
tia & topho terraquæ:quemadmodum i fornacibus & calce ita ex
his ereptum esse liquore.Igitur dissimilibus & disparibus rebus
correptis & in unam potestatem collatis:calida humoris ieiunitas

aqua repente satiata cõmunibus corpibus latenti calore cõseruescit
& uehemēter efficit ea coire:celeriterq; unã soliditatis percipere uir
tutē.Relinqueť desideratio:qm̄ ita sũt in hetruria ex aqua calida
crebri fontes.Quid ita non etiã ibi nascit́ puluis e quo eadē rõne
sub aqua structura solidescat.itaq; uisum est anteq̃ desideraret́ de
his rebus quēadmodũ esse uideanť exponere .Oibus locis & regi
onibus non eadem genera terræ:nec lapides nascunť:sed nõnulla
sunt terrena alia sabulosa.Itemq; glareosa aliis locis harenosa non
minus materia:& oĩno dissimili dispariq; genere in regionũ uarie
tatibus qualitates insunt i terra.maxime autē id licet cõsiderare qp
mons apenniuſ regiõis italiæ etruriæq; circũcingit prope in oĩbus
locis nõ desũt sossitia harenaria:tranſ apenninũ uero q̃ pars est ad
adriaticũ mare nulla inueniunť.Item achaia:asia oĩno transmare
nec nominanť quidē.Igitur non in oĩbus locis quibus efferuent
aquæ calidæ crebri fontes eedem oportunitates possũt similiter cõ
currere:sed oĩa uti natura reȝ constituit:non ad uoluntatē hoĩm
sed fortuito disparata procreanť. Ergo quibus locis nõ sunt terro
si mōtes:sed genere materiæ ignis uis per eius uenas e grediēs adu
rit eam:quod est molle & teneȝ exurit. Quod autē asperum relin
quit.itaq; uti in Campania exusta terra:cinis:sic in eutruria exco
cta mtteria efficiť carbunculus. Vtraq; aũt sunt egregia in structu
ris.sed alia in terrenis edificiis.alia etiã in maritimis molibus hñt
uirtutem Est autē materiæ potestas mollior q̃ tophus solidiorque
terra:quo penitus ab imo uehementia uaporis adusto nonnullis
locis procreatur id genus harenæ quod dicitur carbunculus.

De lapidicinis.

E calce & arena quibus uarietatibus sint & quas habeant
d   uirtutes dixi.Sequitur ordo de lapidicinis explicare. de
      quibus & quadrata saxa & cementoȝ eximunť copiæ &
cõparanť.Hæc autem inueniunť esse disparibus & dissimilibus
uirtutibus.Sunt.n.alie molles:ut sunt circa urbē rubræ:pallēses:
fidenates:albanæ:alie tpatæ uti tyburtinæ: amiterninæ:soractine
& q̃ sunt his generibus.nõnulle duræ:ut siliceæ.Sunt etiã alia ge
nera plura uti i Cãpania:rubȝ:& nigrũ:tophũ: In umbria & pi

ceno & uenetia albet:quod etiā ſerra dentata uti lignum ſecat ſed
hec omnia quæ mollia ſunt hanc habent utilitatem:ꝗ ex his ſaxa
cū ſint exempta in opere facillime tractātur.& ſi ſint in locis tectis
ſuſtineant laborē.Si aūt in apertis & patentibus gelicidiis & prui
na congeſta fricātur & diſſoluunt.Itē ſcdm oras maritimas ab ſal
ſugine ex ea defluūt:neꝗ pſerūt æſtus. Tyburtina uero & ꝗ eodē
genere ſunt oīa ſufferunt & ab oneribus & tempeſtatibus iniurias
Sed ab igni nō poſſunt eſſe tuta.Simulꝗ ut ſunt ab eo tacta diſſi
liunt & diſſipant.Ideoꝗ temperatura naturali paruo ſunt humor
Item ꝗ nō multū hūt terreni:ſed aeris:plurimū & ignis.Igitur cū
humor terrenū in his minus ineſt.tum etiā ignis actu & ui uapo
ris ex his aere fugato penitus inſequens inter uenas uacuitates oc
cupans ferueſcit:& efficit a ſuis ardentia corporibus ſimilia. Sunt
uero itē lapidicinæ cōplureſ in finibus Tarquinienſiū ꝗ dicuntur
Anitianæ coloris quemadmodū albanæ.quoꝗ officinæ maximæ
ſunt circa lacū Vulſinieſem.Item pſectura ſtaconenſi. hec aūt hūt
infinitas uirtutes: neꝗ eni gelicidiox tempeſtas neꝗ tactus ignis
poteſt nocere.Sed eſt firma & ad uetuſtatē ideo permanens ꝗ pax
habet e naturæ mixtiōe aeris & ignis humoris aūt temperate:plu
rimūꝗ terreni:ita ſpiſſis cōparationibus ſolidata. neꝗ a tempeſta
tibus neꝗ ab ignis uehemētia nocet.Id aūt maxime iudicare licet
e monumētis ꝗ ſunt circa municipiū ferentis ex his facta lapicidi
nis:nanꝗ hūt ſtatuas amplas factas egregie:& minora ſigilla flo
reſꝗ & achantos elegāter ſculptos:quæ cū ſint uetuſta ſic apparēt
recentia uti ſi ſint modo facta.nō minus etiā fabri ærarii de his la
picidinis in æris flatura formas hūt cōparatas.ex his ad æs fundē
dū maximas utilitates:quæ ſi prope urbē eſſent dignū eſſet ut ex
his officinis oīa opera efficerēt. Cum ergo ppter propinquitatē
neceſſitas cogat ex rubris lapicidinis & pallienſibus & ꝗ ſunt urbī
pximæ copiis uti.Si qui uoluerint ſine uitiis perficere ita erit pre
parandū cū ædificādū fuerit ante bienniū ea ſaxa nō hieme ſed eſt
ate eximant :& iacentia permaneāt in locis patētibus: quæ autem
a tempeſtatibus eo biennio tacta : leſa fuerūt ea in fundamenta
coiitiantur.cætera quæ non erunt uitiata a natura rerum probata

durare poterunt supra terram ædificata:nec solum ea in quadratis
lapidibus sunt obseruanda sed etiam in cementitiis structuris.

De generibus structuræ & eaꝗ ꝗlitatibus modis ac locis.

Tructuraꝗ genera sunt hæc Reticulatum quo nũc oés
utunꞇ & antiquũ qd incertum dicitur.Ex his uenustius
est reticulatũ sed ad rimas faciẽdas ideo paratũ.ꝗ in oés
partes dissoluta habet cubilia & coagmenta. Incerta uero cementa
alia super alia sedentia inter se himbricata non speciosã sed firmio
rem ꝗ reticulata ꝓstant structurã.utraꝗ aũt ex minutissimis sunt
istruẽda uti materia ex calce & harena crebriter parietes satiati diu
tius contineanꞇ.wolli eni & rara potestate cũ sint exsiccant sugen
do e materia succũ. Cum aũt superarit & abundarit copia calcis &
harenæ paries plus hñs humoris nó cito fiet euanidus sed ab his
contineꞇ.Simul aũt humida potestas e materia per cementoꝛ rari
tate fuerit exusta calx quæ ab arena discebat & dissoluatur.Item ce
menta nó pñt cum his coherescere:sed in uetustate parietes efficiũt
ruinosos.Id aũt licet aiaduertere etiã de nónullis monumẽtis ꝗ cir
ca urbẽ facta sũt e marmore seu lapidibus quadratis intrinsecusꝗ
medio calcata structuris uetustate euanida facta materia cemẽtoru
ꝗ extructa raritate ꝓruunt & coagmentoꝛ a ruina dissolutis iun
cturis dissipanꞇ Quod si quis noluerit in id uitiũ Incidere medio
cauo seruato scdm orthostatas itrinsecus ex rubro saxo quadrato
aut ex testa aut silicibus ordinariis struat bipedales parietes & cũ
his ansis ferreis & plumbo frontes iuncte sunt.ita enim nó acerua
tim sed ordie structũ opus poterit esse sine uitio sempiternũ:ꝗ cu
bilia & coagmenta eorum inter se sedentia & iuncturis alligata nó
protrudent opus:neꝗ orthostatas inter se religatos labi patiunꞇ:
Itaꝗ nó est cótenẽda græcoꝛ structura:nó.n.utunꞇ e molli cemẽto
polita:sed cũ discesserint a ꝗdrato ponũt de silice seu de lapide du
ro:ordinaria:& ita uti lateritia struẽtes alligant eoꝛ alternis coriis
coagmẽta:& sic maxime ad æternitatẽ firmas efficiũt uirtutes. Hec
aũt duobus generibus struunꞇ:ex his unum hisodoniũ:alterum
pseuhisodoniũ appellatur.Hilodoniũ dicitur cum oīa coria equa
crassitudine fuerint structa . Pseuhisodoniũ cũ impares & inequa

les ordies.choriox dirigunt .ea utraq; sunt ideo.firma.Primum q
ipsa cementa sunt spissa.& solida pprietate:necp de materia possut
exugere liquore.Sed conseruant ea in suo humore ad summam ue
tustate. Ipsacp eox cubilia primu plana & librata posita no patiu
tur ruere materia.Sed perpertua parietu crassitudine religata coti
nent ad summa uetustate.altera est qua emplecton appellant qua
etia nostri rustici utuntur.quox frontes poliunt .Reliqua ita na
ta sunt cum materia collocata alternis alligat coagmentis.Sed nri
celeritati studentes erecta collocantes frontibus seruiunt & in me
dio farciunt factis sepatim cum materia cemetis. Itacp tres suscitan
tur in ea structura crustæ:due frontiu & una media farcture.Græ
ci uero non ita sed plana collocantes:& longitudines eox alternis
in crassitudine instruentes non media farciunt:sed e suis frontatis
perpetua & in una crassitudinem parietum cosolidant.Preterea in
terponut singulos perpetua crassitudie utracp parte frotatos quos
diatonos appellant:qui maxime religando cofirmant parietu solt
ditate.Itacp si quis uoluerit ex his comentariis aiaduertere & elige
re genus structure perpetuitatis poterit ronem habere.Non enim
q sunt e molli cemento subtili facie uenustatis.Non hæc pnt esse
in uetustate non ruinosa.Itacp cu arbitrio coium parietu sumunt
no existimant eos quanti facti fuerint.Sed cum ex tabulis inueni
unt eox locationes precia preteritox annox singulox deducunt:
octogesimas & ita ex reliqua suma parte reddi pro his parietibus
sententiam pronuntiant eos non posse plusq annos.lxxx. durare
De lateritiis uero dummo ad perpendiculum sint stantes nihil de
ducitur.Sed quati fuerint olim facti tanti esse semper existimant
Itacp nonullis ciuitatibus & publica opera & priuatas domos eti
am regias e latere structas licet uidet:& primum Athenis murum
qui spectant ad hymetu montem & thentelensem.Item parietes in
æde Iouis & Herculis lateritias cellas cum circa lapidea in æde epi
stilia sint & columnæ.in italia Arretio uetustu egregie factu mux
Trallibus domus regibus attalicis facta:q ad habitadu semp det
ei qui ciuitatis gerit sacerdotium.Item Lacedemone e qbusda pari
etibus etia picture excise interfectis lateribus incluse sut in ligneis

formis & in comitiū ad ornatum ædilitatis Varronis & murenæ
fuerunt allate. Chreſi domus: quam ſardiani ciuibus ad requieſcē
dum ætatis ocio ſenioꝛ collegio Geruſiam dedicauerunt. Item ali
carnaſſi potētiſſimi Regis Mauſoli domus cum proconeſſio mar
more oīa haberet ornata parietes habet latere ſtructos: qui ad hoc
tempus egregiam præſtant firmitatē. ita tectoriis operibus expoli
ti ut uitri perluciditatē uideantur habere. Neqʒ is Rex ab inopia
id fecit. Infinitis enim uectigalibuſ erat ſuctus ꝙ imperabat cariæ
toti. Acumen aūt eius & ſolertiam ad ædificia paranda ſic licet cōſi
derare. Cum eſſet. n. natus Milaſis & aīaduertiſſet alicarnaſſo locū
naturaliter munitū: emporiūmqʒ idoneū portum utile ibi ſibi do
mum conſtituit. Is aūt locus eſt theatri curuaturæ ſimilis. Itaqʒ in
imo ſecundū portum forum eſt conſtitutū. Per mediam aūt altitu
dinis curuaturā: præcinctionēqʒ platea ampla latitudine facta. In
qua media Mauſoleum ita egrægiis operibus eſt factū ut in ſeptē
ſpectaculis nominet. Inſummā arce media martis fanum habens
ſtatuam coloſſi: quam Acroſiton nobili manu thelocaris factā di
cit. Hanc autem ſtatuam alii thelocaris: alii thimothei putant eſſe
In cornu aūte ſummo dextro Veneris & Mercurii fanum ad ipm
Salmacidis fontem.　　　　　　　　　　　　　Fons Salmacis.
　　　S autem falſa opinione putatur uenereo morbo implica
i　　　re eos qui ex eo biberint. Sed hec opinio quare per orbē
　　　terraꝛ ſit peruagata nó pigebit exponere. Non eni quod
dicit molles & impudicos ex ea aꝙ fieri id poteſt eſſe. Sed eſt eius
fontis poteſtas perlucida. Saporqʒ eius egregius. Cū aūt Melas &
Areuanias ab argis & troezen coloniā cōem eo loci deduxerūt bar
baros Caras & Lelegaſ eiecerūt. hi aūt ad motes fugati iter ſe cōgre
gati diſcurrebāt & ibi latrocinia facietes crudeliſ eos uaſtabāt. Po
ſtea de colonis unus ad eū fonte ꝓpter bonitatē aꝙ ꝙſtus eā taber
nā oibus copiis inſtruxit. eamqʒ exercēdo eos barbaros allectabat
ita ſingulati decurrētes & ad cætus cōuenietes e duro feroqʒ moræ
cōmutati ī grecoꝛ cōſuetudinē etiā ſuauitatē ſua uolūtate reduce
bant. ergo ea aꝙ nó ipudico morbi uitio ſed hūanitatis dulcedie
mollitis animis barbaroꝛ eam famā eſt adepta. reliquiſ núc. Qm

ad explicationē moeniū eoꝗ ſum inuectus tota uti ſunt diffiniam
Quēadmodū enim in dextra partephanū eſt ueneris & fons ſupra
ſcriptus : ita in ſiniſtro cornu regia domus quā rex Mauſolus ad
ſuam rōnem collocauit. Conſpicitur enī ex ea ad dextrā partē foꝛ
& portus mœniūꝗ tota ſinitio ſub ſiniſtra ſecretus ſub montibus
latens portus ita ut nemo poſſet qui in eo gerat aſpicere nec ſcire
ut rex ipſe de ſua domo remigibus & militibus ſine ullo ſciente q̃
opus eſſent ſpectaret. Itaꝗ poſt morte Mauſoli Arthemiſia uxore
eiuc regnante: Rhodii indignātes muliere imperare ciuitatibus ca
rie totius armata claſſe pfecti ſunt ut id regnū occuparent. Tum
Arthemiſie cum eſſet id renunciatū in eo portu abſtruſam claſſem
celatis remigibus & epibatis cōparatis, reliquos aūt ciues in muro
eſſe iuſſit. Quom ante Rhodii ornata claſſe in portū maiore expo
ſuiſſet plauſum, iuſſit ex muro his darēt: polliceriꝗ ſe oppidū tra
dituros. Qui cum penetrauiſſet intra muꝛ relictis nauibus inani
bus Arthemiſia repete foſſa facta in pelagus eduxit claſſem ex por
tu minore & ita inuecta eſt in maiorem. Expoſitis aute militibus
claſſem Rhodioꝛ inanem abduxit in altū. Ita Rhodii non hātes
quo ſe reciperēt: in medio cōcluſi in ipo foro ſunt trucidati. Ita Ar
themiſia i nauibus Rhodioꝛ: ſuis militibus & remigibus impo
ſitis Rhodū eſt profecta. Rhodii aūt cum pſpexiſſent ſuas naues
laureatas uenire opinātes ciues uictores reuerti hoſtes receperunt:
tunc Arthemiſia Rhodo capta: principibus occiſis tropheū in ur
be Rhodo ſue uictorie conſtituit: Aeneaſꝗ duas ſtatuas fecit: unā
Rhodioꝛ ciuitatis: alterā ſuam imaginis & ita figurauit Rhodio
rum ciuitati ſtigmata imponente. Poſtea aūt Rhodii religione im
pediti ꝙ nefas eſt trophea dedicata remoueri circa eum locū ædifi
cium extruxerunt & id erecta graia ſtatiōe texerunt ne quis poſſet
aſpicere. & id abathon uocitari iuſſerūt. Cū ergo tam magna potē
tia regis non cōtempſerit lateritiorū parietū ſtructuras: quibus &
uectigalibus & preda ſepius licitū fuerat non modo cementitio aut
q̃drato ſaxo: ſed etiā marmoreo habere: non puto oportere impro
bare q̃ e lateritia ſunt ſtructura facta ædificia dummodo recte ſint
tecta: ſed id genus quid ita a .P.R. in urbe fieri nō oporteat expo

nam queq; funt eius rei caufe & rones non pretermittam.

De craffitudine parietum & de lateritiis.

Eges publicæ nõ patiunt maiores craffitudines q̃ fefqui
pedales cõftitui loco cõi. Ceteri aũt parietes ne fpatia an
guftiora fierẽt eadẽ craffitudine collocant. Lateritii uero
nifi diplinthii aũt triplinthii fuerint fefquipedali craffitudine nõ
pñt plus una fuftinere contignationẽ. In ea aũt maieftate urbis: &
ciuiũ infinita frequentia: inumerabiles habitatiões opus eft expli
care. Ergo cum recipere nõ poffet area planata tantã multitudinem
ad habitandũ in urbe ad auxiliũ altitudinis ædificiorẽ res ipa coe
git deuenire. Itaq; pilis lapideis ftructuris teftaceis parietibus ce
mentitiis altitudines extructæ cõtignatiõibus crebris coxatæ cena
culorẽ ad fũmas utilitates perficiunt defpectiões. ergo moenibus e
cõtignatiõibus uariis alio fpatio multiplicatis. P. R. ægregias ha
bet fine impeditiõe habitatiões. Qm ergo explicata ratio eft q̃d
ita in urbe ppter neceffitatẽ anguftiarẽ non patiunt effe lateritios
parietes. Quom extra urbem opus erit his uti fine uitiis ad uetu/
ftatẽ fic erit faciẽdũ: Sũmis parietibus ftructura teftacea fub regu
la fubiiciat altitudine circiter fefquipedali habeatq; piecturas co
ronarẽ: ita uitari poterũt q̃ folent in his fieri uitia. Cũ eni in tecto
tegule fuerint fracte aut a uentis deiecte: qua poffit ex hymbribus
aqua pluere non patiet lorica teftacea ledi laterẽ: fed proiectura co
ronarẽ reiiciet extra perpendiculum ftillas: & ea rõne feruauerit in
tegras lateriorẽ parietum ftructuras. De ipfa aũt tefta fi fit optĩa
feu uitiofa ad ftructurã ftatim nẽmo pot iudicare: q̃ in tempeftati
bus & æftate in tecto cum eft collocata tunc fi firma eft probabit
Nam que non fuerit ex creta bona aut parum erit cocta ibi fe oftẽ
dit effe uitiofam gelicidiis & pruina tacta: ergo q̃ non in tectis po
terit pati laborẽ ea non poteft in ftructura oneri ferendo effe firma
Quare maxime ex ueteribus tegulis tecta ftructa parietes firmita
tem poterũt habere. Cratitii uero uelim quidem ne inuenti effent.
Quantũ enim celeritate & loci laxamẽto profunt tanto maiori &
cõi funt calamitati: q̃ ad incendia uti faces funt parati. Itaq; fatius
effe uidet impenfa teftaceorẽ in fumptu: q̃ cõpendio cratitiorẽ effe

in periculo:etiã qui in tectoriis opibus rimas in iis faciunt arecta
riorx & transuerfariorx difpositione. Cum enim liniunt recipiétes
humoré turgefcunt:deinde ficcefcendo contrahunt:& ita extenua
ti difrumpunt tectorx foliditatem. Sed qm nonnullos celeritas aut
inopia aut impendenti loco diffeptio cogit fic erit faciendú. So'q
fubftruatur ut fit intactú abrudere & pauimento:obruta enim in
his cum funt uetuftate marcida.Fiunt deinde fubfidentia pcl nan
tur & difrumpút fpém tectoriorx de parietibus & apparatione ge
neratim materie eorum quibus fint uirtutibus & uiciis quéadmo
dum potui expofui.De contignationibus auté & copiis earú qui
bus comparant & ad uetuftatem non fint infirme uti natura rerú
monftrat explicabo.   De Materie cedenda

          Ateries cedenda eft a primo autumno ad tépus quod erit
m   anteq flare incipiat Fauonius.Vere enim oés arbores fiút
         pregnantes:& oms fue pprietatis uirtuté efferunt in fron
des anniuerfariofcz fructus.Cum ergo inanes & humide tempox
neceffitates earú fuerint uanæfiunt & raritatibus imbecille:uti etiã
corpora muliebria cum conceperint ad fœtus a partu non iudican
tur ..tegra:necz in uenalibus ea cum fint pregnantia pftant fana
ideo cp in corpore prefeminatio crefcens ex omnibus cibi poteftati
bus detrahit alimentum in fe & quo fitmior efficitur ad maturita
tem partus eo minus patitur effe folidum id ex quo ipm procreat
Itacz edito fœtu quod prius in aliud genus incrementi detrahebat
cum ad difparatione procreationis eft liberatum inanibus & paté
tibus uenis in fe recipit & lambendo fuccú etiã folidefct: & redit i
priftinam naturæ fitmitatem: Eadem ratione autumnali tempore
maturitate fructuum flaccefcente fronde & terra recipientes radices
arborx in fe fuccú:recuperantur & reftituunt in antiquã foliditaté
ac uero aeris hyberni uis comprimit & confolidat eas per id ut fu
pra fcriptú eft tps.ergo fi ea róne & eo tépore qd fupra fcriptú eft
cedit materies erit tempeftiua. CEDI aút ita oportet ut incidatur
arboris craffitudo ad mediã medullã:& relinquat uti per eam efic
cefcat ftillando fuccus ita qui ineft in his fubtilis liquor effluens
per torculum non patietur emori in eo fanié:nec corrumpi materie

æqualitatem. Tum autem cum ficca & fine ftillis erit arbor deiicia
tur & ita erit optima i ufu. Hoc aut ita effe licet animaduertere etiã
de arbuftis. ea enim cum fuo quoq̃ tempoꝝ ad imum perforata ca
ftrantur: profundunt e medullis quẽ habent in fe fuperantẽ & ui/
tiofum per foramina liquorẽ: & ita ficcefcendo recipiunt in fe diu
turnitatẽ. Que aut non habẽt ex arboribus exitus humores intra
cõcrefcentes putrefcũt & efficiũt inanes eas & uitiofas. ergo fi ftan
tes & uiue ficcefcendo confenefcũt fine dubio cùm eadem materia
deiiciuntur cum ea ratione curate fuerint habere poterũt magnas i
edificiia ad uetuftatẽ utilitates. hæ aut inter fe difcrepantes: & diffi
miles ñt uirtutes: uti robur: ulmus: populus: : cupreffus: abies:
cæteraq̃ que maxime in ædificiis funt idonea. Nanq̃ nó poteft id
robur qd abies: nec cupreffus qd ulmus nec cetera eafdem habent
inter fe naturæ rerũ fimilitudines: fed fingula genera principiorũ
ꝓprietatibus comparata alios alii generis preftãt in operibus effe
ctus: Et primũ ABIES aeris hs plurimũ & ignis: minimumq̃ hu
moris: & terreni leuioribus reꝝ naturæ poteftatibus cõparata non
eft ponderofa. Itaq̃ rigore naturali contenta nó cito flectiꝰ ab one
re: fed directa permanet in cõfignatiõe: fed ea quæ habet in fe plus
caloris procreat & alit partem ab eaq̃ uitiatur: etiam que ideo cele
riter accenditur: quodq̃ ineft in eo corpore raritas aeris: & patens
accipit ignem: & ita uehementeꝝ ex fe mittit flammã. Ex ea autem
anteq̃ eft excifa q̃ pars eft ꝓxíma terræ per radices recipiẽtes ex ꝓxí
mitate humorẽ enodis & liquida efficiꝰ: q̃ uero eft fuperior uehe
mẽtia caloris eductis in aera ꝑ nodos ramis precifa alte circiter pe᷄
des. xx. & perdolata ꝓpter nodationis duritiẽ dicitur effe fufterna
Ima autẽ cũ excifa quadrifluuiis difparatur eiecto torculo ex eãdẽ
arbore ad inteftina opera comparatur: & intima fufterna fappinea
uocaꝰ. Cõtra uero quercus terrenis principioꝝ focietatibus abun
dans parumq̃ habens humoris & aerifet ignis cum in terrenis ape
ribus obruitur infinitam habet eternitatẽ. Ex eo cum tangitur hu
more non habens foraminũ raritates ꝓpter fpiffitatẽ nó poteft in
corpus recipere liquorẽ: fed fugiens ab humore refiftit: & torqueꝰ
& efficit in quibus eft operibus ea rimofa. ESCVLVS uero que

est in omnibus principiis temperata habet i̅ ædificiis magnas uti
litates:sed ea cum in humore collocatur recipiens penitus per fora
mina liquore̅ eiecto aeræ & igni operatione humidæ potestatis ui
tiatur.CERRVS quercus fagus q̅ pariter habet mistione̅ humo
moris & ignis & terreni:aeris plurimuz per uisa raritatis humoris
penitus recipie̅do celeriter marcescunt.Populus alba & nigra.Item
salix:tilia:uitex ignis & aeris h̅ndo satietatem:humoris tempera
te parum aut terreni habentes leuiori te̅peratura tempatæ egregi
am habere uident́ in usu rigiditatem.ergo cum non sint duræ ter
reni mixtione ꝓpter raritatem sunt calide & in structuris commo
dam prestat tractabilitate̅.ALNVS aut quæ proxima fluminum
ripis procreatur & minime materies utilis uidetur:habet in se egre
nias ratio̅es. Eteni̅ aere & igni plurimo tempata:non multum ter
reno:humore paulo.Itaꝗ non minus habent in corpore humoris
i̅ palustribus locis infra fundame̅ta ædificioꝝ palatio̅ibus crebræ
fixa recipiens in se qd minus habet in corpore liquoris permanet
imortalis ad æternitate̅:& sustinet inania pondera structuræ: & si
ne uitiis conseruat. Itaꝗ non potest extra terram paulum tempus
durare:ea in humore obruta permanet ad diuturnitate̅.Est autem
maxime id co̅siderare Raue̅ne:q̅ ibi pia opera & publica & priua
ta sub fundamentis eius generis h̅nt palos.VLMVS uero & frax
inus maximos h̅nt humores:minimu̅ꝗ aeris ignis & terreni temperata mistione comparate sunt in opibus cum fabricantur lente
& ab pondere humoris non habent rigore̅ & celeriter pandant. Si
mul aut uetustate sunt aridæ factæ aut in agro perfecto qui est eis
liquor stantes emoritur fiunt duriores & in co̅missuris & coagme̅
tationibus ab leuitudine firmas recipiunt catenatio̅es.Item Carpi
nus q̅ est minima ignis & terreni mixtione: aeris autem & humo
ris summa continetur temperatura. Non est fragilis:sed habet uti
lissimam tractabilitate̅.Itaꝗ græci q̅ ex ea materia iuga iuue̅cis co̅
parant quod apud eos uiga ziga uocitant́:item & zigea appellat́
Non minus est admira̅dum de Cupresso & Pinu q̅ hæ habentes
humoris abunda̅tiam equamꝗ ceteroꝝ mistio̅em ꝓpter humoris
satietate̅ in operibus solent esse pande: sed i̅ uetustatem sine uitiis

conſeruant̃: ꝙ his liquor qui ineſt penitus in corpoꝛibus earum
habet amarum ſapoꝛeꝥꝗui propter acritudinem non patic̃ pene
trare Carié neꝗ eas beſtiolas quæ ſunt nocentes.Ideoꝗ ꝗue ex his
generibus opera conſtituunt̃permanent ad æternam diuturnitaté
Item Cedrus Iuniperuſꝗ eaſdem habent uirtutes & utilitates: ſed
queadmodum ex cupreſſu:pinu:reſina:ex cedro oleum qd cedre
um dicitur:naſcitur quo reliꝗuæ res unctæ uti etiam libri a tineis
& a carie nõ ledunt̃.Arbores autem eius ſunt.ſimiles cupreſſeæ ſo
liaturæ materies uena directa:Epheſi in æde ſimulachrum Dianæ
eziã lacunaria:& ibi & in ceteris nobilibus phanis propter æterni
taté ſunt facta. Naſcunt̃ autē he arbores maxime Cretæ & Aphri
cæ & nonnullis Syriæ regionibus.Larix uero que non eſt nota ni
ſi his municipalibus qui ſũt ad ꝶipam fluminis padi & litora ma
ris adriatici non ſolum a ſucco uehementi amaritate a carie aut a ti
nea non nocetur:ſed etiam flammã ex igne nõ recipit:nec ipſe per
ſe poteſt ardere: niſi uti ſaxum i fornace ad calcem coquédam aliis
lignis uratur:nec tamē tunc flammã recipit nec carbonem remittit
ſed lõgo ſpatio tandem comburitur:ꝙ eſt minima ignis & aeris e
principiis temperatura:humore autē & terreno eſt ipiſſe ſolidata:
nõ habet ſpatia foraminũ qua poſſit ignis penetrare: reiicitꝗ eius
uim :nec patitur ab eo ſibi cito nioceri. propterꝗ pondus ab aqua
non ſuſtinetur: ſed cum portatur aut in nauibus aut ſupra abieg
nas rates collocatur. Ea aũt materies quẽadmodum ſit inuenta eſt
cauſa cognoſcere.Diuus Cæſar cum exercitũ habuiſſet circa Alpeſ
imperaſſetꝗ municipiis pſtare cõmeatus:ibiꝗ eſſet caſtellum mu
nitum quod uocaret̃Larignũ:tunc qui fuerunt in eo naturali mu
nitione cõfiſi noluerunt imperio parere.Itaꝗ Imperator copias iuſ
ſit admoueri.Erat autē ante eius caſtelli portam turris ex hac mate
ria alternis trabibus trãſuerſis uti pira inter ſe cõpoſita alte ut poſ/
ſet de ſummo ſudibus & lapidibus accedentes repellere: tunc uero
cum aiaduerſum eſt alia eos tela preter ſudes nõ habere:neꝗ poſſe
longius a muro propter põdus iaculari. imperatum eſt faſciculos
ex uirgis alligatos & faces ardentes ad eam munitionem accedetes
mittere.Itaꝗ celeriter milites congeſſerunt:poſtꝗ flamma circa illã

materiam uirgas cōprehēdiſſet:ad cœlum ſublata effecit opinionē
uti uideretur iam tota moles concidiſſe. Quom aũt ea per ſe extin
cta eſſet & requieta:turris intacta apparuiſſet.admirans Cæſar iuſ
ſit extra teloꝝ miſſionē eos circumuallari.Itaꝙ timore coacti oppi
dani cum ſe dediſſent: quæſitum unde ea ligna que ab igni nō le
derenꝝ.tunc ei demōſtrauerũt eas arbores:quaꝝ in his locis maxi
me ſunt copiæ:& ideo id eaſtellum Larignum:item materies larig
na eſt appellata.Hec aũt per padum Rauennā deportatur in Colo
niam Fanenſem:Piſauri: Ancone : reliquiſꝗ ꝗ ſunt in ea regione
municipiis prebeť:cuius materies ſi eſſeť facultas apportatiōis ad
urbem maxime haberenť in ædificiis utilitates & ſi non in omne
certe tabule in ſubgrundiis circa inſulas ſi eſſent ex ea collocate ab
traiectionibus incendiorum ædificia periculo liberarenť.ꝗ ea nec
flammā nec carbonē poſſunt recipere:nec facere per ſe.Sunt autem
hæ arbores foliis ſimilibus pini: materies earũ prolixa tractabilis
ad inteſtinũ opus:non minus ꝗ ſappina:habetꝗ reſinā liquidam
mellis attici colore:quæ etiā medeť ptiſicis.De ſingulis generibus
proprietatibus quibus e natura reꝝ uideanť eſſe comparatæ: qui
buſꝗ procreanť rōnibus expoſui.Inſequitur animaduerſio.quid
ita ꝗ in urbe ſupernas diciť abies:deterior eſt que infernas egregi
os i edificiis ad diuturnitatē preſtat uſus & de his rebus quemad/
modũ uideantur e locoꝝ proprietatibus habere uitia aut uirtutes
uti eſſent conſiderantibus apertiora exponam.

De Abiete ſupernate & infernate:cũ Apēnini deſcriptiōe.

Ontis apennini prime .adices ab tyrreno mari i alpes &
m   in extremaſ etruriæ regióes oriunť.Eius uero montis iu
gum ſe circũagens & media curuatura prope tangēs oras
maris.adriaci pertingit circuitionibus contra fretum. Itaꝗ citerior
eius curuatura que uergit ad etruriæ cāpaniæꝗ regióes apricis eſt
poteſtatibus.Nanꝗ impetuſ habet perpetuos ad ſolis curſum.Vl
terior aũt que eſt,pclinata ad ſupeꝝ mareſeptētrionali regioni ſub
iecta contineť umbroſis & opacis perpetuitatibus. Itaꝗ que in ea
parte naſcuntur arbores humida poteſtate nutritæ:nō ſolum ipſe
augétur ampliſſimis magnitudinibus.ſed eaꝝ quoꝗ uenæ huom

ris copia repletæ urgétes liquoris abundantia faturanſ. Cum aũt
excile & dolatæ uitalé poteftaté amiferũt uenaɉ rigore permanétes
ficcefcédo ꝓpter raritaté fiunt inanes & euanide. Ideoꝗ in ædificiis
non poffunt hře diuturnitaté. Quæ aũt ad folis curfumfpectanti
bus locis procreanſ nó habétes inter uenaɉ ficcitates exfuctæ foli
danſ quia fol non modo ex terra lambendo fed etiã ex arboribus
ducit humores. Itaꝗ funt in apricis regióibus fpiffis uenaɉ crebri
tatibus folidate nó hñtes ex humore raritaté. ꝗ cũ in materiã per
dolanſ reddũt magnas utilitates ad uetuftaté: ideo infernantes ꝗ
ex apricis locis apportanſ meliores funt ꝗ ꝗ ab opacis de fupnati
bus aduehunſ. Quãtum aĩo cófiderare potui de copiis ꝗ funt ne
ceffariæ in ædificioɉ cóparationibus & ꝗbus tempaturis e rerũ na
tura principioɉ habere uideanſ mixtioné: queꝗ infũt in fingulis
generibus uirtutes & uitia uti nó fint ignota ædificatióibus expo
fui: ita ꝗ potuerint eoɉ preceptoɉ fequi ꝓfcriptióes erũt prudenti
óres: fingulorũꝗ geneɉ ufum eligere poterũt in opibus: ergo qm̃
de apparitióibus eft explicatũ: in ceteris uoluminibus de ipfis edi
ficiis exponeſ & primo de deoɉ imortaliũ ædibus facris & de eaɉ
fymmetriis & proportióibus uti ordopoftulat ĩ fequéti perfcribã.

L. VICTRVVII POLLIONIS DE ARCHITE
CTVRA LIBER TERTIVS. IN QVO DISSE
RIT DEAEDIBVS SACRIS.

ELPHICVS Apollo Socratem omnium fapiétiffi
mum pythiæ refponfis eft profeffus. Is autē memo
ratur prudenter doctiffimeꝗ dixiffe: oportuiffe ho
minũ pectora feneftrata & aperta effe uti non occul
tos haberent fenfus. fed patientes ad confiderandũ

d

Vtinã uero reɉ natura fñiam eius fecuta explicata & apparentia ea
cóftituiffet. Si enim ita fuiffet nó folũ laudes aut uitia aĩorum ad
manũ afpicerenſ: fed etiã difciplinaɉ fcíe fub oculoɉ cófideratióe
fubiecte non incertis iudiciis probarenſ: fed & doctis & fciécibus
auctas egregia & ftabilis addereſ. Igitur qm̃ hæc nó ita: fed uti na
tura reɉ uoluit funt cóftituta: nó efficiſ ut poffint hoíes obfcura
tis fub pectoribus ingeniis fcias artificioɉ penitus latentes quem

admodū ſint iudicare. ipſiq; artifices pollicent̄ ſuā prudentiā ſi nō pecunia ſint copioſi: ſed uetuſtate officinaꝶ habuerint noticiā aut etiā gratia forenſi & eloquentia cū fuerint parati pro induſtria ſtu dioꝶ auctes poſſint habere: ut eis qđ profitent̄ ſcire id crederetur. Maxime aūt id aīaduertere poſſumus ab antiquis ſtatuariis & pi ctoribus ꝙ ex his qui dignitatis notas & cōmendatiōis gr̄am ha buerūt æterna memoria ad poſteritatē ſūt permanētes: uti Myron Polycletus: Phydias: Lyſippus: cæteriq; qui nobilitatē ex arte ſunt conſecuti. Nanq; ut in ciuitatibus magnis aut regibus aut nobili bus ciuibus opera fecerunt: ita id ſunt adepti. At qui non minore ſtudio & ingenio ſolertiaq; fuerūt nobilibus & humili fortuna ci uibus nō minus egregie perfecta fecerunt opera nullā memoriam ſunt aſſecuti ꝙ hi nō ab induſtria neq; artis ſolertia: ſed a felicitate fuerūt diſerti ut Hellas athenienſis: Dion corynthius: Miagrius phoceus: Pharax epheſius: Boedas bizantius. Etiamq; alii plures nō minus itē pictores uti Ariſtomenes Thaſius Polides & Andra mites: Niteonagius cetæriq; quos neq; induſtria: neq; artis ſtudiū neq; ſolertia defecit. Sed aut rei familiaris exiguitas: aut imbecilli tas fortune ſeu in ambitiōe certatiōis cōtratioꝶ ſupati obſtitit eoꝶ dignitati. nec tñ admirandū eſt ſi propter ignorantiā artis uirtutes obſcurant̄. ſed maxime indignandū cū etiam ſæpe blandiant̄ gr̄a cōuiuioꝶ a ueris iudiciis ad falſā probatiōnē. Ergo uti Socrati pla cuit ſi ita ſenſus & ſn̄ie ſcieq; diſciplinis aucte pſpicue fuiſſent non gr̄a nec ambitio ualeret: ſed ſiqui ueris certiſq; laboribus doctrina rum pueniſſent ad ſciam ſummā: eis ultro opera traderet̄. Qm̄ aūt ea nō ſunt illuſtria: nec apparentia in aſpectu ut putamus oportu iſſe & aīaduerto potius indoctos q̄ doctos gr̄a ſuperare nō eſſe cer tandum iudicans cū indoctis ambitione potius his præceptis edi tis oſtendam nature ſn̄ie uirtutem. Itaq; imperator in primo uolu mine tibi de arte & quas habeat uirtutes: q̄buſq; diſciplinis opor teat eſſe auctū architectū expoſui: & ſubieci cās quid ita eaꝶ opor teat eū eſſe peritū. Rōneſq; ſumme architectur̄ partitiōe diſtribui: finitiōibuſq; terminaui. Deinde qđ erat primū & neceſſariū de mœ nibus quēadmodū eligant̄ loci ſalubres rōcinatiōibus explicaui.

uentíq; qui sint: & e quibus singuli spirent deformationibus grã
maticis ostēdi. Platearūq; & uicoꝛ uti emēdate fiant distributióes
in mœnibus docui & ita finitióē primo uolumine cóstitui. Item
in secúdo de materia quos habeat in opibus utilitatēs & q̄bus uir
tutibus e natura reꝛ est comparata peregi. Nunc in tertio de deoꝛ
imortalium ædibus sacris dicã & uti oporteat perscriptas exponã.

De sacrarum ædium compositione & symme
triis & corporis humani mensura.

Edium compositio constat ex symmetriis cuius rónes di
ligentissime architecti tenere debent. Ea aút pariter a pro
portioneque græce analogia diciꝛ. Proportio est rate par
tis membroꝛ in omni opere totaq; cómodulatio ex qua ratio effi
citur symmetriaꝛ. Nanq; non potest ædes ulla sine symmetria atq;
proportione rationē habere compositionis nisi uti ad hominis bñ
figurati membroꝛ habuerit exactam ratióem. Corpus enim hois
ita natura cóposuit uti os capitis a mento ad frontem summam &
radices imas capilli esset decimæ partis. Item manus palma ab arti
culo ad extremum medium digituꝫ tantundē. Caput a mento ad
summú uerticē octaue cú ceruicibus imis. a súmo pectore ad imas
radices capilloꝛ sextæ ad summum uerticē quarte. ipsius autē oris
altitudinis tertia est pars ab imo mento ad imas nares. Nasus ab
imis naribus ad finem medium supercilioꝛ tantundem ab ea fine
ad imas radices capilli frons efficiť. Item tertiæ partis: pes uero al
titudinis corporis sexte. Cubitum quartæ. Pectus item quarte. Re
liqua quoq; membra suos habēt cómensus proportionis: quibus
etiam antiqui pictores & statuarii nobiles usi magnas & infinitas
laudes sunt assecuti. Similiťer uero sacraꝛ ædium membra ad uni
uersã totius etiã magnitudinis summã ex partibus singulis cóue
nientissimú debent habent cómensuú respósum. Item corporis cen
trum mediú naturaliter est umbilicus. Nanq; si homo collocatus
fuerit supinus manibus ac pedibus pansis circúq; collocatú centꝛ
in umbilico eius circumagendo rotundationem utrarumq; manu
um & pedum digiti tangeť. Non minus quéadmodum schema
rotundationis in corpore efficitur. Item quadrata designatio in eo

inuenief Nam si a pedibus imis ad summum caput mensum erit
eaiq mensura relata fuerit ad manus pansas inueniet eadé latitudo
uti altitudo: quéadmodum areæ que ad normá sunt quadrate. Er
go si ita natura cóposuit corpus hois uti proportióibus membra
ad summam figuratióem eius respondeat:Cum eam cóstituisse ui
deant antiqui ut etiam in opeix perfectióibus singuloix membro
rum ad uniuersam figuræ spém habeant cómensus exactióe. Igi
tur cum in oibus opibus ordines traderét:maxime in ædibus deo
rum opeix & laudes & culpæ æternæ solent permanere: nec minus
mensuraix rónes quæ in oibus operibus uident necessariæ esse ex
corporis membris collegerút:uti digitum:palmú:pedé: cubitum
& eas distribuerunt in pfectum numeix qué græci Theleon dicút
Perfectum auté antiqui instituerút numerum qui decem dicitur.
Nanq ex manibus digitoix numerum:a palmo pes est inuentus.
Si aút utrisq palmis ex articulis a natura decem sunt perfecti:etiá
Platoni placuit eum esse numerum ea re perfectum qp ex singulari
bus rebus quæ monades apud græos dicunt perficit decussis q̃
simul aut.xi.aut.xii.sunt facti qp supauerint non possunt esse per
fecti donec ad alterú decussis peruenerint.Singulares enim res par
ticule sunt eius numeri. Mathematici uero contra disputátes ea re
perfectum esse dixerunt numeix qui sex dicitur:qp is numerus hét
partitiones eorum rationibus sex numero conueniétes sic sextanté
unum:trientes duos:unum semissem:tria bessem:quem dimeron
quatuor:quintarium quem penthimeron dicunt quinq perfectú
sex.Cum ad duplicationé crescat supra sex adiecto asse effectú. Cú
facta sunt octo quod est tertia adiecta. Tertiariú aút qui epitritos
dicicur dimidia adiecta cum facta sunt nouem sexquialterum qui
hemiolius appellat duabus partibus additis & decussis facto.Bes
alterum qué epidimeron uocitant in.xi.numero quod adiecti fút
quinq quintarium quod epipenton dicunt.Duodecim aút quod
ex duobus simpilcibus numeris est factus diplasiona. nó minus
etiá qp pes hominis altitudini sextam habet partem ita etiá ex eo
qp perficit pedum numero corpori sexies altitudinis terminauit:
eú perfectú constituerunt Cubitumq aiaduerterút ex sex palmis

conſtare digitiſq̃ .xxiiii.ex eo etiã uident́ ciuitates græcoꝛ feciſſe
quéadmodum cubitus eſt ſex palmorum in dracma:qua numero
uterent́ æreos ſignatos:uti aſſes ex quo ſex quos obolos appellãt
quadranteſq̃ obolorum:que alii dichalca.nõnulli trichalca dicũt
pro digitis.xxiiii.in dracma cõſtituiſſe. Nõſtri autem primo fece
runt antiquũ numerum:& in denario denos æris cõſtituerunt &
ea re cõpoſitto noís ad hodiernũ diem denarium retinet: etiã quæ
pars quarta efficiebat́ ex duobus aſſibus & tertio ſemiſſe ſeſtertiũ
uocitarunt. Poſtq̃ aĩaduerterunt utroſq̃ numeros eſſe perfectos &
ſex & decem:utroq̃ in unum coniecerunt & fecerunt perfectiſſimũ
decuſſis ſexis.huius aũt reí auctores inuenerunt pedem. E cubito
enim cum dempti ſũt palmi duo relinquitur pes quatuor palmo
rum.Palmus autem habet quatuor digitos:ita efficitur uti pes ha
bet digitos.xvi.& totidem aſſes:æreuſ denarius.ergo ſi conuenit
ex articulis hominiſ numerum inuentum eſſe:& ex membris ſepa
ratis ad uniuerſam corporis ſpeciem ratæ partis cõmenſus fieri reſ
ſponſum relinquitur ut ſuſcipiamus eos:qui etiam ædes deorum
immortalium conſtituentes ita membra operum ordinauerũt: ut
proportionibus & ſymmetriis ſeparatæ:atq̃ uniuerſe conuenien/
teſq̃ efficerent eorum diſtributiones.Aedium autem principia ſũt
e quibus conſtat figurarum aſpectus:& primum in Antis quod
græce Naoſen paraſtaſin dicitur . Deinde amphiproſtilos perip/
teros pſeudodipteros hipteros.horum exprimũtur formationeſ
his ratiõibus quéadmodum & in antis & dextra;ac ſiniſtra in uer
ſuris ſingula . huius exemplar in antis erĩt ædes cum habebit in
fronte antas parietum:qui cellam circumcludunt:& inter Antas ĩ
medio columnaſ duas ſupraq̃ faſtigium ſymmetria ea collocatũ q̃
in hoc libro fuerit perſcripta:huius autẽ exemplar erit ad tres for
tunas:ex tribus qd́ eſt proxime porta3 collinam:proſtilos omnia
habet quéadmodũ in Antis.colũnas autem cõtra antas angulareſ
duas ſupraq̃ epiſtilia:quéadmodũ & ĩ antis & dextra ac ſiniſtra ĩ
uerſuris ſingula. huius exemplar eſt in inſula tyberma in æde Io
uis & Fauni.Amphiproſtilos ɔia habet ea q̃ proſtilos.Preterea q̃
habet in poſtico ad eundẽ modũ colũnas & faſtigium. peripteroſ

aũt erit quæ habebit in fronte & postico senas columnas in lateri
bus cum angularibus undenas: ita ut sint hæ colũne collocate ut
intercolumnii latitudinis interuallum sit a parietibns circũ ad ex
tremos ordines columnarum: habeatꝗ ambulatióem circa cellam
ædis quéadmodũ est in porticu metelli Iouis statoris huiusmodi
& ad mariana honoris & uirtutis sine postico a Mutio sacta:pseu
dodipteros aũt sic collocat ut in fronte ac postico sint colũne octo
ne in lateribus cũ angularibus qndene. Sũt aũt parietes celle cõtra
ꝗternas colũnas medianas in fróte & postico ita duorũ intercolum
nioꝛ & imæ crassitudinis columnæ spatium erit a parietibus circa
ad extremos ordines columnaꝛ:huius exẽplar Rome non est:sed
magnesie Dianæ hermogenis Alabandi & Apollinis a Manesche
sacta. Dipteros aũt octastilos & pronao & postico: sed circa ædem
duplices hét ordines colũnaꝛ uti est ædes Quirini dorica:& ephe
sie diane ionica a Ctesiphone cõstituta. Hipetros aũt decastilos est
in pronao & postico. reliqua oĩa eadẽ hñt quæ dipteros sed interi
ore parte columnas ĩ altitudĩe duplices remotas a parietibus ad cir
cuitióe ut porticus peristilioꝛ:medium auté sub diuo est sine te
cto :aditus ualuaꝛ ex utraꝗ parte in pronaõ & postico. huius ité
exẽplar Rome nõ est sed Athenis octastilos & in tẽplo olympio.

   De quinque ædiũ speciebus.

   Pecies aũt ædiũ sunt quinque quaꝛ ea sunt uocabula. Pí
ſ gnostilos id est cæbris colũnis:Sistilos paulo remissiori
   bus: Interstilos amplius patentibus rare ꝗ ọportet inter
se diductis. Areostilos spatiis intercolumnioꝛ. Pignastilos spatiis
in diastilos. Areostilos & stilos interualloꝛ iusta distributione. er
go pignastilos est cuius intercolũnio unius & dimidiatæ colũnæ
crassitudo interponi potest. Quéadmoduꝫ est diui Iulii & in cæsa
ris foro ueneris:& siquæ alie sic sint cõposite patentibus rare. Item
sistilos est in quo duaꝛ columnaꝛ crassitudo intercolũnio poterit
collocari :& spiraꝛ plinthides eque magné sint eo spatio quod sue
rit inter duas plinthides : quéadmodum est fortune æquestris ad
theatꝛ lapideum. Reliꝗ quoꝗ eisdẽ rõnibus sunt composite. Hec
utraꝗ genera uitiosum hàbét usum. Matres eni familiarũ cum ad

supplicatione gradibus afcédunt non poffunt pet intercolumnia
amplexæ adire:nifi ordines fecerit.Item ualuaﾗ afpectus obftruit
columnaﾗ crebritate:ipfacﾗ figna obfcurant.Ité circa ædem ‚ppter
anguftias impediunt ambulatióec.Diaftili aút hec erit cópofitio
cum trium columnaﾗ craffitudiné intercolúnio interponet poffu
mus tanﾗ eft Appollinis & Dianæ ædes.hec difpofitio hác habet
difficultaté:cþ epiftilia ‚ppter interualloﾗ magnitudiné frangunt
in areoftilis auté nec lapideis: nec marmoreis epiftiliis:uti datur:
fed imponéde de materia trabes perpetue:& ipfaﾗ ædium fpés fút
Baricæ:Paricæ:Phalæ:humiles:Vrniles:latæ.ornanturcﾗ fignis fi
ctilibus aut aereis inauratis eaﾗ faftigia tufcanico more:uti eft ad
circum maximú cereris & herculis pompeiani item capitolii :reddé
da nunc eft eftili ratio :ﾗ maxime probabilis & ad ufú:& ad fpém
& ad firmitaté rónes habet explicatas.Nancﾗ facieda funt interual
lis fpatia duaﾗ columnaﾗ & quarte partis columne craffitudinis.
mediúcﾗ intercolúnium:unú quod erit in fronte: alteﾗ quod i po
ftico trium colúnarum craffitudine.fic eni habebit & figurationif
afpectum uenuftum:& aditus ufum fine impeditionibus:& circa
cellam ambulatio auctem.huius aút rei ratio explicabit fic:frons
loci ﾗ'in æde cóftituta fuerit:fi tetraftilos facienda fuerit diuidat i
partes decuffas femis preter crepidines & proiecturas fpiraﾗ:fi fex
erit colúnaﾗ in partes decemnoué:fi octoftilos cóftituet diuidat
in uigintiquincﾗ & femiffem. Item ex his partibus fiue tetraftili:
fiue exaftili:fiue octoftili una pars fumat : ea quæ erit modulus:
cuius moduli unius erit craffitudinis columnaﾗ: intercolúnia fin
gula preter mediá moduloﾗ duoﾗ & moduli quarte partis media
na in fronte & poftico fingula trinú modulorum ipfarum colum
narum altitudo modulorum habebunt iuftam rationem. huius
ex emplar Rome nullum habemus:fed in afia Theohexaftilon li
beri pris Eas aút fymmetrias cóftituit Hermogenes:ﾗ etiá primus
hexaftilú pfeudodipteri róne:ex dipteri eni ædis fymmetria diftu
lit iteriores ordines columnaﾗ.xxxviii.eacﾗ róne fúptus. operafcﾗ
cópendii fecit:is de medio ambulatióis laxamétú egregie circa cel
lam fecit:de afpectucﾗ nihil iminuit:fed fine defiderio fupuacuoﾗ

conſeruauit auctoritatem totius operis diſtributione. Pteromatos
eni ratio & columnarū circū ædem diſpoſitio ideo eſt inuenta:ut
aſpectus propter aſperitatez intercolumniorum haberet auctorita
itatem. Preterea ſi & hymbrium aque uis occupauerit: & intercluſe
rit hominum multitudinem:ut habeat in æde circacʒ cellam cum
laxaméto liberā moram. Hec autē ut explicant in pſeudodipteris
ædium diſpoſitiōibus.: quare uidetur acuta magnacʒ ſolertia eſſe
ctus operum Hermogenes feciſſe. Reliquiſſecʒ fontes unde poſteri
poſſent haurire diſciplinarum rōnes. Aedibus areoſtilis colūne ſic
ſunt faciende:uti craſſitudines eaȝ ſint partís octauæ ad altitudi
nes. Item in diaſtilo dimetiēda eſt altitudo colūne in partes octo.
& dimidiā & unius partis craſſitudo colūne collocet . In ſiſtilo al
titudo diuidat in nouē & dimidiā parté:& ex eis una ad craſſitu‖
dine colūnae det. Item in pignoſtilo diuidenda eſt altitudo in de
cem :& eius una pars facienda eſt colunne. Craſſitudo euſtili autē
ædis colunne ut ſiſtili in nouē partibus altitudo diuidat & dimi
diam partem: & eius una pars cōſtituat in craſſitudine unius ſca
pi:ita habebit pro rata parte intercolunnioȝ ratio . Quēadmodū
eni creſcunt ſpatia inter colunnas: proportiōibus ad augēde ſunt
craſſitudines ſcaporū. Nancʒ ſi in areoſtilo nona aut decima pars
craſſitudinis fuerit tenuis & exilis apparebit. Ideocʒ p̱ latitudinē ī
tercolunnioȝ aer cōſumit & minuit aſpectus ſcapoȝ craſſitudinē
Cōtra uero pignoſtilis ſi octaua pars craſſitudinis fuerit propter
crebritatem & anguſtias intercolunnioȝ tumidā & inuenuſtā effi
ciet ſpeciē. Ita generis operis opōrtet perſequi ſymmetrias:etiā
cp angulares colunnæ craſſiores faciēde ſunt ex ſuo diametro quin
quagéſima parte:cp hæ ab aero circūciduntur:& graciliores uiden
tur eſſe aſpiciētibus. ergo quod oculos fallit rōcinatiōe eſt exequē
dum. Contracturæ autē in ſummis colunnaȝ hyppotrachelis ita
faciendæ uidētur uti ſi columna ſit a minimo ad pedes quinoſdé
nos: una craſſitudo diuidat in partes ſex:& eaȝ partium q̃ iincʒ
ſumma cōſtituat. Item que erit ab quindecim pedibus ad pedes
uiginti. Scapus unus in partes ſeptem:ſuperior craſſitudo colūne
in partes ſex;& ſemiſſem:diuidatur earūcʒ partiū quincʒ & ſemiſſe

superior craſſitudo colûne fiat. Item que erût a pedibus.xx.ad pe
des.xxx. ſcapus.unus.diuidat in partes ſeptem:earûqʒ ſex ſumma
côtractura perficiat. Que aût a triginta pedibus ad quadraginta
alta erit una diuidat i partes ſeptem & dimidiam. ex his ſex & di
midiam habeat in ſûmo côtracture rationé:que erût a quadragita
pedibus ad quinǎginta. Item diuidédā ſunt in octo partes:& eaʒ
ſepté in ſummo ſcapo ſub capitulo côtrahant. Item ſiq̃ne altiores
erunt eadem rône pro rata côſtituant côtracture : hæ aût propter
altitudinis interuallû ſcandentis oculi ſp̃s adiiciuntur craſſitudi
nibus temperature. Venuſtaté eni perſequitur uiſus:cuius ſi non
blandimur uoluptati proportiôe & moduloʒ adiectionibus:uti
q̃ fallitur temperatione adaugeatur uaſtus & inuenuſtus côſpicié
tibus remittetur aſpectus. De abiectiôe q̃ adiicitur in mediis colû
nis q̃ apud grecos Entaſis appellatur:ĩ extremo libro erit formata
ratio eius queadmodum mollis & côueniens efficiatur ſubſcripta.

  De fundatiôibus & columnis atqʒ eaʒ ornatu & epiſtiliis.

    Vndatiôes eoʒ opeʒ fodiant ſi queat inueniri ab ſolido
  f ..   & inſolidû quãtû ex amplitudine opis pro rône uidebit
      extruatur:que ſtructura totû ſolû q̃ ſolidiſſima: ſupraqʒ
terram parietes extruant ſub columnas dimidio craſſiores q̃ colû
ne ſût future:uti firmiora ſint inferiora ſupioribus q̃ ereobates ap
pellantur:nam excipiunt onera: ſpirarûqʒ proiecture nô procedãt
extra ſolidû. Item ſupra parietes ad eûdem modû craſſitudo ſeruã
dā eſt. Interualla aût côcameranda:aut ſolidãda feſtucatiôibus uti
detineant. Sin aût ſolidum nô inueniet ſed locus erit côgeſtitius
ad imû aut paluſter:tûc is locus fodiat exinaniaturqʒ & palis ſali
gnis aut oleaginis robuſteis uſtulatis côfigatur: ſubligaqʒ machi
nis alligetur q̃ creberrime:carbonibuſqʒ expleant interualla palo
rum:& tunc ſtructuris ſolidiſſimiſ fundamenta impleant. Extru
ctis aût fundamétis ad libramétum ſtilobate ſunt collocande. Su
pra ſtilobatas côlûne diſponéde queadmodum ſcriptum eſt ſiue
in pignoſtilo queadmodum pignoſtila ſiue ſiſtilo : aut decaſtilo
aut euſtilo queadmodû ſupra ſcripta ſât & conſtituta. In areoſti/
lis enim libertas eſt quãtumcuiqʒ libet conſtituendi ſed ita côlûne

in peripteris collocenℸ:uti quot inter columnia funt in fronte to/
tidem bis intercolumnia fiant in lateribus.ita enim erit duplex lō
gitudo operis ad latitudinē.nanqꝫ qui columnarū duplicatióes fe
cerunt errauiffe uidentur:ꝙ unum intercolumniū in longitudine
pluſꝗ oporteat procurrere uideℸ.Gradus in fronte ita conſtituēdi
ſūt uti ſint ſemp impares.Nanqꝫ cū dextro pede primus gradus a
ſcendaℸ:Itē in ſūmo primus erit ponēdus. Craſſitudíes autē eoꝶ
graduum ita finiendas cenſeo:ut necꝫ craſſiores ſextante:necꝫ tēuí
ores dodrante ſint collocate.Sic enī durus nōerit aſcenſus.retrac
tiones aūt graduū nec mius ꝗ ſeſquipedales nec plus ꝗ ſēipedales
faciēde uidenℸ.itē ſi circa ædē gradus futuri ſint ad eūdem modū
fieri debēt.Sin aūt cirta ædē ex tribus lateribus podiū faciēdū erit
ad id conſtituaℸ uti quadræ ſpire trunci corone leſis ad ipſam ſti
lobatam.qui erit ſub colūnis et ſpiris conueniat ſtilobatan.ita ſti
lobatan oportet exequari uti habeat per podiū adiectióem per ſca
bellos impares.Si enim ad libellam dirigeℸ alueo latum oculo uí
debitur.hoc aūt uti ſcabelli ad id conueníētes fiant. Item in extre
mo libro forma & demonſtratio erⁱt deſcripta.his perfectis in ſuis
locis ſpire collocenℸ.hæcꝫ ad ſymmetriam ſic perficianℸ:uti craſſi
tudo cum plinthio ſit.Columne ex dimidia craſſitudine:proiectu
ramꝫ quam græci eſphoran uocant habeāt ſextātem:ita tñ lata &
longa erit colnmne craſſitudinis uñius & dimidie.altitudo eius ſi
attigurges erit:ita diuidatur:ut ſuperiᵒr pars tertia parte ſit craſſi
tudinis columne.reliquū plinthio relinquaℸ.dempta plinthio re
liquū diuidaℸ in ptes quatuor fiatꝫ ſupior chorus altera pars cū
ſuis quadris ſcotica quam greci trochilion dicunt.Sin autem ioni
ce erunt faciende ſymetrie eoꝶ ſic erunt conſtituende uti latitudo
ſpire quoꝫ uerſus ſit columne craſſitudinis adiecta craſſitudine
quarta & octaua . Altitudo uti at tigurges ita ut eius plinthos
reliquumꝫ preter plinthon ꝙ ei tertia pars craſſitudinis diuidaℸ
in partes ſeptem.inde trium ptium torus qui eſt in ſummo. Reli
que quatuor partes diuidende ſunt equaliter:& una ps fiat cū ſuis
aſtragalis &ſupcilio ſuperior trochilus:altera ps inferiori trochiio
relinquaℸ.ſed inferior maior appebit ideo ꝙ habebit ad extremā

plinthon proiecturam Astragali faciédi sunt octaue partis trochi
li proiectura erit spere pars octaua & sextadecima ps grassitudinis
columne spiris perfectis collocatis. Columne sunt mediane in pro
nao & postico ad perpendiculū medii centri collocāde. Angulares
aūt queqz e regione eapz future sunt in lateribus ædis dextra ac sini
stra uti partes interiores que ad parietes celle spectant ad ppendicu
lum medii latus habeant collocatum. exteriores aūt ptes uti dicāt
se earum cōtracturam : sic enim erunt figure compositionis edium
cōtractura eius tali ratione exacte. Scapis columnapz statutis capi
tulopz ratio : si puluinata erūt symmetriis his conformabunt utiq̃
crassissimus scapus fuerit addita octauadecīa parte scapi. Abacus
habeat lōgitudinem & latitudinem crassitudinē cum uolutis eius
& dimidiā. Recedendū autē est ab extremo abaco in interiorē fron
tibus uolutapz ptem duodeuigesimā & eius dimidiā cū crassitudo
diuidenda est in partes nouē & dimidiā & secūdum abacū in qua
tuor ptibus uolutapz secundū extremi abaci quadram lineædimit
tende que catheto dicuntur. Tunc ex nouem partibus & dimidia
una pars & dimidia abaci crassitudo reliquatur relique octo uolu
tis constituant. tunc ab linea que secundū abaci extremam ptem
dimissa erit in exteriorem ptem recedat unius & dimidiate ptis la
titudine. Deinde he lineæ diuidant ita ut quatuor ptes alibi & di
midia sub abaco relinquant T sic in eo loco qui locus diuidit q̃tu
or & dimidiā & tres & dimidiā partem centrū oculi signetur quia
ex eo centro rotūda circinatio tā magna in diametro q̃ una pars ex
octo partibus est. ea erit oculi magnitudie & in ea catheton respō
dens diametro agat. Tunc a sūmo sub abaco inceptuin in singu
lis tetrantopz actiōibus dimidiatū oculi spatiū minuatur. Deniqz
in eundem tetrantem qui est sub abaco ueniat. Capituli autē cras
situdo sic est faciēda ut ex nouem partibus & dimidia tres partes
præpēdeāt infra astragalū sūmi scapicimatio adepto abaco & can
nali : reliqua sit pars. Proiectura autē cimatii habeat extra abaci q̃
dram oculi magnitudinem. Puluinopz balthei abaco hanc habeāt
proiecturam uti circini centrum unum cum sit positum in capitu
li tetrante et alterum deducatur ad extremum cimatium circūactū

Balteorx extremas partes tangāt axes uolutarū . Nec craſſiores ſint
q̄ oculi magnitudo. Volutæcȝ ipſe ſic cedant̄ altitudinis ſue duo
decimam partē· Hæ erunt ſymmetrie capituloꝛ q̄ columne future
ſunt ab minimo ad pedeſ.xxv.que ſupra erunt.Reliqua habebūt
ad eundē modū ſymmetrias.Abacus autē erit lōgus & latus q̄ craſ
ſa colūna eſt una adiecta parte.ix. uti quo minus habuerit altior
colūna contractū:eo ne minus habeat capitulū ſue ſymmetrie ‚pie
cturā & in altitudinē ſue partis adiectiōem.De uolutarū diſcripti
onibus uti ad circinū ſint recte inuolutæ quēadmodū deſcribant̄
an extremo libro forma & ratio earū erit ſubſcripta.Capitulis per
fectis deinde colūnaꝛ non ad libellā ſed ad æqualē modulū collo
catis ut que adiectio in ſtilobatis facta fuerit in ſuperioribus mē/
bris.reſpōdeat ſymmetria epiſtilioꝛ. Epiſtilioꝛ ratio ſic eſt hñda
ut ſi colūne fuerint a minima.xii.pedū ad.xv.pedeſ epiſtilii ſit al
titudo dimidia craſſitudiniſ imæ columne.Itē ab.xv.pedibus ad
xx.colūne, altitudo demetiat̄ in partes treſdecim. & unius partis
altitudo epiſtilii fiat. Itē ſi a.xx.ad.xxv. pedes diuidat̄ altitudo
in partes.xii.& ſemiſſē & eius una pars epiſtiliū in altitudine ſiat
Itē ſi a.xxv.pedibuſ ad.xxx.diuidat̄ ī parteſ.xii.& eius una pars
altitudo fiat.Item ratā partē ad eundē modū ex altitudine colūna
rum expediende ſūt altitudines epiſtilioꝛ. Quo altius ſcānit ocu
li ſpēs non facile perſecat aeris crebritatem dilapſa itacȝ altitudinis
ſpatio & uiribus extructā incertam moduloꝛ renunctiat ſenſibus
q̄ntitatē.Quare ſemper adiciendū eſt rōnis ſupplemētū in ſymme
triaꝛ mēbris cū fuerint ut aut altioribus locis opa uel & ipſi coloſ
ſi cætera habeāt magnitudinū rōem.Epiſtilii latitudo in imo q̄ ſu
pra capitulū erit q̄ta craſſitudo ſūme colūne ſub capitulo erit tāta
ſiat ſūmū q̄tum imus ſcapus. Cimatiū epiſtilii ſeptima parte ſue
latitudinis eſt faciendū.Et in proiectura tantūdē reliqua pars pre
ter cimatium diuidenda eſt ī partes duodecim & earum triū faſcia
eſt facienda ſecunda.iiii ·ſumma.v. Item zophorus ſupra epiſtili
um quarta minuſ quā epiſtilium:ſin auteȝ ſigilla deſignari opor
tuerit quarta parte altiorem quā epiſtilium uti auctoritatē habeat
ſculpture.cimatiū ſue altitudinis partes ſeptime ‚piecturt cimatiū

q̃ craſſitudo ſupra zophorū dēticulus eſt faciēdus tam altus q̃ epi
ſtilii media faſtigia: pͬiectura eius q̃tum altitudo interſectio quæ
græce methocæ dicit̃:ſic eſt diuidenda:uti dēticulus altitudinis
ſue dimidiā partē habeat in fronte.Cauus aūt interſectiōis:huius
frōtis e tribus duas partes:huius cimatiū altitudinis eius ſextam
partem.Corona cū ſuo cimatio ͬpter ſimam q̃tum media faſcia epi
ſtilii.Proiectura corone cū denticulo facienda q̃tum erit altitudo a
zophoro ad ſummū corone cimatiū:& oīno oēs eiphore uenuſtio
rem habent ſpēm q̃ q̃tum altitudinis tantūdem habent proiectur̃
Timpani aūt qd eſt in faſtigio altitudo ſic eſt facienda ut frons co
ronæ ab extremis cimatiis tota dimetiatur in partes nouē:& ex eis
una pars in medio cacumine timpani cōſtituat̃.Dum cōtra epiſti
lii columnarumꝗ epitrachelia ad perpendiculum reſpondeāt coro
næ:q̃ ſupra equaliter imis preter ſimas ſunt collocande.Inſuper co
ronas ſyme:quas græci epithidas dicūt faciende ſunt altiores octa
ua parte coronæ altitudinis.Acroteria angularia tam alta q̃tum
eſt tympanū mediū:mediana altiora octaua parte q̃ angularia mē
bra oīa que ſupra capitula columnaꝝ ſunt futura id eſt epiſtilia.
Zophora corona & timpana:faſtigia:acroteria inclinanda ſunt i
frontis cuiuſꝗ altitudinis parte.xii.ideo ꝗ cum ſteterimus contra
frontes ab oculo lineæ duæ ſi extenſe fuerint & una tetigerit imam
operis partē:altera ſummā:q̃ ſummā tetigerit longior ſiet.Ita quo
longior uiſus lineæ in ſuperiorē parte ͬpcedet reſupinatā facit eius
ſpēm.Cum aūt uti ſupra ſcriptū eſt in fronte inclinata fuerit:tunc
in aſpectu uidebunt̃ eſſe ad perpēdiculū & normam.Columnarū
ſtriæ faciende ſunt.xxiiii.ita excauate uti norma in cauo ſtriæ cū
fuerit coniecta circumacta anconibus ſtriarū dextra ac ſiniſtra tan
gat acumenꝗ normæ circū rotundatiōe tangēdo peruagari poſſit
Craſſitudines ſtriaꝝ faciendæ ſunt q̃tum adiectio in media colum
na ex deſcriptiōe inueniet̃.In ſimis quæ ſupra coronā in lateribuſ
ſunt ædium capita leonina ſunt ſculpenda diſpoſita uti contra co
lumnas ſingula primū ſint deſignata.Cætera æquali modo diſpo
ſita uti ſingula ſingulis mediis tegulis reſpondeant. Hæc aūt que
erunt contra columnas perterebrata ita ſint ad cannalem:qui exci

pit e tegulis aquã cœleſtẽ. Mediana autẽ ſint ſolida uti q̃ cadit uia
aquæ per tegulas in cannalem ne deiiciať per intercolumnia: neq̃
tranſeútes pfundat: ſed quæ ſunt cõtra columnas uideanť emittere
uomentia ructus aquaꝶ ex ore ædium ionicaꝶ q̃ aptiſſime potuí
diſpoſitiones hoc uolumine deſcripſi. Doricarum autem & Corin
thiarum quæ ſint proportiones in ſequenti libro explicabo.

. L . VICTRVVII LIBER QVARTVS IN QVO AGITVR DE DORICARVM CORYNTHI ARVMQVE COLVMNARVM PROPORTI ONE.

Vm aïaduertiſſem Imperator plures de Architectu
ra p̃cepta uolumiaꝗ cõmentarioꝶ nõ ordinata ſed
incœpta uti particulas errabúdos reliquiſſe: dignã
& utiliſſimã rem putaui antea diſcipline corpus ad
perfectã ordinatiõem pducere & pſcriptas in ſingu
lis uoluminibus ſinguloꝶ geneꝶ q̃litates explicare. Itaꝗ cæſar pri
mo uolumine tibi de oſſicio eius: & qbus eruditũ eſſe rebus archí
tectũ oporteat expoſui. Secúdo de copiis materiæ e qbus ædiſicia
conſtituunť diſputaui. Tertio aút de ædiú ſacraꝶ diſpoſitióibus
& de eaꝶ geneꝶ uarietate. quaſꝗ & quot habeãt ſpés: earúꝗ que
ſunt in ſingulis generibus diſtributióes ex tribus generibus quæ
ſubtiliſſimas haberét pportionibus: moduloꝶ q̃titates: Ionici ge
neris moribus docui. Nunc hnc uolumine de doricis corinthiiſꝗ
cõſtitutis & oïbus dicã eorúꝗ diſcrimina & pprietates explicabo.

De tribus generibus columnaꝶ origines & inuentiones.

Olúne corinthiæ preter capitula oés ſymmetrias hãt uti
ionice: ſed capituloꝶ altitudineſ effiçiút eas pro rata excel
ſiores gracilioreſꝗ: ꝗ ionici capituli altitudo tertia pars
eſt craſſitudinis: colúne corinthiæ tota craſſitudo ſcapi. Igiť ꝗ due
partes e craſſitudine corinthioꝶ adiiciunť efficiút excelſitate ſpẽm
eaꝶ graciliorẽ: Cætera membra que ſupra colúnas imponunť aut
e doricis ſymmetriis aut ionicis moribus in corinthiis colũnis col
locanť . Quod ipm corinthiú genus propriã coronaꝶ reliquorúꝗ

ornamento% nõ habuerat inſtitutionem: ſed aut triglipho% rõni
bus mutili in coronis & epiſtiliis gutte dorico more diſpouunͭ.
aut ex ionicis inſtitutis zophoro e ſcalpturis ornati cũ denticulis
& coronis diſtribuunͭ: Ita e generibus duobus capitulo interpo /
ſito Tertiũ genus in operibus eſt procreatũ.e columna% enim for
mationibus triũ gene% facte ſunt noiationes.dorica.ionica. corin
thia: e quibus prima & antiquitus dorica eſt nata. Namcͧ achaia
pelopõneſocͧ tota Dorus hellenidos & optichos nimphæ filius re
gnauit: Iſcͧ argis uetuſta ciuitate iunonis templũ ædificauit eius
generis fortuito formæ phanũ.Deinde iſdem generibus in cæteris
achaiæ ciuitatibus cũ etiam nõ dum eſſet ſymmetriarum ratio na
ta.Poſtea autem ͠q athenienſes ex reſponſis apollinis delphici com
muni conſilio totius hellados .xiii. colonias uno tẽpore in aſiam
deduxerunt.duceſcͧ in ſingulis coloniis conſtituerunt: & ſummã
impii ptãtem iones xuthi & ethruſo filio dederũt qué etiã apollo
delphis ſuũ filium in reſponſis eſt ᵱfeſſus. Iſcͧ eas colonias in aſi
am deduxit & cariæ fines occupauit:ibicͧ ciuitates ampliſſimas cõ
ſtituit Epheſum.Mileto%.Miunta que olim ab aqua eſt deuorata
cuius ſacra & ſuffragiũ mileſiis iones attribuerũt.Prienem.Samũ.
Theon.Colophona.Chium.Erithras.Phoceã.Clazomeniũ.Lebe
dum.Meleten.hec Meleten ᵱpter ciuiũ arrogantiã ab his ciuitatĩ
bello inclito cõi conſilio eſt ſublata.cuius loco poſtea regiſ Attali /
bus & Arſinoes beneficio ſmyrneo% ciuitas inter ionas eſt recepta
Hæ ciuitates cum charas & lelegas eieciſſent ea.n terræ regionem a
duce ſuo ione appellauerunt ioniam.Ibicͧ templa deo% imortaliũ
cõſtituétes ceperũt phana ædificare & primũ apollini pãdioni ædé
uti uiderãt in achaia cõſtituerũt & eam doricã appellauerunt:cͧ in
doricon ciuitatibus primũ factã eõ genere uideriͭ.In ea æde cũ uo
luiſſét colũnas collocaͤ nõ hñtes ſymmetrias ea%:& ͠qrentes ͠qbus
rõnibus efficere poſſent:uti & ad onus ferendũ eſſent idoneæ:& in
aſpectu ᵱbatã haberét uenuſtaté: dimenſi ſunt uirilis pedis ueſti
giũ:& id in altitudine retulerũt.Cũ inueniſſent pedé ſextam parté
eſſe altitudinis in hoie:ité in colũnã tranſtulerunt: & qua craſſitu
dine fecerunt baſim ſcapi tantam ſex cum capitulo in altitudinem

extulerunt.Ita Dorica colúna uirilis corporis ,pportióem.& fiı mı
taté & uenuſtaté in ædificiis pſtare cœpit.Ité poſtea Dianæ conſti
tuere æde q̃rentes noui generis ſpecié iſdem ueſtigiis ad muliebré
tranſtulerunt gracilitaté.& fecerút primo colúne craſſitudiné octa
ua parte ut haberét ſpém excelſiore: baſi ſpirã appoſuerút pro cal
ceo: capitulo uolutas uti capillaméto cõcriſpatos circinos ꝓpendé
tes dextra ac ſiniſtra collocauerunt & cimatiis & encarpis pro crini
bus diſpoſitis frontes ornauerút: trúcoꝗ toto ſtrias uti ſtolaꝗ ru
gas matróali more demiſerút: ita duobus diſcriminibus colúnaꝗ
inuentioné: unã uirili ſine ornatu nudã ſpé: alterã muliebri ſubti
litate & ornatu ſymmetriaꝗ ſunt imitati: Poſteri uero elegãtia ſub
tilitateꝗ iudicioꝗ progreſſi gracilioribus modulis delectati ſepté
craſſitudinis diametros in altitudiné colúnæ doricæ: ionicæ noué
cõſtituerunt.Id aút ꝗ iones fecerút primo ioniçú eſt noíatum Ter
tium uero quod Corinthion dicitur uirginalis habet gracilitatis
imitationem: ꝗ uirgines propter ætatis teneritatem gracilioribus
membris figuratæ effectus recipiunt in ornatu uenuſtiores . Eius
autem capituli prima inuétio ſic memorat̃ eſſe facta : Virgo ciuis
corinthia iam matura nuptiis implicita morbo deceſſit poſt ſepul
turam eius quibus ea uirgo poculis delectabat̃ nutrix collecta &
cõpoſita in calato pertulit ad monumétú & ĩ ſummo collocauit &
uti ea pmaneret̃ diutius ſub diuo tegula texit. Is calatus fortuito
ſupra achanti radicé fuerat collocatus: interim pondere pſſa radix
achanti media folia & cauliculos circa' uernú tpͧus profudit: cuius
cauliculi ſcd̃m calati latera creſcétes & ab angulis tegule póderiſ ne
ceſſitate expſſi flexuras ĩ extremas partes uolutaꝗ facere ſút coacti
túc callimachus q̃ ꝓpter elegãtiã & ſubtilitaté artis marmoreæ ab
Athenièſibus cathatecnos fuerat noíatus: pterié̄s hoc monumétú
aíaduertit eú calatú: & circa folioꝗ naſcenté teneritaté: delectatuſꝗ
geneŕ & forme nouitate ad id exéplar colúnaſ apud corithios fecit
ſymmetriaſꝗ cõſtituit.ex eo ꝗ ĩ opeꝗ pfectióibus corithii generis
diſtribuit rónes.eius aút capituli ſymmetria ſic eſt faciéda: uti q̃ta
fuerit craſſitudo imæ colúne tanta ſit altitudo capituli cú abaco: a
baci latitudo ita habeat róem: ut q̃ta fuerit altitudo tãta duo ſint

diagonia ab angulo ad angulū. Spatia eni ita iuſtas habebūt fron
tes quoquouerſus. latitudinis frontes ſumentur introrſus ab extre
mis angulis abaci ſuæ frontis latitudinis non ad imū capituli tan
tam habeāt craſſitudinē q̃tam hēt ſuma colūna p̄ter apotheſim &
abaci aſtragalū. Craſſitudo ſeptia capituli altitudinis dēpta abaci
craſſitudine diuidat̄. Reliq̃ pars ī partes tres: ex quibus una uno
folio det̄. Secundū foliū mediā altitudinē teneat. Cauliculi eandē
habeāt altitudinē: e qbus folia naſcunt̄ proiecta: uti excipiāt q̃ ex
cauliculis nate perçurrunt ad extremos angulos uolute. minoreſq̃
elices intra ſuū mediū qui eſt in abaco flores ſubiecti ſcalpant̄. flo
res in q̃tuor partibus q̃ta erit abaci craſſitudo tam magni formen
tur: ita his ſymmetriis corinthia capitula ſuas habebūt exactióes
Sunt aūt q̃ hiſdem columnis imponunt̄ capituloꝝ genera uariis
uocabulis noīata. Quoꝝ nec ꝓprietates ſymmetriaꝝ nec colūnaꝝ
genus aliud noīare poſſumus: ſed ipſorū uocabula traducta & cō
mutata ex corinthiis & puluinatis & doriciſ uidemus. Quoꝝ ſym
metriæ ſunt in nouarum ſcalpturarum tranſlate ſubtilitatem.

De ornamētis columnaꝝ & eoꝝ origine.

Voniā aūt de generibus columnaꝝ origines & inuētióes
ſupra ſunt ſcripte: nō alienū mihi uidet̄ iiſdē rōnibus de
ornamētis eoꝝ queadmodū ſunt proægnata & qbus prin
cipiis & originibus inuenta dicet̄. In ædificiis oībus inſuper collo
cat̄ materiatio uariis uocabulis noīata. ea aūt uti noīationibus ita
ī res uarias hēt utilitates. trabes. n. ſupra colūnas & paraſtaticas &
antas ponunt̄ in contignatióibus tigna & axes ſub tectis: ſi maio
ra ſpatia ſunt colūne ſuma faſtigia culminis unde & colūne dicun
tur & tranſtra & capreoli: Si cōmoda columelli & canterii ꝑminen
tes ad extremā ſubgrundationē ſupra canterios templa. Deinde in
ſuper ſub tegulas aſſeres ita ꝑminentes uti parietes ꝓtecturis eoꝝ
tegant̄: ita unaqueq̃ res & locū & genus & ordinē ꝓprium tuet̄:
e qbus rebus & a materiatura fabrili ī lapideis & marmoreis ædiū
ſacraꝝ edificatióibus artifices diſpoſitióes eoꝝ ſcalpturis ſunt imi
tati: & eas inuētióes ꝑſequēdas putauerūt: ideo ꝙ antiq̃ fabri quo
dā in loco edificantes cū ita ab interioribuſ parietibus ad extremaſ

q

partes tigna pminentiā habuiſſent collocata:inter tigna ſtruxerūt
ſupraꝗ coronas & faſtigia uenuſtiore ſpecie fabrilibus opibus or
nauerūt:tum piecturas tignoꝶ quantū eminebāt ad lineā & ꝑpen
diculū parietū perſecuerūt. Que ſpēs cum inuenuſta his uiſa eſſet
tabellas ita formatas uti nunc fiunt trigliphi contra tignoꝶ preci
ſiones in fronte fixerunt:& eas cera cerulea depinxerunt: ut ꝑciſio
nes tignoꝶ tecte non offenderent uiſum. Ita diuiſiones tignorum
tecte trigl]iphoꝶ diſpoſitiōe inter tignū & oparū habere in doricis
operibus ceperunt: Poſtea alii in aliis operibus ad perpēdiculum
triglihoꝶ canterios prominentes proiecerunt: eorumꝗ proiectu
ras ſinuauerunt:ex eo uti tignorum diſpoſitiōibus trigliphi ita e
canterorū proiecturis mutulorū ſub coronulis ratio eſt inuenta.
ita fere in operibus lapideis & marmoreis mutuli inclinatis ſculp
turis deformant:ꝗ imitatio eſt canterioꝶ:etenī neceſſario propter
ſtillicidia proclinati collocant:ergo triglihoꝶ & mutulorum in
doricis operibus ratio ex ea mutatione inuenta eſt. Non enim quē
admodū nonnulli errantes dixerunt feneſtraꝶ imagines etiā trigli
phos.ita poteſt eſſe ꝗ in angulis contraꝗ tetrantes colūnarū trigli
phi conſtituunt: quibus in locis oīo non patiunt res feneſtras
fieri: diſſoluunt enī angulorū in ædificiis iuncture. Si in his fue
rint feneſtraꝶ lumina relicta.Etiamꝗ ubi nunc trigliphi conſtitu
untur ſi ibi lumina ſpatia fuiſſe indicabunt: hiſdē rōnibus dentī
culis in ionicis feneſtraꝶ occupauit loca uidebuntur.Vtriꝗ enī &
inter dēticulos & inter triglyphos ꝗ ſunt interualla methophe no
minant.Ophas enī græce tignoꝶ cubicula & aſſerum appellant:
uti noſtri ea cuba colūbaria:ita ꝗ inter duas ophas & inter tignū
id methopha eſt apud eos noīata.Ita aūt in doricis trigliphoꝶ &
mutuloꝶ eſt inuenta ratio.Item in ionicis denticuloꝶ conſtitutio
ꝓpriam ī opibus habet rōnem:& quēadmodū mutuli canteriorū
pieiecture fecerūt imaginē:ſic in ionicis dēticulis & pieicturis aſſeꝶ
habent imitationem . Itaꝗ in græcis operibus nemo ſub mutulo
denticulos conſtituit:non enī poſſunt ſubtus canterios aſſeres eſſe
Quod ergo ſupra canterios & templa in ueritate debet eſſe colloca
locatum:id in imaginibus ſi infra conſtitutum fuerit mendoſam

habebit operis rōnem. etiam ꝙ antiqui nō probauerint neꝗ insti/
tuerint ī fastigiis dēticulos fieri sed puras coronas: Ideo ꝙ nec can
terii nec asseres contra fastigioꝝ frontes distribuunꝉ: nec possunt
prominere: Sed ad stillicidia proclinati collocanꝉ. ita ꝙ nō pōt in
ueritate fieri id nō putauerūt in imaginibus factū posse certam ra
tionem habere. Oīa enim certa proprietate. & a ueris nature dedu
ctis moribus traduxerunt in opeꝝ perfectiones & ea probauerunt
quoꝝ explicatiōes in disputatiōibus rōnem possunt habere uerita
tis: itaꝗ ex eis originibus symmetrias & ꝓportiones uniuscuiusꝗ
generis constitutas reliquerunt. Quoꝝ ingressus prosecutus de io
nicis & corinthiis institutionibus supra dixi Nunc uero doricam
rationem summamꝗ eius speciem breuiter exponam.

De ratione dorica.

Onnulli antiꝗ architecti negauerunt dorico genere ædes
n   sacras oportere fieri: ꝙ medose & incōuenientes in his sym
metrie cōficiebanꝉ. Itaꝗ negauit Tarchesius: itē Pitheus
nū minus Hermogenes. Nam is cum paratā habuisset marmoris
copiam in dorice ædis perfectiōe cōmutauit ex eadē copia & eam
ionicam libero patri fecit. Sed tn̄ non ꝙ inuenusta est spēs: aut ge
nus: aut forme dignitas: sed ꝙ impedita est distributio & incōmo
da in opere triglyphoꝝ & lacunarioꝝ distributione Nanꝗ necesse
est triglyphos cōstitui cōtra medios tetrantes colūnaꝝ: methophas
ꝗ que inter triglyphos fient equæ longas esse q̄ altas. contraꝗ ī an
gulares colūnas triglyphi in extremis partibus cōstituunꝉ & nō
contra medios tetrantes: ita methophe q̄ proxime ad angulares tri
glyphos fiunt non ex tunc quadratæ sed longiores triglyphi dimi
dia altitudine: atqui methophas equalef uolunt facere intercolum
nia extrema contrahunt triglyphi dimidia altitudine. Hoc autem
siue in methopharum longitudinibus: siue intercolumnioꝝ con
tractionibus efficitur est mendosum. Quapropter antiqui euitare
uisi sunt in ædibus sacris doricæ symmetrie rationem. Nos autex
ponimus uti crdopostulat quēadmodū a ꝓceptoribus accepimus
uti si quis uoluerit his rōnibus attendens ita ingredi habeat pro
portiones explicatas: quibus emēdatas & sine uitiis efficere possit

ædium sacraꝶ dorico more profectiones, Frós ædis dorice in loco
quo colúne conſtituútur diuidaꞇ ſi tetraſtilos erit ī partes. xxviiī
ſi hexaſtiloſ. xxxiī. ex his pars una erit modulus qui græce emba
tes dicitur: cuius moduli cóſtitutione ratiocinatiōis efficiunꞇ om
nis operis diſtributiones. Craſſitudo colúnaꝶ erit duoꝶ modu
loru3 altitudo cú capitulo. xiiiī. Capituli craſſitudo unius modu
li latitudo duorum & moduli ſexte partis. Craſſitudo capituli di
uidatur ī partes tres e quibus una plinthos ꞇum cimatio fiat alte
ra echinus cú anulis. Tercia epitrachelion cótrahaꞇ columna: Ita
uti in tercio libro de ionicis eſt ſcriptum. Epiſtilii altitudo unius
moduli cú thenia & guttis. Thenia moduli ſeptima guttaꝶ lógi
tudo ſub thenia cótra trigliphos alta cú regula parte ſexta modu
li præpendeat. Item epiſtilii latitudo una reſpondeat epitracheliō
ſúme colúne·Supra epiſtilium collocádi ſunt trigliphi cum ſuis
methophis alti unius dimidiati moduli lati ī fróte unius modu
li ita diuiſi ut in angularibus colúnis & in mediis cótra tetrátes
medios ſint collocati & inter columnis reliquis bini in mediis pro.
nao & poſtico terni. Ita relaxatis mediis interuallis ſine īpeditioni
bus aditus accedentibus erit ad deoꝶ ſimulacra. Triglíphoꝶ alti
tudo diuidaꞇ in ptes ſex·Ex qbus quinꝙ partibus in medio due
dimidiæ dextera ac ſiniſtra deſignenꞇ regula una in medio defor
meꞇ femur ꝙ græce heros diciꞇ. Secúdum eã canaliculi ad normæ
cacumen imprimãtur ex ordine earú dextera ac ſiniſtra altera femi
na cóſtituanꞇ in extremis partibus ſemicanaliculi interuertantur·
Trigliphis ita collocatis methophæ que ſunt inter trigliphos æꝗ
alte ſint ꝗ lóge·Item ī extremis angulis ſemimemphia ſint īpreſſa
dimidia moduli latitudine. Ita eni erit ut oīa uicia & methophaꝶ
& intertolúnioꝶ & lacunarioꝶ ꝙ æꝗles diuiſiones factæ erút emen
denꞇ. Trigliphi capitula ſexta parte moduli ſúꞇ faciunda: Supra
trigliphoꝶ capitula coróa eſt collocáda in ꝓiectura dimidiæ ſexte
ptis hñs cimatiú doricú ī imo alterú ī ſúmo·Itē cú cimatiis coróna
craſſa & dimidia moduli. Diuidendæ auté ſúꞇ in colúna una ad ꝑ
pédiculú trigliphoꝶ & medias methophas uiaꝶ directiōes & gut
taꝶ diſtribucóes, ita uti gutte ſex ī lógitudiné tres in latitudinem

pateant.reliqua fpatia quo latiores funt methophe q̃ trigliphi pu
ra relinquantur aut fulmina fcalpantur .ad ipfumque mentum
coróe incidatur lima que fcobina dicitur .reliqua omnia timpa
na & ime corone quemadmodum fupra fcriptum in ionicis ita pfi
ciantur.hec ratio in opibus diaftilis erit cóftituta .Si uero fiftilon
& monotrigliphon opus erit faciundū frós edis fi tetraftilos erit
diuidatur in partes.xviii.fi hexaftilos erit diuidatur in partes .xx
viiii.ex his pars una erit modulus:ad que uti fupra fcriptumē di
uidantur.ita fupra fingula epiftilia & methopha & trigliphi bini
erunt collocandi in angularibus.hoc amplius dimidiatū quantū
eft fpatiū hemitrigliphi id accedit in medianɔ habens cimatium
doricum in imo alterum in fummo.item cum cimatiis corona craf
fa ex dimidia.Diuidende autem funt in corona ima ad perpendi
culum contra faftigium trium trigliphorum & trium methopha
rum fpatium diftabit quod latius medium intercolūnium accedē
tibus ad ædem habeat laxamétum & aduerfus fimulacra deorum
afpectus dignitaté.Columnas aūt ftriari.xx.ftriis oportet:quæ fi
plane erunt angulos habeant.xx.defignatos:fin aūt excauabunť
fic eft forma faciéda:ita uti q̃ magnū eft interuallū ftriæ:tam mag
nis ftriaturæ paribus lateribus quadratū defcribať. In medio aūt
quadrato circini centɐ collocetur:& agať linea rotundatióis:quæ
quadrationis angulos tangat:& quantū erit curuaturæ inter rotū
datióem & q̃dratam defcriptioné tantū ad formā excauenť.Ita do
rica columna fui generis ftriaturæ habebit perfectioné.De adiecti
one eius q̃ media adaugeť uti in tertio uolumine de ionicis eft per
fcripta ita & in his tranfferatur:qm exterior fpés fymmetriaɐ & co
rinthiorum & doricoɐ & ionicoɐ eft perfcripta neceffe etiam inte
riores cellarum pronaiꝗ diftributiones explicare.

 De interiore cellaɐ & pronai diftributione
 Iftribuitur aūt longitudo ædis uti latitudo fit lógitudi
d nis dimidie partis: ipfaꝗ cella parte quarta longior fit q̃
 eft latitudo cum pariete qui paries ualuaɐ habuerit col
lationem:relique tres partes pronai ad antas parietum procurrāt:
quæ ante columnarū craffitud·ne habere debent:& fi ædes erit lati

tudíne maíor q̃ pedes.xx. duæ columne inter duas anras interpo
nant̃ q̃ difiungant pteremotos & pronai fpatíũ. Item intercolum
nia tria q̃ erunt inter antas & columnas pluteis marmoreis fiue ex
inteftino opere factis intercludant̃ : ita uti fores habeant per quas
itínera pronao fiant. Item fi maíor erit altitudo q̃ pedes.xl. colũne
cõtra regiones columnaꝛ : que inter antas fũt introrfus collocent̃ :
& hæ altitudíne habeãt equæ q̃ quæ funt in fronte. Craffitudines
aũt eaꝛ extenuent̃. His rõníbus uti fi octaua parte erũt quæ funt
in fronte: hæ fiant .x. partes. Sin aũt. ix. aut decíma pro rata parte
fiant in conclufo eni aere fiquæ extenuate erunt non difcernentur.
Sin aũt uidebunt̃ graciliores cũ exterioribus fuerint ftríæ. xiiii. in
his faciende erunt. xxviii. aut. xxxii. ita cp detrahit̃ de corpore fca
pi ftríaꝛ numero adiecto : adaugebit̃ ratione quo minus uidebit̃
& ita exequabit̃ difpari rõne columnaꝛ craffitudo. Hoc aũt efficít
ea ratio : cp oculus plura & crebriora figna tangendo maiore uifus
circuitione peruagat̃. Nanꝙ fi due columne eque craffi₅ líneis cir
cumetíent̃ : e qbus una fit non ftriata : & altera ftriata circa ftrígliũ
cauã & angulos ftriaꝛ linea corpora tangat : tametfi cõlũnæ æquæ
craffæ fuerint linex q̃ circumdate erũt eq̃les cp ftríaꝛ & ftrigliũ cir
cuítus maiorem efficiet líneæ longitudíne, Sin aũt hoc ita uidebi
tur : non eft alienum in anguftis locis & in conclufo fpatio gracili
ores columnaꝛ fymmetrias in opere cõftituere : cum habeamus ad
fubtricem ftriaꝛ temperaturã. Ipfius aũt celle parietum craffitudíne
pro rata parte magnitudinis fieri oportet : dum eorum craffitudini
bus columnarũ fint eq̃les : & fi extructi futuri fint q̃ minutiffimis
cementis ftruant̃. Sin auté quadrato faxo : aut marmoræ maxime
modítis paribufꝗ uidet̃ effe faciundũ : cp media coagmenta medii
lapidis continentes firmiore facient ois operis perfectioné. item cir
cum coagmenta & cubilia eminentes expreffióes graphicoterã effi
cient in afpectu delectationem.

De Regionum conftitutione in ædibus.

Egiones aũt quas debét fpectare ædes facre deoꝛ imortali
um fic erunt conftituende : uti fi nulla ratio impedierit : li
beraꝗ fuerit poteftas ædis : fignũꝗ quod erit ĩ cella collo

catū fpectet ad uefpertinā cœli regionē: uti qui adierint aram imo
lantes aut facrificia facientes fpectent ad partē cœli orientis & fimu
lacrum quod erit in æde:& ita uota fufcipientes contueat̃ eandē &
orientem:Cœlū ipfaꝗ fimulacra uideant̃ exorientia contueri fup
plicātes & facrificaātes ꝗ aras oēs deorū necefle efle uideant̃ ad ori
entem fpectare:Sin aūt loci natura interpellauerit: tunc cōuertēde
funt eaꝝ regionū conftitutiōes uti ꝗ plurima pars mœniū e tēplis
deorum confpiciat̃.Item fi fecundū flumina ædes facra fiet ita uti
ægypto circa Nilum ad fluminis ripas uidet̃ fpectaꝛ debere.Simi
liter fi circum uias publicas erunt ædificia deoꝝ ita conftituantur
uti pretereuntes poffint afpicere & in cōfpectu falutationes facere.
    De hoftioꝝ & antepagmentoꝝ facroꝛ rationibus.
        Oftiorum aūt & eoꝝ antepagmentoꝝ in ædibus hæ fūt
h   ratiōnes uti primū cōftituantur quo genere future funt.
    Genera funt eñi thiromaton hæc.Doricum.Ionicum.At
tigurges.Hoꝝ fymmetrie confpiciunt̃ his rōnibus: uti corona fū
ma que fupra antepagmentum eft: fuperius ponat̃:equæ librata
fit capitulis fummis columnaꝝ:que in pronao fuerint.Lumen au
tem hipetri conftituat̃ ficuti ꝗ altitudo ædis a pauimento ad lacu
naria fuerit diuidat̃ in partes tris & femis.& ex eis duæ partes lu
mine ualuaꝝ altitudinē conftituant̃.Hec aūt diuidatur in partes
xii.& ex eis quinꝗ & dimidia latitudo luminis fiat: in imo & in
fummo contrahat̃ fi erit lumen ab imo ad.xvi.pedes antepagmē
ti .iii. parte.xvi.pedum ad.xxv.Superior pars luminis cōtrahat̃
antepagmenti quarta parte:fi a pedibus .xxv.ad.xxx. fūma pars
contrahat̃ antepagmenti parte.viii.Reliqua quo altiora erunt ad
perpendiculum uident̃ oportere collocari.Ipfa autem antepagmē
ta contrahant̃ in fummo fuæ craffitudinis .xiiii. parte craffitudo
fupercilii.quāta antepagmētorum in fumma parte erit craffitudo.
Cimatium faciēdum eft antepagmēti parte .vi. Proiectura autem
quāta eft eius craffitudo fculpēdum eft cimatiū lefbiū cū aftragalo
Supra cimatiū quod erit in fupercilio collocādū eft hipetrū craffi
tudine fupercilii:& io eo fcalpendū eft cimatiū Doricū:Aftragalū
lefbiū:fima:fcalptura:corona plana cū cimatio.Proiectura autem

eius erit quãta altitudo fupercilii:qd fupra antepagmenta imponi
tur dextra ac finiftra: piecture fic funt faciéde uti crepidines excur
rant:& in ungue ipfo cimatio coniungant:Sin aũt ionico genere
future erunt. Lumen altũ ad eundẽ modũ queadmodũ in doricis
fieri uidet:latitudo cõftituat ut altitudo diuidat in partes duas
& dimidiã:eiufcp partis unius fima luminis fiat.Latitudo cõtract
ure ita uti in doricis:craffitudo antepagmentorũ altitudinis lumi
nis ĩ frõte.xiiii.parte cimatiũ huius craffitudinis fexta: reliq pars
pter cimatiũ diuidat in partes.xii. hoɼ triũ prima corfa fiat cum
aftragalo:Secũda.iiii.tertia.v.ex ea equæ corfe cũ aftragalis circũ
currant.Hipetre aũt ad eundẽ modũ cõponant: queadmodũ ĩ do
ricis portis pedibus ancones fiue protides uocant exculpta dextra
ac finiftra ppendeãt ad imis fupercilii libramentũ preter foliũ hæ
habeant in fronte craffitudinẽ ex antepagmentis tribus partibus ĩ
imo quarta parte graciliore q fupiora.Fores ita cõpingãtur uti fca
pi cardinales fint ex altitudine liminis totiuf.xii. parte inter duof
fcapos.Timpana ex.xii. partibus habeant ternas partes. Impagi
bus diftributiões iea fient ut diuifis altitudinibus ĩ partes qnque
due fupiori:tres inferiori defignent fup mediũ medii impages col
locent :& reliquis alii in fũmo:alii ĩ imo cõpingantur.Altitudo
impagis fiat timpani tertia parte:cimatiũ fexta parte impagif.Sca
poɼ latitudines impagis dimidia parte. Item replũ de impage di
midia & fexta parte fcapi qui funt ante fecũdũ pagmentũ dimidiũ
impagis cõftituãtur.Sin aũt ualuate erũt altitudines ita manebũt
in latitudinẽ adiiciatur amplius foris latitudo:fi qdriformis futu
ra eft altitudo adiiciatur.Attigurges aũt iifdem rationibus perfici
untur qbus dorica:pterea corfe fub cimatiis in antepagmentis cir
cnmdantur:q ita diftribui debet uti antepagmẽta:præter cimatiũ
ex partibus feptẽ habeat duas partes:ipacp nõ fiũt celoftrata necp
bifora fed ualuata & aperturas hñt in exteriores partes. Quas rati
ones facrarũ ædium in formationibus oporteat fieri ionicis corin
thiifcp operibus quoad potui attingere ueluti legittimis moribus
expofui . Nunc de Tufcanicis inftitutionibus quemadmodum
inftitui oporteat dicam.

De Tuſcanicis ratiooibus ædium ſacraꝝ.

Ocus in quo ædes conſtitueť cū habuerit in lōgitudine
vi.partes una dempta reliquū qđ erit latitudini deť Lon
gitudo aūt diuidať bipartito:& q̄ pars erit intereor ceila
rum ſpatiis deſigneť:que erit proxima fronti columnaꝛ diſpoſiti
oni relinquať.Item latitudo diuidať in partes.x. ex his terne par
tes dextra ac ſiniſtra cellis minoribus ſiue ibi alie future ſint denť
Relique q̄tuor medie ædi attribuanť.Spatiū quod erit ante cellaſ
in pronao ita colūnis deſigneť ut angulares cōtra antas parietum
extremoꝛ regiōe collocenť. due medie e regione parietū qui inter
antas & mediā ædem fuerint ita diſtribuanť.& inter antas & colū
nas priores per mediū iiſdem regionibus altera ædes ponať: eque
ſint ima craſſitudine altitudiniſ parte.vii.altitudo tertia parte tem
pli latitudinis:ſumma꜄ colūna:quarta parte craſſitudinis ima cō
trahať.Spire eaꝛ alia dimidia parte craſſitudinis fiant. habeāt ſpi
re earū plinthum ad circinū altam ſue craſſitudinis:dimidia parte
torum inſuper cum apophiſi craſſum q̄tum plinthus.Capituli al
titudo dimidia craſſitudinis abaci:latitudo q̄ta ima craſſitudo coɩ
lumne.Capituli꜄ craſſitudo diuidať in partes tres e quibus una
plintho q̄ eſt in abaco deť.altera echino.tertia hipotrachelio cum
apophiſi:ſupra colūnaſ trabes cōpactileſ imponanť & altitudiniſ
modulis his qua magnitudine opis poſtulabātur: hæ꜄ trabes cō
pactiles ponanť:ut eam habeant craſſitudinē quanta ſumme colū
ne erit hipotrachelion:& ita ſint cōpacte ſubſcudibus & ſecuridiſ
ut cōpactura duorū digitoꝛ habeat laxatiōem.Cū eni inter ſe tan
gunt & nō ſpiramentū & flatū recipiunt uenti:cōcalefaciunť & ˒ce
leriter putreſcūt:ſupra trabes & ſupra parietes traiectuſ mutuloꝛ
parte.iiii.altitudinis colūne ꝓiicianť.Item in eoꝛ frontibus ante
pagmenta figanť:ſupra꜄ id timpanū faſtigii ſtructura ſeu de ma
teria colloceť:Supra꜄ eum faſtigiū columē canterii tēpla ita ſunt
collocāda ut ſtillicidiū tecti abſoluti tertiario reſpōdeat.Fiunt aūt
ædes rotunde quibus alie monoptere dicuntur ſine cella colūnate
cōſtituunť.alie periptere dicunť.que ſine cella fiunt tribunal hñt
& aſcenſum ex ſua diametro tertiæ partis inſuper ſtilobatæ colūne

conſtituanē tam alte quanta ab extremis parietibus eſt diametros
ſtilobataꝛ craſſitudine altitudinis ſue cū capitulis & ſpiris decime
partis:epiſtiliū altū columnæ craſſitudinis dimidia parte. Zopho
rum & reliqua q̄ inſup imponunē ita uti in in quarto uolumine
de ſymmetriis ſcripſi. Sin autē peripteros ea ædes conſtituet : duo
gradus & ſtilobata ab imo cōſtituanē. Deinde cellæ paries colloce
tur cū receſſu eius a ſtilobata circa partē latitudinis quintā medio
q̄ ualuaꝛ locus ad aditus relinquat. Eaq̄ cella tantam habeat dia
metrū præter parietes & circuitiōem q̄tam altitudinē colūna ſupra
ſtilobatam :colūne circum cellam iiſdem ꝓportiōibus ſymmetriis
que diſponanē in medio tecti ratio ita habeat : uti q̄ta diametros
totius opis erit futura dimidia altitudo fiat tholi p̄ter florem: flos
aūt tantam habet magnitudinē q̄tam habuerit in colūne capitulū
p̄ter piramidēs: Reliqua uti ſupra ſcripta ſūt eꝛ ꝓportiōibus atꝗ
ſymmetriis facienda uident. Item generibus aliis cōſtituūt ædes
ex iiſdem ſymmetriis ordinate & alio genere diſpoſitiōes habentes
uti eſt Caſtoris in circo flaminio & inter duos lucos Veiouis. Itē
argutius nemori diane colūnis adiectis dextra ac ſiniſtra ad hume
ros pronai. Hoc aūt in genere ideo factū eſt uti eſt Caſtoris i circo
athenis in arce & in attica ſunii Palladis mineruæ: earuꝫ non aliæ
ſed eedē ſunt ꝓportiones: Celle eni lōgitudinibus duplices ſūt ad
altitudines uti in reliqua exiſona: quæ ſolent eſſe in frontibus ad
latera ſunt tranſlata. Nōnulli etiā de tuſcanicis generibus ſumēteſ
columnaꝛ diſpoſitiōe tranſferūt in corinthioꝛ & ionicoꝛ operū
ordinatiōes quibus in locis pronao ꝑcurrunt ante: in iiſdem regi
one cellæ parietū colūnas binas collocanteſ efficiunt tuſcanicoꝛ &
grecoꝛ opeꝛ cōmunē rōcinationem. Alii nero remouētes parietes
ædis & applicantes ad intercolūnia pleromatos ſpatii ſublati effici
unt amplū laxamentū cellæ. Reliqua aūt ꝓportinnibus & ſymmę
triis iiſdem conſeruātes aliud genus figuræ rōnis pſeudoperipterū
ꝓcreauiſſe. Hec aūt genera ꝓpter uſum ſacrificioꝛ couertunē. Nō
eni oibus diis iiſdem rōnibus ædes faciēde ſunt: q̄ alius alia uarie
tate ſacraꝛ religionū hēt effectus. oēs ædiū ſacraꝛ rōcinationes uti
mihi tradite ſunt expoſui:ordineſꝗ & ſymmetrias earū partitioni

bus diſtinxi:& quaꝛ diſpares ſunt figure:& ꝗbus diſcriminibus
ſūt inter ſe diſparate:quoad potui ſignificaꝛ ſcriptis expoſui. Nūc
de aris deoꝛ imortaliū uti apta cōſtitutiōe habeāt ad ſacrificiorū
tōnem dicam.　　　　De Aris deoꝛ ordinandis.

　　　Rꜳ ſpectent ad oriētē & ſemper inferiores ſint collocate
ꝗ ſimulacra que fuērint in æde: uti ſuſpicientes diuinita
tem qui ſupplicāt & ſacrificāt diſparibus altitudinibus
ad ſui cuiuſꝗ dei decorē componant. Altitudines aūt eaꝛ ſic ſunt
explicande uti Ioui oibuſꝗ cœleſtibus ꝗ exceltiſſimæ conſtituant
Veſte terre matriꝗ humiles collocent. Ita idoneæ his inſtitutioni
bus explicabunt in medietatiōibus araꝛ deformatiōes. Explicatiſ
ædium ſacraꝛ compoſitiōibus in hoc libro:in ſeꝗti de cōmuni
um opeꝛ reddemus diſtributiōibus explicationes.

.L·VICTRVVII POLLIONIS LIBER·QVIN
TVS IN QVO AGITVR·DE PVBLICORVM
LOCORVM DISPOSITIONE.

　　　Vi amplioribus uoluminibus Imperator ingenii
cogitatiōes ꝑceptaꝗ explicauerūt maximas & egre
gias adiecerūt ſuis ſcriptis auctes. Quod etiā uel
in noſtris quoꝗ ſtudiis res pateret :ut amplificati
onibus auctas & in his ꝑceptis augeret. Sed id nō
eſt quéadmodū putat expeditū. Non eni de architectura ſic ſcribi
tur ut hiſtoria aut poemata :hiſtoriæ per ſe tenent lectores. habent
énim nouaꝛ reꝛ uarias expectationes. Poematoꝛ uero carminum
metra & pedes ac uerboꝛ elegans diſpoſitio & ſniarum inter perſo
nas diſtinctas uerſuū pronūtiatio: plectando ſenſus légentiū pro
ducit ſine offenſa ad ſummā ſcriptoꝛ terminatione. Id aūt in archi
tecturæ conſcriptionibus non pōt fieri:ꝗ uocabula ex artis ꝑpria
neceſſitate cōcepta in cōſueto ſermone adiiciūt ſenſib uſ obſcuritaté
Cū ea ergo per ſe nō ſint aperta:nec pateāt in eoꝛ cōſuetudie noīa
Tum uero ꝑceptoꝛ late uagātes ſcripture ſi nō cōtrahant : & pau
cis & perlucidis ſniis explicent frequétia multitudineꝗ ſermonis
impediéte incertas legentiū efficiét cogitatiōes. Itaꝗ occultas noīa
tiones cōmenſuſꝗ e membris opeꝛ pnuntiās ut memorie tradant

breuiter exponã. Sic enĩ expeditius ea recipere poterũt mentes: nõ
minus cũ aïaduertiſſem diſtentã occupationibus ciuitatē publicis
& priuatis negociis: paucis iudicaui ſcribendũ: uti anguſto ſpatio
uacuitatis ea legētes breuiter percipeꝛ poſſent: etiã qui pythagorã
quiꝗ eius hereſim fuerũt ſecuti placuit cubicis rõnibus ꝑcepta in
uoluminibus ſcribere. Cõſtituerũtꝗ cubũ.cc.&.l.uerſus: eoſꝗ nõ
plus ꝗ tres in una cõſcriptiõe oportere eſſe putauerũt Cubus autē
eſt corpus ex.vi.lateribus equali latitudĩe planitiaꝛ parꝰper qua
dratus: is cũ eſt iactus: quã ĩ partē incubuit dum eſt intactus imo
tam habet ſtabilitatē: uti ſunt etiã teſſere: quas ĩ alueo ludētes iaci
unt: hanc aũt ſimilitudinē ex eo ſumpſiſſe uidenꝰ: ꝗ is numerus
uerſuũ uti cubus in quēcunꝗ ſenſũ inſede iꝭ ĩmotã efficiat ibi me
morie ſedē. Græciꝗ poete comici interponentes e choro canticũ di
uiſerũt ſpatia fabulaꝛ. ita partes cubica rõne faciētes intercapedini
bus ligãt auctoꝛ pnũtiatiões. Cũ ergo hec naturali modo ſint a
maioribus obſeruata: aïoꝗ aduertaꝛ inuſitatas & obſcuras multis.
res mihi eſſe ſcribēdas quo facilius ad ſēſus legētiũ puenire poſſint.
breuibus uolnminibus iudicaui ſcribere: ita enĩ expedita erunt ad
intelligēdũ: eorũꝗ ordinatiões inſtitui uti nõ ſint querētibus ſepa
tim colligēda: ſed e corpore uno & ĩ ſingulis uoluminibus geneꝛ
hꝛent explicatiões. Itaꝗ Cæſar tertio & ꝗrto uolumĩe ædiũ ſacrarũ
rõnes expoſui. Hoc libro publicoꝛ locoꝛ expediã diſpoſ̃tiõeꝭ pri
mũꝗ ſuꝛ uti oporteat cõſtitui dicã: ꝗ ĩ eo & publicaꝛ & priuataꝛ.
reꝛ rationes per magiſtratus gubernantur.   De foro.
      Ꝛæci in ꝗdrato ãpliſſimis & duplicibus porticibus fora
g   cõſtituũt: crebriſꝗ colũnis & lapideis & marmoꝛeis epiſti
      liis adornãt: & ſupra ambulatiões in cõtignatiõibus faci
ciũt. Italie uero urbibus ñ eadē ē rõne faciũdũ ideoꝗ a maioribus
cõſuetudo tradita eſt gladiatorꞁa munera in foro dari. Igiꝯ circum
ſpectacula ſpatioſiora intercolũnia diſtribuãtur: cirtaꝗ in portici
bus argētarie taberne: Moenia nanꝗ ſupioribus coaxatiõibus col
locenꝯ. Que & ad uſũ & ad uectigalia publica recte erũt diſpoſita
Magnitudies aũt ad copiã hoïm opteꝯ fieri: ne paruũ ſpatiũ ſit ad
uſũ: aut ne ꝓpter inopiã populi uaſtũ foꝛ uideaꝯ. Latitudo aũt ſi

niatur uti lógitudo in tres partes. Cú diuifa fuerit ex his due par
tes uidétur:ita ení oblóga erit eius formatio & ad fpectaculorum
rónem utilis difpofitio. Colúne fuperiores quarta parte miores q̃
inferiores funt cóftituende:ppterea ꝙ oneri ferédo que funt inferi
ora firmiora debét effe q̃ fuperiora:nó minus ꝙ etiam nafcentium
oportet imitari naturam:ut in arboribus terreftribus Abiete: Cu
preffo Pinu : e quibus nulla non craffior eft ab radicibus. Deinde
crefcédo progreditur in altitudiné naturali contractura perequata
nafcens ad cacumen. Ergo fi natura nafcentiú ita poftulat:recte eft
cóftitutú & altitudinibus & craffitudinibus fupiora inferioꝗ fie
ri cótractiora. Bafilicarum loca adiuncta foris q̃ calidiffimis parti
bus oportet cóftitui:ut per hyemé fine moleftia tempeftatú fe có
ferre in eas negociatores poffint. Earúꝗ latitudines ne minus q̃ ex
tertia parte ne plus ex dimidia longitudines cóftituant:nifi loci
natura impedierit:& aliter coegerit fymmetriá cómutari. Sin auté
locus erit amplior in longitudine Calcidica in extremis cóftituá
tur:uti funt ĩ uilla Aquiliana: Colúne bafilicarú tam alte q̃ porti
cus latæ fuerint faciende uidet:porticus q̃ mediú fpatiú futurú
eft ex tertia finiat. Colúne fupiores minores q̃ inferiores uti fupra
fcriptum eft minores cóftituant. Pluteú qd inter fupiores & inferi
ores colúnas ité q̃rta parte minus q̃ fuperiores colúne fuerút opor
tere fieri uidet. uti fupra bafilice cótignatióne ambulátes ab nego
ciatoribus ne tófpiciátur. Epiftilia zophora corone ex fymmetiis
colúnaꝗ uti ĩ tertio libro fcripfimus explicent : nó minus fummá
dignitaté & uenuftaté pñt hre cópactióes bafilicaꝗ. quo genere co
lúne iuliæ faneftris collocaui curauiꝗ faciédá: cuius pportióes &
fymmetrie fic fút cóftituté. Mediana teftudo inter colúnas eft lon
ga pedes. c. xx. lata pedes. lx. Porticus eius circa teftudiné inter co
lúnas & parietes lata pedes. xx. colúne altitudinibus ppetuis cú ca
pitulis pedes. l. craffitudinibus quinú habétes poft fe paraftaticas
altas pedes. xx. latas pedes. ix. craffas. x. q̃ fuftinét trabes:in qbus
inuehunt porticiú cótignatióes: fupraꝗ eas alie paraftatice pedú
xviii. late binum craffe pedé:quæ excipiunt ité trabes fuftinentes
cáteriú & porticú que funt fubmiffa ĩfra teftudiné tecta. Reliqua

spatia inter paraftaticap & colúnarum trabes per ītercolúnia luminibus funt relicta:Colúne funt in latitudine teftudinis cú angula
ribus dextra ac finiftra quaterne:in longitudine que eft foro proxima cú iifdem angularibus octo: ex altera parte cum angularibus
vi.ideo φ medie due in ea parte nó funt pofite:ne impediant afpe
ctus pronai ædis angufti:quæ eft in medio latere parietis bafilicæ
collocata fpectans mediú forum & ædem iouis . Item tribunal qd
eft in ea æde hemicicli fchematis minoris curuatura formatú.Eius
aút hemicicli in fronte eft interuallú pedis.xlvi.introrfus curuatu
ra pedes.xv.uti qui apud magiftratus ftarent negotiātes in bafili
ca ne impedirent.fupra colúnas ex tribus tignis bipedalibus com
pactis trabes funt circa collocate.hæ quæ a tertiis colúnis quæ fút
in interiore parte reuertunť ad antas:que a pronao procurrút.dex
traφ ac finiftra hemiciclú tangút: fupra trabes contra capitula ex
fulcimentis difpofite pilæ funt collocate altæ pedis.iii.latæ quoφ
uerfus qternis fupra eos ex duobus tignis bipedalibus euerganeæ
circa funt collocate.quibus infuper tranftra cú capreolis colúnarú
contra zophora & antas & parietes pronai collocate fuftinent unú
culmen perpetue bafilice alteφ ad mediú fupra pronaum ædis: ita
faftigioφ duplex tecti nata difpofitio extrinfecus tecti & interioris
alte teftudinis præftat fpēm uenuftam. Item fublata epiftilioφ or
namenta & pluteoφ colúnarumcφ fuperioφ diftributio operofa de
trahit moleftiā:fumptufcφ minuit ex magna parte fummā.Ipfe ue
ro colúne ī altitudine perpetua fub trabe teftudinis ꝓducte & ma
gnificentiam impenfe & auctoritate operi adaugere uidenť.

    De Aerario carcere & curia ordinandis.

    Rarium Carcer Curia foro funt coniungenda:fed ita uti
e   magnitudo fymmetrie eoφ foro refpódeat. Maxime qui
    dem curia in primis eft faciēda ad dignitaté municipii fi
ue ciuitatis:& fi quadrata erit qtum habuerit latitudinis dimidia
cóftituať altitudo :fin aút oblonga fuerit lógitudo & latitudo có
ponať:& fumme cópofita eius dimidia pars fub lacunariis altitu
dine detur.Preterea ꝑcingendi fút parietes medii coronis ex intefti
no opere aut albario ad dimediā parte altitudinis: que fi nó erint

uox ibi diſputantiū elata in altitudinē intellectui non poterit eſſe
audiētibus. Cū aūt coronis precincti parietes erunt. Vox ab imis
morata priuſq̃ in aere elata diſſipabit̃:auribus erit intellecta.

De theatro

Vm forum conſtitutū fuerit tum deoᵱ imortaliū diebus
feſtis ludoᵱ expectationibus eligēdus eſt locus theatro q̃
ſaluberrimus uti i primo libro de ſalubritatibus in mœ/
nium collocationibus eſt ſcriptū.Per ludos eni cum cōiugibus &
liberis p̃ſedentes delectatiōibus detinent̃:& corpora ꝓpter uolup
tatem imota patentes hn̄t uenas:in quas inſidunt auraᵱ flatus:q̃
ſi a regionibus paluſtribus:aut aliis regionibus uicioſis adueniēt
nocentes ſpūs corporibus infundēt. Itacꝫ ſi curioſius eliget̃ locus
de theatro uitabunt̃ uicia.etiācꝫ prouidendū eſt ne impetus habe
at a meridie:ſol eni cū implet eius rotūditatē aer cōcluſus curuatu
ra:necꝫ habēs poteſtatē uagandi uerſando cōferueſcit & cadens ad
urit excoquitcꝫ & minuit e corporibus humores. ideo maxime ui
tande ſunt his rebus uicioſe regiōes:& eligēde ſalubres. Fundamē
toᵱ aūt ſi in montibus fuerit:facilior erit ratio.Sed ſi neceſſitas co
egerit in plano:aut paluſtri loco ea conſtitui:ſolidationes ſubſtru
ctioneſcꝫ ita erunt faciendæ quēadmodū de fundatiōibus ædiū ſa
crarum in tertio libro eſt ſcriptū.Inſup fundamēta lapideis & mar
moreis copiis gradationes ab ſubſtructiōe fieri debēt:præcinctiōeſ
ad altitudines theatroᵱ pro rata parte faciēde uident̃:necꝫ altioreſ
q̃ quāta præcinctiōis itineris ſit latitudo.Si eni excelſiores fuerint
repellent & eiicient in ſuperiorē partem uocem:nec patient̃ in ſedi
bus ſuis quæ ſupra p̃cinctiones uerborū caſus certa ſignificatione
ad aures peruenire:& ad ſummā ita eſt gubernādū: uti linea cum
ad imū gradū & ad ſummū extenta fuerit oīa cacumina graduum
anguloſcꝫ tangat ita uox non impediet̃:aditus cōplures & ſpatio
ſos oportet diſponere:nec coniunctos ſupiores inferioribus:ſed ex
oībus locis perpetuos & directos ſine iuerſuris faciēdos: uti cū po
pulus dimittat̃ de ſpectaculis nō cōprimat̃ ſed habeat ex oībus lo
cis exitus ſepatos ſine impeditiōe:etiā diligenter eſt animaduerten
dū ne ſit locus ſurdus:ſed ut in eo uox q̃ clariſſime uagari poſſit:

hoc uero fieri ita poterit fi locus electus fuerit ubi non impediat
refonantia. Vox autē eft fpūs fluens aeris & ictu fenfibilis auditu
ea mouet circuloꝝ rotundationibus infinitis: uti fi ī ftantē aquā
lapide īmiffo nafcant ínumerabiles undaꝝ circuli crefcentes a cen
tro q̄ latiffime poffint & uagātes nifi anguftia loci interpellaueiit:
aut aliqua offenfio quæ non patit defignatiōes eaꝝ undaꝝ ad exi
tus peruenire. Itaꝗ cum interpellent offenfionibus primæ redeun
tes infequentiū difturbant defignatiōes. Eadem ratione uox ita ad
circinum efficit motiones: fed in aqua circuli planitiæ: in latitudi
nem mouet uox: & in latitudinem progredit & altitudinē grada
tim fcandit. Igit ut in aqua undaꝝ defignationibus: item in uoce
cū offenfio nulla primā undam interpellauerit non difturbat fecū
dam: nec in fequétes: fed oēs fua refonantia perueniūt ad imorum
& fummoꝝ aures. Ergo ueteres architecti nature ueftigia perfecuti
indagatiōibus uocis fcandentes perfecerūt theatroꝝ gradatiōes. &
q̄fiuerunt per canonicā mathematicoꝝ & muficā rōnem ut q̄cuñꝗ
uox effet in fcena clarior & fuauior ad fpectatoꝝ peruentret aures.
Vti enim organa in æneis laminis aut corneis hæ fic ad cordaꝝ fo
nitus claritatē perficiunt Sic theatroꝝ per armonicen ad augendā
uocē rōcinationes ab antiquis funt conftitutæ.

      De Harmonia.

      Armonia aūt eft mufica litteratura obfcura & difficilis &
h   difficilis maxime quidē quibus græce lr̄e non funt notæ
      Quāfi uolumus explicare neceffe eft etiam græcis uerbis
uti: ꝗ nōnulla eoꝝ latinas nō habent appellatiōes. Itaꝗ ut potero
q̄ apertiffime ex Ariftoxenis fcripturis interp̄tabor. & eius diagrā
ma fubfcribam finitiōefꝗ fonituū defignabo: uti qui diligentius
attēderit facilius percipe poffit. Vox eni mutatiōibus quom flecti
tur. Alias fit acuta: alias grauis: Duobufꝗ modis mouet: e q̄bus
unus habet effectus cōtinuatos: alter diftātes. Cōtinuata uox neꝗ
in finitiōibus cōfiftit: neꝗ in loco ullo: Efficitꝗ terminatiōes non
apparentes. Interualla autem media patétia uti fermone cum dica
mus fol. lux. flos. nox. fic eni nec unde incipit nec ubi definit intel
ligitur. Sed ꝗ ex acuta facta eft grauis: & ex graui acuta apparet

auribus per diſtantiam: at e contrario namqʒ quom flectiť imuta
tiõe uox:ſtatuit ſe in alicuius ſonitus finitiõe:deinde in alterius
& id ultro citroqʒ crebro faciendo conſtans apparet ſenſibus:uti ī
cantionibus conflectentes uoces uarietatem facimus modulatiõis.
Itaqʒ interuallis ea cum uerſať: & unde initium fecit:& ubi deſiit
apparet in ſonoꝛ patentibus finitionibus: Mediana aūt patentia
interuallis obſcurantur. Genera uero modulatiõum ſunt tria.Pri
mum quod græci nominant Armoniã. Secundum Chroma. Ter
tium Diatonon.Eſt autem harmonie modulatio ab arte concepta
& aere.Cantio eius maxime grauē & egregiam habet auctoritatem
Chroma ſubtili ſolertia ac crebritate modulorum ſuauiorē habet
delectationem.Diatonõ uero ꝙ naturalis eſt.facilior eſt interuallo
rum diſtantia.In his tribus generibus diſſimiles ſunt tetracordoꝛ
diſpoſitiões quod armonia tetracordorum & tonis & dieſis habet
binas.Dieſis aūt eſt toni pars quarta:ita in hemitonio due dieſis
ſunt collocatæ. Chromati duo hemitonia in ordine ſunt cõpoſita
Tertium hemitonioꝛ trium eſt interuallũ.Diatoni duo ſunt con
tinuati.Tertiũ hemitonium finit tetracordi magnitudinē:ita ī tri
bus generibus tetracorda ex duobus tonis & hemitonio ſunt per
equata.Sed ipſa cum ſepatim unicuiuſqʒ generis finiꝰ⸗s conſiderã
tur diſſimilem hñt interualloꝛ deſignatiõem. igitur interualla to
norum & hemitonitonioꝛ & tetracordorũ in uoce diuiſit natura.
Finitqʒ terminationes eorũ menſuris interuallorũ q̃titate: modiſqʒ
ceitis cõſtituit q̃litates quibus etiã artifices qui organa fabricãt ex
natura conſtitutis utendo comparãt ad cõcentus cõuenientes eorũ
perfectiões:ſonitus qui græce phtongi dicunť in unoquoqʒ gene
re ſunt.x.&.viii.e qbus octo ſunt in tribus generibus perpetui &
ſtantes.Reliqui.x.cũ cõiter modulanť ſunt uaga ntes:ſtantes aūt
ſunt qui inter mobiles interpoſiti continent tetracordi coniunctio
nem:& e generum diſcriminibus ſuis finibus ſũt permanentes:ap
pellanť aūt ſic:Proſlambanomenos. Hipate.Paripate.Meſe.Para
meſe.Diezeugmenon.HyperboleonNete.Mobiles autē ſunt qui
in tetracordo inter immotos diſpoſiti ī generibus & locis loca mu
tant.Vocabula aũt habent hæc.Parhipate.Hipate.Lycanos.Meſe

Peripate.Mesonlycanos. Mesonsinezeugmenon. Hyperboleon.
Paranete.Nete..Ea autem qua mouentur recipiunt uirtutes alias.
Interualla enim & distantias habent crescentes. Itacp parhypate:q̃
in harmonia distat ab hypate hemitonium in chromata mutata
habet. Hemitoniũ qui lycanos ĩ harmonia dicit ab hipate distat
hemitoniũ ĩ chroma translatũ progredit duo hemitonia. In diato
no distat ab hipate tria hemitonia Ita decem sonitus ppter transla
tiones in generibus efficiũt triplicẽ modulationũ uarietatẽ. Tetra
corda sũt quincp Primũ grauissimũ quod grece dicit hypaton. Se
cundũ medianũ qd appellatur meson. Tertiũ cõiunctum quod si
nezeugmenon dicit. Quartũ disiunctũ qd dr zeugmenon noiat
Quintũ quod est acutissimũ græce hyperboleon dicet. Concẽtus
quos natura hominis modulari pot græceq̃ symphonie dicuntur
sunt sex. Diatessaron. Diapente. Diapason. Disdiatessaron, & Dis
diapente.& Disdiapason. Ideocp & a numero noia cœperũt cp cum
uox constiterit in una sonoṟ finitione. ab eacp se flectens mutaue
rit & peruenerit in quartam terminationẽ appellat diatessaron. In
quintam diapẽt. In sextam diapason. & in octauam & dimidiam
diapason & diatesseron. In nonam & dimidiam diapason & diapẽ
te. In.xii. disdiapason. Non eñ inter duo intẽualla cum cordarũ
sonitus aut uocis factus cantus fuerit:nec in tertia aut sexta aut se
ptima pñt consonantie fieri. Sed ut supra scriptum est diatesseron
& diapente & ex ordine diapason cõuenientie ex natura uocis con
gruentis habet finitiones:& ei conuentus procreant ex cõiunctio
ne sonituum qui græce pthongi dicuntur.

De Theatri uasis.

Ta ex his indagatiõibus mathematicis fiant uasa ærea
pro ratione magnitudinis theatri : Eaque fabricantur
ut cũ tangant sonitũ facere possint inter se diatessaron
diapente ex ordine ad diapason. Postea inter sedes theatri constitu
tis cellis ratione musica ibi collocent:ita ut nullũ pariete tangãt.
Circãcp habeant locum uacuũ:& a summo capite spatium:ponan
turcp inuersa. habeantcp in parte quæ spectat ad scenã suppositos
cuneos minus altos semipede. cõtracp eas cellas relinquant apertu

ræ inferio℞ graduũ cubilibus.lõnge pēdes.ii.alte femipede.Defig
natiões ea℞ quibus in locis cõftituanť fic explicenť:fi nõ erit am
pla magnitudine theatṛ media altitudinis trãfuerfa regio defigne
tur:& in ea.xiii.celle.xii.equalibus interuallis diftantes cõforricē
tur:uti echo q̃ fupra fcripta funt adnotant hyperboleon fonantia
in cellis quæ funt in cornibus extremis utraꝗ prima collocenť Se
cũda ab extremis diateffarõ ad neten finnemenē.Tertia.diateffarõ
ad neten paramefon.Quarta ad neten finnemenē.Quinta diateffa
ron ad mefon.Sexta diateffaron ad hipaten mefon.In medto unũ
diateffaron ad hipaten hipaton.Ita hac rõcinatione uox ab fcœna
uti a centro ꝑfufa fe circũagens tactuꝗ feriens fingulo℞ ualorum
caua excitauerit aucFã claritatē ex cõcentu cõueniēte fibi cõfonan
tiã.Sin autē amplior magnitudo erit theatri tunc altitudo diuida
tur in partes.iiii: uti tres efficianť regiones cellaṛ tranfuerfe defig
nate.una harmonie:altera chromatos:tertia diathoni:& ab uno q̃
erit prima ex harmonia collocetur ita uti in minore theatro fupra
fcriptũ eft.In mediana aũt prima in extremis cornibus ad chroma
ticen hiperboleon hñtia fonitũ ponanť.In fecundis ab his diteffa
ron ad chromaticen diezeugmenõ.In tertiis diateffarõ ad chroma
ticen fynnemenõ.Quartis diateffarõ ad chromaticē mefon.Quin
tis diateffaron ad chromaticen hipatõ.Sextis aď paramefon:ꝗ &
in chromaticen hiperboleon diapente & ad chromaticen mefon di
ateffaron habeant cõfonãtie cõitatem.In medio nihil eft collocãdũ
ideo ꝗ fonitum nulla alia q̃litas ĩ chromatico genere fymphoniæ
confonãtiã põt habere.In fumma uero diuifione & regione cellaṛ
in cornibus primis ad diatonon hiperboleõ fabricata uafa fonitu
ponanť:In fecundis diateffarõ ad diatonõ.tertiis diateffarõ ad dia
tonon fynemenon.quartis diateffaron ad diatonõ mefon.quintis
diateffaron ad diatonõ hipaton.Sextis diateffaron ad pflambano
menon diapafon ad diatonon hipaton diapente hēt fymphoniaṛ
cõitates.Hec aũt fi quis uoluerit ad perfecFũ facile perducere:aiad
uertat in extremo libro digramma mufica rõne delignatũ. Quod
Ariftoxenus magno uigore & ĩduftria generatim diuifis modula
tionibus cõftltutũ rcliqt.de quo fi quis rõcinationibus his attēde

rit ad naturā uocis & audientiū delectatiōes facilius ualuerit thea
troᵣ efficere perfectiones. Dicet aliquis forte multa theatra Rome
quot facta esse. Necq̃ ullā rōnem haᵣ reᵣ in his fuisse. sed errauit ī
eo q̃ oīa publica lignea theatra tabulationes habēt cōplures quas
necesse est sonare. hoc uero licet aīaduerteᵣ etiā a citharœdis q̃ supe
riore tono cū uolunt canere aduertunt se ad scœne ualuas: & ita re
cipiūt ab eaᵣ auxilio cōsonantiā uocis. Cum aūt ex solidis rebus
theatra cōstituunt̄ id est ex structura cemētoᵣ: lapide: marmorecq̃
sonare non pn̄t: tunc ex his hac rōnes sunt explicande. Sin autem
queric̄ in quo theatro ea sint facta Romæ non possumus ostédere
Sed in italie regione & in pluribuſ grecoᵣ ciuitatibus: etiamcq̃ aū
ctorem habemus. L. Mumiū q̃ diruto theatro corinthioᵣ ea ænea
Romam deportauit: & de manibus ad ædem lune dedicauit: mul
ti etiam solertes architecti qui in oppidis non magnis theatra con
stituerunt propter inopiam fictilibus doliis ita sonantibus electis
hac ratiocinatione cōpositis perfecerunt utilissimos effectus.

De confirmatione theatri facienda.

Psius aūt theatri conformatio sic est facieda: uti q̃ magna
futura est perimetros imi centro medio collocato circuma
gatur linea rotundatiōis: in eacq̃ quatuor scribānt̄ trigo
na paribuſ lateribus interuallis extremā linea circinatiōis tangant
quibus etiā in. xii. signoᵣ cœlestiū astrologi ex musica conuenien
tia astrorum rōcinantur. ex his trigonis cuius latus fuerit ꝓximū
scœne ea regiōe q̃ p̄cidit curuaturam circinationis: ibi finiatur scœ
ne frons & ab eo loco paralellos linea ducat̄: q̃ disiungat ꝓscœnii
pulpitū & orchestre regiōem. Ita latius factā fuerit pulpitū q̃ græ
coᵣ q̃ œs artifices in scœnam dant operā. In orchestra aūtē senato
rū sunt sedibus loca designata: & eius pulpiti altitudo sit ne plus
pedū. v. uti qui in orchestra sederint spectāf̄ possint oīum agentiū
gestus. Cunei spectaculoᵣ in theatro ita diuidanf̄: uti anguli tri
gonoᵣ qui currunt circa curuaturā circinationis dirigant alcensus
scalascq̃ inter cuneos ad primā precinctiōem: supra aūt alternis iti
neribus superioreſ cunei medii diriganf̄. hi aūt qui sunt iꞇ imo &
dirigunt scalaria erunt numero. vii. reliqui quincq̃ scœne designa

ræ inferiorꝗ graduũ cubilibus.longe pedes.ii.alte femipede:Defig
natióes eaꝗ quibus in locis cóstituant ſic explicent :ſi nó erit am
pla magnitudine theatꝗ media altitudinis trãſuerſa regio defigne
tur:& in ea.xiii.celle.xii.equalibus interuallis diſtantes cófornice
tur:uti echo ꝗ ſupra ſcripta ſunt adnotant hyperboleon ſonantia
in cellis quæ ſunt in cornibus extremis utraꝗ prima collocent Se
cũda ab extremis diateſſaró ad neten ſinnemene. Tertia diateſſaró
ad neten paramefon.Quarta ad neten ſinnemene. Quinta diateſſa
ron ad meſon.Sexta diateſſaron ad hipaten meſon.In medio unũ
diateſſaron ad hipaten hipaton.Ita hac rócinatione uox ab ſcœna
uti a centro ꝑfuſa ſe circũagens tactuꝗ feriens ſinguloꝗ uaſorum
caua excitauerit aucta claritate ex cócentu cóueniente ſibi cóſonan
tia.Sin autẽ amplior magnitudo erit theatri tunc altitudo diuida
tur in partes.iiii: uti tres efficiant regiones cellaꝗ tranſuerſe deſig
nate.una harmonie:altera chromatos:tertia diathoni:& ab uno ꝗ
erit prima ex harmonia collocetur ita uti in minore theatro ſupra
ſcriptũ eſt.In mediana aũt prima in extremis cornibus ad chroma
ticen hiperboleon hñtia ſonitũ ponant.In ſecundis ab his diteſſa
ron ad chromaticen diezeugmenó.In tertiis diateſſaró ad chroma
ticen ſynnemenó.Quartis diateſſaró ad chromatice meſon.Quin
tis diateſſaron ad chromaticen hipató.Sextis ad paramefon:ꝗ &
in chromaticen hiperboleon diapente & ad chromaticen meſon di
ateſſaron habeant cóſonãtie cóitatem.In medio nihil eſt collocãdũ
ideo ꝗ ſonitum nulla alia ꝗlitas i chromatico genere ſymphoniæ
conſonãtiã pót habere.In ſumma uero diuiſione & regione cellaꝗ
in cornibus primis ad diatonon hiperboleó fabricata uaſa ſonitu
ponant .In ſecundis diateſſaró ad diatonó.tertiis diateſſaró ad dia
tonon ſynemenon.quartis diateſſaron ad diatonó meſon. quintis
diateſſaron ad diatonó hipaton.Sextis diateſſaron ad pſlambano
menon diapaſon ad diatonon hipaton diapente hēt ſymphoniaꝗ
cóitates.Hec aũt ſi quis uoluerit ad perfectũ facile perducere: aiad
uertat in extremo libro digramma muſica róne deſignatũ. Quod
Ariſtoxenus magno uigore & iduſtria generatim diuiſis modula
tionibus cóstitutũ reliqt.de quo ſi quis rócinationibus his attēde

rit ad naturã uocis & audientiũ delectatióes facilius ualuerit thea
troꝛ efficere perfectiones. Dicet aliquis forte multa theatrã Rome
quot facta esse. Neꝗ ullã rónem haꝛ reꝛ in his fuisse. sed errauit ĩ
eo ꝗ oĩa publica lignea theatra tabulationes habét cóplures quas
necesse est sonare. hoc uero licet aĩaduerteꝛ etiã a citharœdis ꝗ supe
riore tono cũ uolunt canere aduertunt se ad scœne ualuas: & ita re
cipiũt ab eaꝛ auxilio cósonantiã uocis. Cum aũt ex solidis rebus
theatra cóstituunt id est ex structura cemétoꝛ: lapide: marmoreꝗ
sonare non pñt: tunc ex his hac rónes sunt explicande. Sin autem
queriť in quo theatro ea sint facta Romæ non possumus ostédere
Sed in italie regione & in pluribuſ grecoꝛ ciuitatibus: etiãꝗ au
ctorem habemus. L. Mumiũ ꝗ diruto theatro corinthioꝛ ea æña
Romam deportauit: & de manibus ad ædem lune dedicauit: mul
ti etiam solertes architecti qui in oppidis non magnis theatra con
stituerunt propter inopiam fictilibus doliis ita sonantibus electis
hac ratiocinatione cópositis perfecerunt utilissimos effectus.

De confirmatione theatri facienda.

Pſius aũt theatri conformatio sic est facièda: uti ꝗ magna
futura est perimetros imi centro medio collocato circuma
gatur linea rotundatióis: in eaꝗ quatuor scribãť trigo
na paribuſ lateribus interuallis extremã linea circínatióis tangant
quibus etiã in. xii. signoꝛ cœlestiũ astrologi ex musica conuenien
tia astrorum rócinantur. ex his trigonis cuius latus fuerit ꝓximũ
scœne ea regióe ꝗ ꝑcidit curuaturam circinationis: ibi finiatur scœ
ne frons & ab eo loco paralellos linea ducať: ꝗ disiungat ꝓscœnii
pulpitũ & orchestre regióem. Ita latius factũ fuerit pulpitũ ꝗ græ
coꝛ ꝗ oés artifices in scœnam dant operã. In orchestra aũt senato
rũ sunt sedibus loca designata: & eius pulpiti altitudo sitne plus
pedũ. v. uti qui in orchestra sederint spectať possint oĩum agentiũ
gestus. Cunei spectaculoꝛ in theatro ita diuidant: uti anguli tri
gonoꝛ qui currunt circa curuaturã circinationis dirigant ascensus
scalasꝗ inter cuneos ad primã precinctióem: supra aũt alternis iti
neribus superioreſ cunei medii dirigant. hi aũt qui sunt in imo &
dirigunt scalaria erunt numero. vii. reliqui quinꝗ scœne designa

bunt cõpõfitiõem:& unus medius contra fe ualuas regias habere
debet:& qui erunt dextra ac finiftra hofpitaliox defignabút com
pofitiõe:extremi duo fpectabút itinera uerfurax.Gradus fpecta
culox ubi fubfellia cõponantur gradus ne minus alti fint palmo
pede & digitis fex: Latitudines eorū ne plus pedes.ii.femis:ne mi
nus pedes.ii.conftituantur.

De tecto porticus theatri.

Ectum porticus quod futurū eft in fumma gradatiõe cū
fcœne altitudine libratū perfpiciat:ideo cp uox crefcens
equaliter ad fúmas gradationes & tectū perueniat. nanq;
fi nõ fuerit equaie quo minus fuerit altū uox preripiet ad eam
altitudinē quã perueniet primo.Orcheftra inter gradus imos qd
diametron habuerit eius fexta pars fumat:& in cornibus utrúq;
aditus eius menfure perpēdiculū:interiores fedes pcidant:& quæ
pcifio fuerit:ibi conftituant itinex fupercilia.Ita enim fatis altitu
dinem habebút eox cõformationes:Scœnæ lõgitudo ad orcheftre
diametrõ duplex debet fieri.Podii altitudo ab libramēto pulpiti
cum corona & lyfi duodecim archeftre diametris fupra podium co
lumne cum capitulis & fpiris alte quarta parte eiufdem diametri.
Epiftilia & ornamēta eax columnax altitudinis quinta parte.Plu
teum infuper cū unda & corona inferioris pulpiti dimidia parte:
fupra id pluteum colúnæ quarta parte minore altitudie funt q̃ in
feriores epiftilia & ornamēta eax colúnax quinta parte.Item fi ter
tia epifcœnos futura erit media i pluteū fummū fit dimidia parte
columne fumme medianax minus alte fint quarta parte. Epiftilia
cum coronis eax colúnarum item habeant altitudinis quintã par
tem.Nec tñ in oibus theatris fymmetrie ad oēs rationef & effectur
poffunt:fed oportet architectū aïaduertere quibus rõnibus necefle
fit fequi fymmetriam:& quibus pportionibus ad loci naturã aut
magnitudinē operis temparí:funt enim res quas & in pufillo & ĩ
magno theatro necefle eft eadē magnitudie fieri propter ufum uti
gradus diazumata pluteos itinera afcenfuf pulpita tribunalia & fi
fi qua alia intercurrunt ex quibus necefsitas cogit difcedere a fym
metria ne impediatur ufus. Nõ minus fiqua exiguitas copiarum

ideſt marmoris materiæ reliquaꝛ́ꝗ rerũ que parant́ in opere defu
erint paulũ demere aut adiicere dũ id ne nimiũ improbe fiat. Sed
cũ ſenſu nõ erit alienũ. Hoc autẽ erit ſi architectus erit uſu peritus
preterea ingenio mobili ſolertiaꝗ nõ fuerit uiduatus. Ipſe autem
ſcœne habent rõneſ explicatas ita uti medie ualue ornatus habeãt
aulæ regiæ dextera ac ſiniſtra hoſpitalia. Secũdum autẽ ſpatia ad
ornatus cõparata:que loca græci periactuſ dicũt ab eo ꝗ machine
ſunt in hiſs locis uarſatiles trigonos habentes in ſingula tres ſpẽs
ornationis, ꝗ cũ aut fabulaꝛ mutationes ſunt future ſeu deorum
aduentus cũ tonitribus repentinis uerſent́ mutentꝗ ſpetiẽ orna
tionis in frontes. Secũdum ea loca uerſuræ ſunt procurrētes ꝗ aſſi
ciũt una a foro altera a peregre aditus in ſcœna.

     De Tribus Scœnaꝛ Generibus.

    Enera autem ſunt ſcœnaꝛ tria unũ quod diciſ́ tragicum
g   Alterũ comicũ·Tertiũ ſatyricũ. Hoꝛ autem ornatus in
ter ſe diſſimiles ſũt, diſpariꝗ rõne, ꝗ tragicæ deformant́
colũnis & faſtigiis ſignis reliquiſꝗ regalibuſ rebus. Comicæ autẽ
ædiſiti oꝛ priuatoꝛ & menianoꝛ habent ſpetiẽ ꝓfectuſꝗ feneſtris
diſpoſitos imitatiõe cõium ædiſitioꝛ rõnibus. Satiricæ uero ornã
tur arbobus ſpelũcis mõtibus reliquiſꝗ agreſtibus rebus in tope
odi ſpẽm deformati. In grecoꝛ theatris nõ omnia iiſdem rõnibus
ſunt facienda. ꝗ primũ in ima circinatione ut iɴ latino trigonoꝛ
ꝗtuor in eo quadratoꝛ triũ anguli circinationis lineã tangunt &
cuius quadrati latus eſt ꝓximũ ſcœne ꝓhendit curuaturam præ
circinatiõis ea regione deſignat́ finitio ꝓſcenii & ab ea regione ad
extremã circinatione curuature paralellos linea deſignat́:i ꝗ tõſti
tuit frons ſcœne:per centrũꝗ orcheſtre ꝓſcenii regiõe paralellos li
nea deſcribit́:& ꝗ ſecat circinatiões:lineas dextra ac ſiniſtra. In cor
nibus hemicli centra deſignant́:& circinõ collocato ī dexrra ab in
teruallo ſiniſtro circumagat́ circinatio ad ꝓſcœnii dextrã parté.
ita tribus centris hac deſcriptione ampliorẽ habét. item centro col
locato iɴ ſiniſtro cornu ab interuallo dextro circumagit́ ad ꝓſcœ
nii dextram partem:orcheſtram græci & ſcœnã receſſiorẽ minoreꝗ
latitudine pulpitũ quod longion appellant:ideo ꝗ eos tragici &

comici actores in ſcœna peragũt.Reliqui aũt artifices ſuas per or
cheſtrā preſtant actiones.itaq ex eo ſcoenici & himelici græce ſepa
ratim nominant.Eius loci altitudo nõ minus debet eſſe pedũ.x.
non plus.xii.Gradationes ſcalaꝛ inter cuneos & ſedes cõtra q̃dra
toꝛ angulos dirigant ad primā præcinctionem a precinctiõe iter
eas item medie dirigātur & ad ſũmam quotiés præcingunt altero
tāto ſemper amplificant.Cum hec omnia ſũma cura ſolertiaq ex
plicata ſint.Tunc etiā diligĕtiuſ eſt aĩaduertendum.uti electus lo
cus in quo leniter applicet ſe uox. Neq repulſa reſiliens incertas
auribus referat ſingnificationes. Sunt enim nõnulli loci naturali
ter impedientes uocis motus:uti diſſonātes qui græce dicunt cati
contes. Circumſonātes qui apud eos nominātur periecontes:item
reſonātes qui dicunt anticontes.Cõſonāteſꝗ quos appellant ſine
contes. Diſſonātes ſunt in quibus uox prima cũ eſt elata in laτitu
diné offenſa ſuperioribus ſolidis corporibus repulſaꝗ ræſiliés in
unũ opprimit inſequĕtis uocis elatiõe. Circumſonātes autem in
quibus circũuagādo coacta exoluens in medio ſine extremis caſi
bus ſonans ibi extinguit incerta uerborũ ſignificatiõe.Reſonātes
uero in quibus cum inſolido tactu percuſſa reſiliant imagines ex
primédo nouiſſimos caſus duplices faciunt auditu.item conſonā
tes ſunt in quibus ab imis auxiliata cum incremĕto ſcandens egre
dit ad aures diſerta uerboꝛ claritate: ita ſĩ in locoꝛ electiõe fuerit
diligens aĩaduerſio:emĕdatus erit prudentia ad utilitaτé in theaτis
uocis effectus. Formaꝛ aũt deſcriptiões inter ſe diſcriminibus his
erunt notatæ:ita quæ exq̃dratis deſignant grecoꝛ habeāt uſus:la
tine raris lateribus trigonoꝛ:ita his ſcriptionibus q̃ uoluerit uti;
emendatas efficiet theatrorum perfectiones.

De porticibus poſt ſcœnam
P
Oſt ſcœnā porticus ſunt cõſtituĕde: uti cũ hymbres repĕ
tini ludos interpellauerint:habeat populus quo ſe recipi
at ex theatro choragiaꝗ laxamentũ habeat ad cõparandũ
uti ſunt porticus pompeianæ. Itemꝗ athenis porticus heumenici
patriſꝗ Liberi phanũ:exeuntibus e theatro ſiniſtra parte odeũ q̃d

Themiftocles columnis lapideis difpofitis nauiũ malis & antẽnis
& fpoliis perficis pertexit:idem aũt incefum mitridatico bello rex
Ariobarzanes reftituit:Smyrnæ Syratoiceũ trallibus porticus ex
utraᵍ parte:ut fcœne fupra ftadiũ:ceterifᵍ ciuitatibus ᵍ diligẽtio
res habuerũt architectos:circa theatra funt porticus & ambulatio
nes:que uidenᵗ ita oportere collocari uti duplices fint:habeantᵍ
exteriores colũnas doricas cũ epiftiliis & ornamẽtis ex rõnemodũ
lationis perfectas.Latitudines aũt eaᵇ ita oportere fieri uidenᵗ uti
quantæ altitudine colũne fuerint exteriores tantam latitudinẽ ha
beant ab inferiore parte columnaᵇ extremaᵇ ad medias:& a medi
anis ad parietes qui circumcludunt porticus ambulatiões. Media
næ autem columne quita parte altiores fint ᵍ exteriores:fed aut io
nico aut corinthio genere deformenᵗ.Colũnaᵇ autem proportio
nes & fymmetrie non erunt iifdem ratiõibus quibus in ædibus fa
cris fcripfi.aliã enim in deorum templis debent habere grauitatẽ:
aliam in porticibus & ceteris operibuſ fubtilitatẽ:Itaᵍ fi dorici ge
neris erunt columnæ.dimetiantur eaᵇ altitudines cum capitulis ĩ
partes.xv.& ex eis partibus una conftituaᵗ & fiat modulus ad cu
ius moduli rõnem omnis operis erit explicatio:& ĩ primo colum
ne craffitudo fiat duoᵇ moduloᵇ:inte columniũ quinᵍ & modu
li dimidia parte:altitudo colũne preter capitulum.xiiii.moduloᵇ
capituli altitudo moduli unius:latitudo modulorum duorum &
moduli fextæ partis:cæteri operis modulationes uti in ædibus fa
cris in libro quarto fcriptũ eft ita perficiãtur.Sin autem ionicæ co
lumnæ fient fcapus præter fpiram & capitulum ĩ octo partes & di
midiã partẽ diuidatur & ex his craffitudini columne detur cũ plin
tho dimidia craffitudine cõftituaᵗ.Capituli ratio fiat uti in.iii.li
bro eft demonftratum:Si corinthia erit:fcapuſ & fpira uti in ioni
ca:Capitulum autem quemadmodum in quarto libro eft fcriptũ
ita habeant ratiõem. Stilobatifᵍ adiectio quæ fit per fcabellos in
partes ex defcriptione quæ eft defcripta fupra in libro.iii.fumatuᵗ
Epiftilia coronæ cæteraᵍ omnia ad columnarum rationem ex fcri
ptiſ uoluminũ fuperioᵇ explicentur:media uero fpatia quæerunt
fub diuo inter porticus adornanda:uiribus uidentur:ᵍ hypætræ

ambulationes hñt magnã salubritatē & primum oculo℞: ꝙ ex ui
ribus subtilis & extenuatus aer ꝓpter motiõnē corporis influens
perliniat spēm: & ita auferens ex oculis humorē crassū aciem tenuē
& acutam spēm reliñquit. Preterea cum corpus motiõnibus in am
bulatiõne calescit humores ex membris aer exugēdo imminuit ple
nitatēs extenuatꝗ dissipando ꝙ plus inest q̄ corpus pot sustinere.
hoc aūt ita esse ex eo licet aiaduertere ꝙ sub tectis cum sint aqua℞
fontes aut etiam sub terra palustris abundantia: ex his nullus sur
git humor nebulosus: sed in apertis hipetrisꝗ locis cum sol oriens
uapore tangat mundū ex humidis & abundantius excitat humo
& cõglobatos in altitudinē tollit. Ergo si ita uidet uti in hipetris
locis ab aere humõres ex corporibus exugant molestiores quéad
modū ex terra per nebulas uident: non puto dubiū esse quin am
plissimas & ornatissimas sub diuo hipetrisꝗ collocari oporteat in
ciuitatibus ambulatiões. He aūt uti sint semp sicce & nõ lutose sic
est faciendū: fodiant & exinaniant q̄ altissime: dextra ac sinistra
structiles cloace fiant. Inꝗ ea℞ parietibus q ad ambulationē spect
auerint tubuli inftruant inclinati fastigio in cloacis: his perfectis
cõmpleantur ea loca carbonibus: deinde insuper sabulone: hæ am
bulatiõnes sternant & exequentur: ita ꝓpter carbonū naturalem
raritatē & tubulõrū in cloacas instructionem excipient aquarum
abundantie: & ita sicce & sine humore perfecte fuerint ambulatio/
nes. Preterea i his operibus thesauri sunt ciuitatibus in necessariis
rebus a maioribus cõstituti. In conclusiõibus eni reliqui oēs sunt
faciliores apparatos q̄ ligno℞. Sal eni facile ante importat: frumē
ta publice priuatimꝗ expeditius congerunt: si desit oleribus: car
ne seu leguminibus defendat. Aquæ fossuris puteorū: & de cœlo
repetinis tempestatibus ex tegulis excipiunt. De lignatione q̄ ma
ximè necessaria est ad cibum excoquédū difficilis & molesta est ap
paratio ꝙ & tarde cõportat: & plus consumit in eiusmodi tempo
ribus. tunc he ambulationes aperiunt & mensure tributim singu
lis capitibus designantur: ita duas res egregias hipetre ambulatio
nēs præstant. Vhãm in pace salubritatis: Alteram in bello salutis
Ergõ his rationibus ambulationū explicationes non solum post

ſcœnam theatri ſed etiā oīum deoꝝ templis effecte magnaſ ciuitati
bus præſtare poterūt utilitates. qm̄ het nobis ſatis uidenꞇ eſſe ex
poſita nunc inſequentur balneaꝛ diſpoſitionū demonſtrationes.

De balneaꝛ diſpoſitionibus & partibus.

p Rimū eligendus locus eſt q̃ calidiſſimus id eſt auerſus a
ſeptemtrione & aquilone:ipſa aūr caldaria tepidariaꝗ lu
men habeāt ab occidēte hyberno. Sin aūt natura loci im
pedierit:utiꝗ a meridie:ꝗ maxime tēpus lauandi a meridiano ad
ueſperum eſt cōſtituū.Et item eſt aīaduertendū uti caldaria mulie
bria uiriliaꝗ coniuncta:& in iiſdem regionibus ſint collocata.Sic
enī efficieꞇ ut in uaſariis & hypocauſtis cōis ſit uſus eoꝛ utriſꝗ.
Aena ſupra hypocauſtū tria ſunt cōponēda:unū caldariū:alteꝛ te
pidariū:tertiū frigidarium:& ita collocāda:uti ex tepidario in cal
dariū quantū aque calide exierit influat de frigidario in tepidariū
ad eundē modum teſtudines aquæ alutoꝛ ex cōi hipocauſi calefa
cienꞇ.Suſpenſure caldarioꝛ ita ſunt faciende ut primū ſeſquidali
bus tegulis ſolum ſternaꞇ inclinatū ad hypocauſtū uti pila cuns
mittaꞇ non poſſit intro reſiſtete:ſed rurius redeat ad p̃furnium:ip
ſa per ſe ita flāma facilius peꝛuagabitur ſub ſuſpenſione.Supraꝗ
laterculis beſſalibus pilæ ſtruanꞇ.ita diſpoſite uti bipedales tegu
le poſſint ſupra eſſe collocate: altitudinē aūt pilæ habeant pedum
duoꝛ.heꝗ ſtruanꞇ argilla cum capillo ſubacta:ſupraꝗ collocenꞇ
tegule bipedales q̃ ſuſtineant pauimentū. Concameratióes uero ſi
ex ſtructura facte fuerint:erunt utiliores.Sin aūt contignatióes fu
erint figulinum opus ſubiiciatur:ſed hoc ita erit faciundū tegule
le ferreæ aut arcus fiant: hæꝗ uncinis ferreis ad cōtignationem ſu
ſpendātur q̃ creberrimis:hæꝗ tegule ſiue arcus ita diſponanꞇ: ut
tegule ſine marginibus ſedere in duabuſ inuehiꝗ poſſint:& ita to
te concamerationes in ferro nitentes ſint perfecte:earumꝗ camera
rum ſuperiora coagmenta ex argilla cum capillo ſubacta linian
tur. Intereor autem pars que ad pauimétum ſpectat teſta cum cal
ce trulliſſetur.Deinde opere albario ſiue tectorio poliatur.Neꝗ ca
meræ in caldariis ſi duplices factæ fuerint meliorē habebūt uſum.
Nó enim uapore humor corrumpere poterit materiem cōtignatio

nis:sed inter duas cameras uagabitur. Magnitudines aūt balnearū uidenť fieri pro copia hoim:sint ita cōposite:quanta lōgitudo fu erit tertia dempta'latitudo sit preter scholā labri & aluei. labrū uti q̃ sub lumine faciēdum uideť:ne stantes circū suis umbris obscu rent luce. Scolas aūt laborū ita fieri oportet spatiosas ut cū priores occupauerīt loca: circūspectantes reliqui recte stare possint. Aluei autē latitudo inter parietem & pluteū ne minus sit pedes senos. ut gradus inferior inde auferat & puluinus duos pedes. Laconicum sudatiōesq̃ sunt cōiungende tepidario. hæcq̃ q̃ late fuerint tantā al titudinē habeāt ad unā curuaturam hemisperii. mediūq̃ lumen in hemisperio relinquať:Ex eoq̃ clypeū æneū catenis pendeant:p cu ius reductióes:& dimissiones perficieť sudatiōis tpatura:ipsumq̃ ad circinum fieri oportere uideť:ut equaliter a medio flāme uapo risq̃ uis per curuature rotundationes peruagetur.

De palestrarum ædificatione & sixtis.

Vnc mihi uideť tametsi nō sint italicæ cōsuetudines: pa
lestrarū ædificatiōes tradeť explicate & quēadmodū apud
græcos constituanť monstrare. Cōstituanť aūt in tribus porticibus exædre spatiose hūtes sedes ī quibus philosophi rheto resq̃ ac reliqui qui studiis delecteť sedentes disputare possint. In palestris peristilia quadrata siue oblonga ita sunt faciēda uti duo rum stadiorū habeant ambulatiōis circuitionem:qd græci uocant diaulā ex quibus tres porticus simplices disponanť:quartaq̃ que ad meridianas regiones est cōuersa duplex:uti cum tē̃pestates uen tose sint non possit aspergo in interiorē parte peruenire. In duplici aūt porticu collocenť hæc membra ephœbeum in medio. hoc aūt en exedra amplissima cum sedibus tertia lōgior sit q̃ lata. sub dex tro coriceum. Deinde pxie cōnisterium a cōnisterio inuersura por ticus frigida lauatio quā græci litron uocitant:ad sinistram ephœ bei cleothesium:proxime autem cleothesium frigidarium:ab eoq̃ iter in propigneum inuersura porticus: proxima autem introrsus e regione frigidarii collocetur cōcamerata sudatio longitudine dus plex quam latitudine: habeat in uersuris ex una parte laconi cum ad eundē modum uti supra scriptum est compositum ex aduerso

laconici caldā lauatione. In palestra periſtilia quéadmodum ſupra
ſcriptū eſt ita debent eſſe perfecte diſtributa. extra autē diſponant
porticus tres. Vna ex periſtilio exeuntibus: Due dextra ac ſiniſtra
ſtadiate. ex quibus una que ſpectauerit ad ſeptemtrionē perficiat
duplex ampliſſima latitudinē. altera ſimplex ita facta uti in parti
bus quæ fuerint circa parietes & q̃ erunt ad colūnas margines ha
beant uti ſemitas nō minus pedum denū: mediumq̃ excauatū uti
gradus ſint in deſceſu marginibus ſeſquipedē ad planitiem: q̃ pla
nities ſit nō minus pedes. xii. ita qui ueſtiti ambulauerint circum
in marginibus non impedient a cunctis ſe exercentibus. hec antē
porticuſ xiſtos apud græcos uocitatur: q̃ athlete per hyberna tem
pora in tectis ſtadiis exercent : Faciūda autem xiſta ſic uident : ut
ſint inter duas porticus ſilue aut platanona: & in his perficiantur
interarbores ambulatióes: ibiq̃ ex opere ſignino ſtationes. Proxīe
aūt xiſtum & duplicē porticū deſignent. Hipetre ambulatióes q̃s
græci peradromidas noſtri xiſta appellāt. in quas per hiemē ex xī
ſto ſereno cœlo athletæ prodeūtes exercent. Poſt xiſtū aūt ſtadiū
ita figuratū ut poſſint hominū copie cū laxamento athletas certan
tes ſpectare q̃ in mœnibus neceſſaria uidebantur eſſe ut apte diſpo
nantur perſcripſi.

De portubus & ſtructuris in aqua faciēdis.

E oportunitate aūt portuū nō eſt pretermittendū : ſed nō
quibus rōnibus tueant naues ĩ his ab tempeſtatibus ex
plicandū: Hi aūt naturaliter ſi ſint bene poſiti habeantq̃
acroteria ſiue promótoria pcurrētia: ex quibus introrſus curuatu
re ſiue uerſure ex loci natura fuerint conformate maximas utilita
tes uidentur habere. Circum enim porticus ſiue naualia ſunt facie
da ſiue ex porticibus aditus emporia turreſq̃ ex utraq̃ parte collo
cande. ex quibus catenæ traduci per machinas poſſint: Sin autem
nō naturaliter locum neq̃ idoneum ad tuendas ab tempeſtatibus
naues habuerimus ita uidetur eſſe faciēdum: uti ſi nullum flumē
in his locis impedierit. Sed erit ex una parte ſtatio: tunc ex altera
parte ſtructuris ſiue aggeribus expediantur progreſſus: & ita con
firmande portuum concluſiones: He aūt ſtructure q̃ in aqua ſunt

future uident̄ fic effe faciendæ uti portet̄ puluis a regióibus quæ
funt a cumis cótinuate ad promontoriú mineruæ:hifcǧ mifceant̄
uti in mortario duo ad unum refpondeāt.Deinde tunc in eo loco
q̄ definitus erit arcæ ftipitibus robuftis & catenis inclufe in aquā
demittendæ:deftinādecǧ firmiter. Deinde interea ex tranftilis infe
rior pars fub aqua exequanda & purgāda & cemētif ex mortario
materia mixta quēadmodū fupra fcriptū eſt ibi cógerendo:deinde
cópleatur ftructuræ fpatiū quod fūerit inter arcas.hoc autē minus
naturale hñt ea loca que fupra fcripta fūt. Sin aūt ꝓpter fluctus &
impetus aperti pelagi deftinatas arcas nó potuerūt continere:tunc
ab ipfa terra fine crepidine puluinus q̄ firmiffime ftruat̄.ifcǧ pul/
uinus exequata ftruat̄ planitie minus q̄ dimidie partis. Reliquū
qd eſt ꝓxime litus proclinatū latus habeat deinde ad ipfam aquā
& latera puluino circiter fefǧpedales margines ftruant̄ æquilibres
ex planitie que fupra fcripta eſt.tunc proclinatio ea impleat̄ hare
na:& exequet̄ cū margine & planitie puluini.Deinde infuper eam
exequatióe pila q̄ magna cóftituta fuerit ibi ftruat̄:eacǧ cū erit ex
tructa relinquat̄ ne minus duos menfes ut ficcefcat. Tunc aūt fuc
cidat̄ margo q̄ fuftinet harenā:ita harena fluctibus fubruta effici
et in mare pile precipitatióe:hac róne quotienfcuncǧ opus fuerit
in aquā poteritieffe progreffus.lo quibus aūt locis puluis non na
fcitur his rónibus erit faciendū:uti arcæ duplices relatis tabulis &
catenis colligate in eó loco qui finitus erit conftituant̄:& inter de
ftinas creta meróibus ex ulua paluftri factis calcetur:cū ita bñ cal
catum & q̄ denfiffime fuerit:tunc cocleis rotis timpanis collocatis
locus qui in ea feptione finitus erit exinaniatur ficceturcǧ & ibi in
ter feptiones fundamenta fodiantur:fi terrena erunt ufcǧ ad folidū
craffiora q̄ murus qui fupra futurus erit:exinaniatur ficceturcǧ &
ftructura ex cementis:calce:& harena cópleatur.Sin aūt mollis lo
cus erit palis uftulatis alneis aut oleaginis cófigat̄ & carbonibus
cópleatur quēadmodū in theatrotū & muri fundationibus eſt fcri
ptum:Deinde tunc quadrato faxo murus ducatur iuncturis q̄ ló
giffimis uti maxime medii lapides coagmentis contineantur. Tūc
qui locus erit inter murum ruderatióe fine ftructura cópleatur:ita.

erit uti poſſit turris inſuper ædificari: His perfectis Naualiorũ ea
erit ratio:ut conſtituant ſpectantia maxime ad ſeptétrioné. Nam
meridianæ regiones ‚ppter æſtus cariem:tineã:teredines:reliquaꝗ
beſtiaꝶ nocentium genera procreant:alendoꝗ conſeruãt.Eaꝗ ædi
ficia minime ſunt materianda propter incendia. Dĕ magnitudini
bus autem finitio nulla debet eſſe ſed faciunda ad maximũ nauiũ
modum:uti & ſi maiores naues ſubductæ fuerint habeant cũ laxa
mento ibi collocatióem:ꝗ neceſſaria ad utilitaté ciuitatum & pub
licoꝶ locorum ſuccurrere mihi potuerunt queãdmodum‚conſtitu
antur & perficiantur in hoc uolumine ſcripſi.Priuatorũ anũt ædi
ficioꝶ utilitates & eoꝶ ſymmetrias in ſequéti uolumine rõcinabor

. L . VICTRVVII POLLIONIS LIBER SEXTVS . IN
QVO RATIOCINATVR DE PRIVATORVM
AEDIFICIORVM VTILITATIBVS ET SYMME
TRIIS .

a

Riſtippus philoſophus ſocraticus naufragio cum
eiectus ad Rhodienſium littus aĩaduertiſſe geome
trica ſchemata deſcripta exclamauiſſe ad comites ita
diciſ.bene ſperemus hoium.n.ueſtigia uideo. Sta
timꝗ in oppidũ Rhodum contendit:& recta gym
naſium deuenit.Ibiꝗ de philoſophia diſputãs muneribus eſt do
natus: ut non tantũ ſe ornaret:ſed etiam eis qui una fuerant ueſti
tũ & cetera quæ opus eſſent ad uictũ præſtaret. Cũ aũt eius comi
tes in patriam reuerti uoluiſſent:interrogarentꝗ eũ qd nam uellet
domũ renũctiari. Tunc ita mandauit dicere:eiuſmodi poſſeſſióes
& uiatica liberis oportere parari q̃ etiã e naufragio una poſſét ena
tare:nãꝗ ea uera præſidia ſunt uitæ:qbus neꝗ fortunæ tempeſtas
iniqua neꝗ publicaum rerum mutatio. neꝗ belli uaſtatio poteſt
nocere.non minus etiam ſententiam augendo theophraſtus: Hor
tandodoctɔs potius eſſe q̃ pecuniæ cõſidentes ita ponit.Doctum
ex omnibus ſolum neꝗ in alienis lociſ peregrinum.neꝗ amiſſis fa
miliaribus & neceſſariis inopem amicoꝶ. Sed in omni ciuitate eſſe
ciuem:difficileſꝗ fortunæ ſine timore poſſe deſpicere caſus. At qui

non doctrinaꝝ sed felicitatis ꝑsidiis se putaret esse uallatū:labidis itineribus uadentē nō stabili sed infirma cōflictari uita.Epicurus uero non dissimiliter ait:Pauca sapientibus fortunā tribuere.Que autē maxima & necessaria sunt animi mentisꝗ cogitationibus gu bernari: Hec ita esse plures philosophi dixerūt nō minus poete ꝗ antiꝗs comedias græce scripserunt:& easdem snias uersibus in scœ na pronuntiauerūt.ut Euchrates.Chionides.Aristophanes.maxi me etiā cum his alexis qui athenienses ait ideo oportere laudari:ꝗ omniū grecorum leges cogunt parentes ali a liberis atheniensium non oēs nisi eos qui liberis artibus erudissent.Omnia enī munera fortune cum dant̄ ab ea facillime adimuntur.Discipline uero con iuncte cum animis nullo tempore deficiunt:sed permanent stabili ter ad summū exitum uitæ.itaꝗ ego maximas infinitasꝗ parenti bus habeo atꝗ ago grās:ꝗ atheniensiū legē probātes me arte eru diendū curauerūt & ea ꝗ non potest esse ꝓbata sine litteratura: En ciclioꝗ doctrinaꝝ oīum disciplina.Cū ergo & parentū cura & pre ceptorū doctrinis auctas haberē copias disciplinarum philologis & philotechnis rebus comentarioruꝗ scripturis me delectans:eas possessiones aīo paraui:e quibus hec est fructuū summa: nullam plus habendi necessitatē eamꝗ esse ꝓprietatē diuitiarum maxime nihil desiderare: sed forte nōnulli hec leuia iudicantes putant eos esse tantum sapientes qui pecunia sunt copiosi: itaꝗ pleriꝗ ad id ꝓpositum contendētes audacia adhibita cum diuitiis etiā notitiā sunt cōsecuti.Ego aūt Cæsar non ad pecuniam parandā ex arte de di studium:sed potiuſ tenuitatē cum bona fama:ꝗ abundantiam cum infamia sequendam probaui. ideo notitie parum est assecuta Sed tamē his uoluminibus æditis ut spero posteris etiā ero notuſ Neꝗ est mirandū ꝗ ita pluribuſ sim ignotus:tæteri architecti ro gant & ambiunt ut architectent̄:mihi aūt a ꝑceptoribus est tradi tum rogatum non rogantē oportere suscipere curam ꝗ ingenuus color mouet̄ pudore petendo rem suscipiendā nam bñficiū dantes accipientes ambiuntur.Quid enim putemus suspicari:qui roget̄ de patrimonio sumptus faciendos cōmittet̄ gratie petentis:nisi pe de compendiiꝗ eius causa iudicet faciendum.itaꝗ maiores primū

a genere pbatis opa tradebāt architectis: deinde q̄rebāt si honeste
essent educati ingenuo pudori nō audaciæ pteruitatis cōmittēdū
iudicantes.ipsi autem artifices nō erudiebant nisi suos liberos aut
cognatos:& eos uiros bonos instituebāt:quibus tantarum rerum
sidei pecuniæ sine dubitatione permitterent ̇ Cum aūt aiaduerto
ab indoctis & imperitis tantæ disciplie magnitudinē iactari: & ab
his qui non modo architecture sed oīno ne fabrice quidē notitiam
habent non possum nō laudare patressamilias eos qui litteraturæ
sidutia confirmati per se ædificamtes ita iudicant si imperitis sit cō
mittēdū :ipsos potius digniores esse ad suam uoluntatē q̄ ad alie
nam pecunie consumere summā.itaq̄ nemo artem ullam aliam co
natur domi facere uti sutrinam:uel fullonicam :aut ex cæteris que
sunt faciliores:nisi architecturaꝝ. ideo q̄ qui profitent̄ nō arte ue
ra sed salso nominant̄ architecti.Quas ob res corpus architecture
rōnesq̄ eius putaui diligentissime cōscribendas opinās id munus
oībūs gentibus non ingratum futurum. igitur cum in quinto de
oportunitate cōmuniū operum derscripsi:in hoc uolumine priua
torum ædificioꝝ rōtinātes & cōmensus.symmetriarum explicabo
 De natura regionum cœli ad quas ædificia
  disponēda:& quid hæ in hoībus efficiant.
 Ec autē ita erunt recte dispolita:si primo aiaduersum fue
h rit q̄bus regiōibus: aut q̄bus inclinationibus mundi cō
 stituant̄ nanq̄ aliter ægypto hispania:nō eodē modo pō
to dissimiliter Rome:item cæteris terraꝝ & regi onū pprietatibus
oportere uident̄ cōstitui genera ædificioꝝ:q̄ alia parte solis cursu
premitur terra.alia longe ab eo distat. alia per medium temperat̄ :
igitur uti constitutio mundi ad terræ spatiū inclinatione signiseri
circuli & solis cursu disparibus qualitatibus naturaliter est collo
cata:& ad eundē modū & ad regionum:rōnes cœliq̄ uarietates ui
dent̄ ædificiorū debere dirigi collocationes: sub septemtrione ædi
ficia testudinata & maxime cōclusa & non patentia:sed cōuersa ad
calidas partes oportere fieri uidētur:cōtra aūt sub impetu solis me
ridianis regionibus q̄ premunt̄ a calore patentiora conuersaq̄ ad
septemtrionem & aquilonē sunt faciunda.ita q̄ ultro natura ledit

:regiōibus ad eundē modū tempari queadmodū coelū est ad iclina
itōes mūdi collocatū. Hec aūt ex natura reꝝ sunt aiaduertēda.& cō
:sideranda atꝗ etiam ex membris corporibusꝗ gētium obseruāda
mamꝗ sol quibus locis mediocriter profundit calores in his conser
·uat corpora tempata. Queꝗ ꝓxime currendo deflagrat eripit exu
rendo temperaturam humoris. Contra uero refrigeratis regiōibus
ꝗ absunt a meridie longe nō exhaurīt a caloribus humor: sed ex
coelo roscidus aer in corpora fundens humorē efficit ampliores cor
poraturas uocisꝗ sonitus grauiores. ex eo quoꝗ sub septētriōibus
nutriunt gentes imanibus corporibus candidis coloribus directo
capillo.& rufo: oculis cesiis: sanguine multo ab humoris plenitate
:coeliꝗ refrigerationibus sunt conformati: Qui autē sunt ꝓximi ad
:axem meridianū subiecti solis cursui breuioribus corporibus: co
:lore fusco: crispo capillo: oculis nigris: cruribus ualidis: sanguine
exiguo solis impetu perficiunt: itaꝗ & propter sanguinis exigui
tem timidiores sunt ferro resistere: sed ardores & febres sustinent si
ne timor ꝗ nutrita sunt eoꝝ membra cum feruore. itaꝗ corpora ꝗ
nascūtur sub septētriōe a febri sunt timidiora & imbecilla. Sangui
nis aūt abundantia ferro resistunt sine timore. Non minus sonus
uocis in generibus gentiū dispares & uarias habet ꝗlitates ideo ꝗ
terminatio oriētis & occidētis circa terrae librationem: qua diuidi
tur pars superior & inferior mundi: uidet habere libratā naturali
modo circuitionem: quam etiā mathematici orizonta dicunt. igit
cum id habemus centꝝ aūs sustinentes a labro qd est in regione se
ptentrionali linea traiecta ad id quod est supra meridianū axem:
ab eoꝗ alterā obliquam in altitudinem ad summū cardinem qui
est post stellas septentrionū sine dubitatione aiaduertimus ex eo
esse schema trigonii mundi uti organi: quam sambucen græci di
cunt. Itaꝗ quod est spatium ꝓximū imo cardini ab axis linea in
meridianis finibus sub eo loco que sunt nationes propter breuita
tem altitudinis ad mūdum sonitum uocis faciunt tenuem & acu
tissimū: uti in organo chorda: quæ est proxima angulo. Secūdū
eam artem reliꝗ ad mediam grām remissioribus efficiunt in natio
nibus sonoꝝ cantiones. item a medio in ordinem crescendo ad ex

tremos septentriones sub altitudine cœli nationū spiritūs sonitū
grauiori a natura rerum exprimitur.ita uidetur mundi cōceptiō
tota propter inclinationē cōsonantissime per solis temperaturā ad
harmoniam esse composita.Igitur que natióes sunt inter axis me
ridiani cardinem ad septentrionalis media posite uti in diagrāma
te musico medianæ uócis habeat sonitum in sermone: queq̃ pro
gredientes ad septentrionē sunt nationes q̃ altiores habent distā
tias ad mundum spūs uocis habentes humore repulsos ad hypa
tos & proslambanomenos a natura rerū sonitu grauiore cogunt
uti eadem ratione medium progrediētibus ad meridiem gētes pa
ranetaꝗ:quæ acutissimam sonitus uocis perficiunt tenuitate.hóc
autē uerum esse ex humidis nature locis grauiora fieri:& ex ferui
dis acutiora licet experiendo aīaduertet.Calices duo in una forna
ce æque cocti:æ quoꝗ pondet ad crepitūꝗ uno sonitu sumantur
ex his unus in aquā dimittat̃:postea ex aqua eximat̃:tunc utri
q̃ tangantur.Cum enim ita factum fuerit:largiter inter eos soni
tus discrepabit:æquoꝗ pondere non poterunt esse.ita & corpora
hominū uno genere figurationis & una mundi cōiunctione con
cepta:alia propter regionis ardorem acutum spiritum aeris expri
munt tactu.alia ꝓpter humoris abūdantiā grauissimas effundūt
sonoꝗ q̃litates.Item ꝓpter tenuitatē cœli meridiane nationes ex a
cuto feruore mente expeditius celeriusꝗ mouent̃ ad consilioꝗ co
gitatióes.Septentriōales aūt gentes infuse crassitudine cœli ꝓpter
obstantiā aeris humore refrigerate stupentes hūt mentes.Hoc aūt
ita esse a serpentibus licet aspicere q̃ per calorē cū exhaustā hūt hu
moris refrigerationē tūc acerrime mouent̃:per brumalia aūt & hy
berna tpa mutatiōe cœli refrigerate:imote sunt stupore. ita nó est
mirandū si acutiores efficit calidus aer hoium mentes refrigeratus
aūt cōtra tardiotes.Cū sint aūt meridianæ natióes animis acutissi
mis infinitaꝗ solertia consilioꝗ simul ad fortitudinē ingrediunt̃
ibi succūbunt q̃ hūt exustas a sole aīoꝗ v̇tutes. Qui uero refrige
ratis nascunt̃ regionibus ad aīoꝗ uehementiā paratiores sunt ma
gnis uirtutibus. Suntꝗ sine timót̃:sed tarditate animi sine cōside
rantia irruentes sine solertia suis cōsiliis refragant̃.Cū ergo hæc a

natura rep ita sint in mūdo collocata: ut oēs nationes imoderatis mistiōibus disparatæ:inter spatiū totius orbis terrarum regioniscȝ medio mūdi.P.R.possidet fines. Nanȝ tēperatissime ad utramȝ parte & corporȝ membris aiorumȝ uigoribus pro fortitudine sūc in italia gētes.Quēadmodū.n.iouis stella īter martis seruētissimā & saturni frigidissimā media currēs tempac.Eadē rōne Italia inter septētrionalē meridianāȝ ab utraȝ parte mixtiōibus tempatas & inuictas habet laudes.Itacȝ cōsiliis refringit barbarorȝ uirtutes forti manu:cōsiliis meridianorȝ cogitatiōes.Ita diuina mens ciuitatē Ro.Po.egregiam tēperatāȝ regiōe collocauit: uti orbis terrarȝ im perio potiret.qd si ita est uti dissimiles regiōes ab inclinatiōibus cœli uariis generibus sint compate:& etiā natur̄ gentiū disparibus ais & corporū figuris q̄litatibusȝ nascerent.Nō dubitemus ædificiorū quoȝ rōnes ad nationū gentiūȝ ꝓprietates apte distribuer̄ cū habeamus ab ipsa rerȝ natura solertē & expeditā monstrationē Quoad potui sūma rōne ꝓprietates locorȝ a natura rerȝ dispositas aiaduerter̄ exposui:& quēadmodū ad solis cursum & inclinatiōes cœli oporteat ad gētium figuras cōstituere ædificiorum qualitates dixi.Itaȝ nunc singulorȝ generum in ædificiis cōmensus symmetriarum:& uniuersos & separatos breuiter explicabo.

De ædificiorȝ prinatorȝ proportionibus & mensuris.

Vlla architecto cura maior esse debet:nisi uti ꝓportionibus rate partis habeant ædificia rōnum exactiōes. Cū ergo cōstituta symmetriarȝ ratio fuerit & cōmensus rōcina tionibus explicati.Tunc etiā acuminis est ꝓpriū prouider̄ ad na turā loci aut usum aut spēm:adiectiōibus tempaturas efficere: cū de symmetria sit detractū aut adiectū:uti id uideatur recte esse for matū:in aspectucȝ nihil desideret:alia eni ad manū spēs esse uide tur:alia in excelso:nō eadem ī cōcluso: dissimilis in aperto:in qui magni iudicii est opa qd tandē faciūdū sit.Nō eni uires uidet̄ hr̄e uisus effectus sed fallit sæpe iudicio ab eo mens. Quēadmodū in scœnis pictis uidēt̄ colūnarȝ piecture:mutulorȝ esphorȝ: signo rum figure ꝓminētes cū sit tabula sine dubio ad regulā plana. Si militer ī nauibus remi cū sunt sub aȝ directi:tn̄ oculis infracti ui

dent:& q̄tenus eo₂ partes tāgūt summā planitié liquorif apparēt
uti funt directi.Cū uero fub aqua funt dimiffi per nature perluci
dam raritaté remittūt enatantes a fuis corpibus fluentes imagines
ad fummā aque planitié.Atq̃ ibi cómote efficere uident infractū
remo₂ oculis afpectū.hoc aūt fiue fimulachro₂ impulfu feu radi
rum ex oculis effufionibus uti phificis placet uidemus utranq̃ ra
tioné ut dicit ita effe uti falfa oculo₂ iudicia habeat afpectus. Cū
ergo q̃ funt uera falfa uideant:& nōnulla aliter q̃ funt oculis pro
bent :nō puto oportere effe dubiū quin ad loco₂ naturas aut ne
ceffitates detractiōes aut adiectiōes fieri debeāt:fed ita ut nihil in
opibus defideret.Hec aūt ingenio₂ acuminibus nō folū doctri
nis efficiunt.Igit ftatuēda eft primū ratio fymmetria₂ e q̃ fumat
fine dubitatiōe cómutatio: Deinde explicet opis fururi & locorū
imū fpatiū lōgitudinis:cuius cū femel conftituta fuerit magnitu
do.fequat eam pportionis ad decoré apparatio :ut non fit cófide
rantibuf afpectus eurythmi dubius.De qua q̃buf rónibus efficia
tur eft mihi pnuntiādū.Primūq̃ de cauis ædium uti fieri debeāt
dicam.   De cauis ædium.

    Aua ædiū quinq̃ generibus funt diftincta:Quo₂ ita fi
c   gure nominant.Tufcanicū.Corinthiū Tetraftilon.Dif
      pluuiatū.Teftudinatū. Tufcanica fūt in quibus trabes
in atrii latitudine traiecte habeāt interpenfiua & collitias ab angu
lis parietū ad angulos tigno₂ intercurrentef.Item afferibuf ftillici
dio₂ in mediū cópluuiū deiectis.In Cōrinthiis hifdé rónibus tra
bes& cópluuia collocant. Sed a parietibus trabes recedētes in cir
cuitioné circa colūnas cóponunt Tetraftilia funt q̃ fubiectis fub
trabibus angularibus colúnis & utilitaté trabibus & firmitatem
pftant:q̃ neq̃ ipe magnū impetū cogunt hre neq̃ ab interpéfiuis
onerant.Difpluuiata aūt funt in quibus deliquie arcā fuftinétes
ftillicidia reiiciūt.hec hybernaculis maxias pftant utilitates :q̃ có
pluuia eo₂ recta nó obftāt luminibus triclinio₂.Sed ea habét in
refectiōibus moleftiā magnā q̃ circa parietes ftillicidia cófluentia
cótinent fiftule q̃ nó celeriter recipiūt ex canalibus aquā defluenté
itaq̃ redundātes reftagnāt & inteftinū & parietes in eis generibus

ædificiox corrupunt. Teſtudinata uero ibi fiunt ubi nõ ſunt im
petus magni.& in cõtignationibus ſupra ſpatioſę reeddunͨ habi
tationes.　　　　　　　De longitudine & latitudine atriorum.

Triox uero lógitudines & latitudines tribus gene ibus
formanͭ: Et primũ genus liſtribuiͭ uti lógitudo cũ in
quincͣ partes diuiſa fuerit tres partes latitudini denͭ. Al
tex cũ i tres tpes diuidanͭ due partes latitudini tribuanͭ. Tertiũ
uti latitudo i q̃drato paribus lateribus deſcribaͭ: Inͬ eo q̃drato
diagonius linea ducaͭ & q̃tũ ſpatiũ habuerit ea linea diagonii tã
ta lógitudo atrio deͭ. Altitudo eorum q̃ta lógitudo fuerit quarta
dempta ſub trabes extollaͭ reliquũ lacunariox ex arcæ ſupra tra
bes ratio habeaͭ. Alis dextra ac ſiniſtra latitudinis cũ ſit. Atrii ló
gitudo ab.xxx.pedibus ad.xl.pedes ex tertia parte eius cõſtituaͭ
ab.xl.ad pedes.l.lógitudo diuidaͭ in partes tres,ex his una pars
alis deͭ. Cũ autē erit longitudo ab.l.pedibus ad.lx. pars quarta
lógitudinis alis diſtribuaͭ.ab.pedibus.lx.ad.lxxx. lógitudo di
uidaͭ i partes q̃tuor & dimidiã.ex his una pars fiat alax latitudo
ab pedibus.lxxx.ad pedes.c.in quincͣ partes diuiſa lógitudo iu
ſtam cõſtituerit latitudinẽ alarũ. Trabes eax liminares ita alte po
nãtur ut altitudies latitudinibus ſint eq̃les. Tabulinũ ſi latitudo
atrii erit pedũ.xx. dẽpta tertia eius ſpatio reliquũ tribuaͭ. Si erit
a pedibus.xxx.ad.xl.ex atrii latitudie tabulino dimidiũ tribuaͭ
Cũ aũt ab.xl.ad.lx latitudo diuidaͭ in partes quincͣ ex his duo
tablino cõſtituanͭ. Nõ eni atria miora a maioribus eaſdẽ pñt hͤe
ſymmetriax rónes. Si.n.maioribus ſymmetriis in minoribus uta
mur : necͣ tabulina necͣ alie utilitatẽ poterũt hͤe. Sin aũt miox i
maioribuſ utemur:uaſta &imania in his ea erũt mẽbra. Itacͣ gene
ratim magnitudinũ rónes exq̃ſitas & utilitati & aſpectui cóſcribẽ
daͭ putaui. Altitudo tabulini ad trabẽ adiecta latitudiniſ octaua
cõſtituaͭ:Lacunaria eius.iii.latitudinis ad altitudinẽ adiecta ex
tollanͭ.Fauces mioribus atriis e tabulini lattiudine dẽpta.iii.ma
ioribus dimidia cõſtituanͭ.Imagines ita alte cum ſuis ornamẽtis
ad latitudinẽ alax ſunt cõſtitute:latitudines eox ad altitudinẽ:ſi
Dorica erunt uti dorica. Si ionica erũt:uti ionica perficianͭ. quẽ

admodū de tiromatis: iñ qbus quarto libro rōces symmetriaɤ: sūt
expositæ. Cōpluuii lumen latū latitudinis atrii ne minus q̃ ta ne
plus tertia parte reliñqtur. lōgitudo uti atrii pro rata pte fiat. Peri
stilia aūt in tɿasuerso tertia parte lōgiora sint q̃ introrsus. Colum
næ tam alte q̃ porticus latæ fuerint. Peristilioɤ: intercolúnia ne mi
nus triū ne plus q̃tuor colúnaɤ: crassitudine inter se distēt Sin aūt
dorico more i peristilio colúne erūt faciende uti in quarto libro de
doricis scripsi: ita moduli sumanɫ: & ad eos modulos Triglipho
rumq̃ rōnes disponanɫ. Tricliniōɤ: quāta latitudo fuerit bis tan
ta lōgitudo fieri debebit. Altitudines oīum cōclauiōɤ. Quæ ob'ó
ga fuerint sic hīe debent rōnem: ut latitudinis & lōgitudinis men
sura componaɫ. & ex ea summa dimidiū sumatur: & q̃tum fuerit
tantū altitudini deɫ. Sin aūt exhedɿæ aut oeci q̃drati fuerit latitu
dinis dimidia addita altitudine seducaɫ. Pinacothecæ uti exhedre
amplis magnitudinibus sunt cōstituende. Oeci coɿinthii tetrastili
q̃ quiq̃ aegyptii uocanɫ latitudines & longitudines uti supɿa tri
cliniōɤ: symmetriæ scriptæ sunt: ita habeāt rōnem: sed ɟ́pter colú
narum interpositiōes. spatiosioref cōstituanɫ. Inter coɿiuthios aūt
& ægyptios hoc erit discrimen. Corinthii simplices habebūt colú
nas: aut in podio positas: aut inimo: supɿaq̃ habeāt epistilia & co
ronas aut ex intestino ope aut albario: Preterea supɿa cɔronas cur
ua lacunaria ad circinū delumbata. In egyptiis aūt supɿa colúnas
epistilia & ab epistiliis ad parietes q̃ sūt circa ipōnēda est cōtigna
tio supɿa coxationē. Pauimēto sub diuo ut sit circuitus: deinde su
pɿa epistiliū ad ɟ́pediculū iferioɤ: colúnaɤ: ipōnēde sunt minores
q̃rta pte colúne: lupɿa eaɤ: epistilia & ornamēta lacunariis ornanɫ
& inter colúnas supiores fenestre collocanɫ. Ita basilicaɤ: ea simili
tudo non corinthiorum tricliniōɤ: uidetur esse.

De oecis.

Iunt aūt etiā nō italice cōsuetudinis oeci quos græci cízi
cenos appellāt hi collocanɫ spectantes ad sepɿētriōnē: &
maxie uiridia ɟ́spiciētes. Valuasq̃ hñt in medio: ipi aūt
sint ita lati & lōgi: uti duo triclinia cū circuitiōibuſ interspectāɿa
possit esse collocata: habeātq̃ dextra ac siniſtra lumía feneſtraɤ: ui

ridia ualuata:uti de tectis per fpatia feneftrap uiridia pfpiciant.
Altitudief eorū dimidia latitudinis addita cõftituunt.in his ædi
ficiorū generibus oēs funt faciende earū fymmetriarū rōnes.q̃ fine
impeditione loci fieri poterūt. Luminacʒ parietū altitudinibus fi
nõ obfcurabuntur: faciliter erunt explicata. Sin autem impedien
tur ab aut aliis neceffitatibus tenent.& ingenio & acumie de fym
metriis detractiones aut adiectiones fiant:uti nõ diffimiles ueris
fymmetriis perfitiantur uenuftates.

Ad q̃s celi regióes quecʒ ædificiorū genera fpectare debeāt.

Vnc explicabimus qbus ꝓprietatibus genera edificiorū
ad ufum & cœli regiones apte debeāt fpectare. Hyberna
triclinia & balneria uti occidentem hybernū fpectét:ideo
cʒ uefpertino lumie opus eft:uti ꝑterea cʒ etiā fol occidés aduerfuf
hñs fplendorē calorē remittés efficit uefpertino tpe regionē tepidi
orem.cubicula & bibliothecæ ad oriétē fpectare debent.ufus eni
matutinū poftulat lumen.item in bibliothecis libri nõ putrefcēt.
Nancʒ q̃cuncʒ ad meridiē & occidentē fpectant a tineis & humoɾe
uiciant:cʒ uenti humidi adueniétes ꝓcreant eas & alūt : infundē
tefcʒ humidos fpūs pallore uolumina corrūpunt. Triclinia uerna
& autūnalia ad oriétem.Cū eni prætēta luminibus aduerfus folis
impetus ꝓgrediés ad occidentē efficit ea tpata ad id tp̃s quo opus
folitū eft uti.æftiua ad feptétrióem:cʒ ea regio nõ ut reliq̃ ꝑ folfti
tium ꝓpter calorē æftuofa:eo cʒ eft auerfa a folis curfu:femp refri
gerata :& falubritatē & uoluptatē in ufu ꝑftat:non minus pinaco
thece:puluinarioɽ textrina.Pictorūcʒ officine uti colores eorū in
ope ꝓpter cõftantiā luminis imutata permaneant q̃litate:cū ad re
gióes cœli ita ea fuerint difpofita.   De priuatorū & cõium ædi

Vnc etiā aiaduertendū eft qbus   (ficiorū ꝓpriis locis.
rōibus priuatis ædificiis ꝓpria loca patribuffa.& quēad
dū cõia cū extraneis ædificari debeāt. Nācʒ ex his q̃ pro
pria funt:i ea nõ eft ptās oĩbus ĩtroeūdi nifi inuitatis : quēadmo
dū funt cubilia.triclinia:balneæ:ceteracʒ q̃ eafdē hñt ufus rōnes.
Cõia aūt funt qbus etiam inuocati fuo iure de populo p̃ñt uenire
id eft ueftibula:Caua ædiū:Periftilia:Quecʒ eundē hɾe p̃ñt ufū.

Igit his qui cõi sunt fortuna non necessaria magnifica uestibula:
nec tabulina:nec atria:cp in aliis officia prestant ambiunda:q ab
aliis ambiunt.Qui aũt fructibus rusticis seruiũt:in eope uestibu
lis Stabula: taberne:in ædibus criptæ:horrea:apothece: cæteracp
q ad fructus seruandos magis q ad elegãtiæ decorẽ pñt esse ita sũt
facienda.Item fœneratoribus & publicanis cõmodiora & spatiosi
ora & ab insidiis.tuta:forensibus aũt & disertis:elegãtiora &.spatí
osiora ad cõuentus excipiũdos.Nobilibus uero q honores magi
stratuscp gerẽdo pstare debẽt officia ciuibus:faciẽda sũt uestibula
regalia alta atria & peristilia amplissima siluæ.ambulatiõescp laxi
ores ad decorẽ maiestatis psecte.Preterea bibliothecas: pinacothe
cas:basilicas uõ dissimili modo q publicope opepe magnificẽtia cõ
paratas:cp in douibus eope sæpius & publica cõsilia:& priuata iu
dicia:arbitriacp cõsitiunt.Ergo si his rõnibus ad singuloru gene
rum psonas uti in primo libro de decore est scriptũ: ita disposita
erũt ædificia: nõ erit qd rephendat. habebũt eni ad oẽs res cõmo
das & emẽdatas explicatiões.Eape aũt repe nõ solũ erũt in urbe ædi
ficiope rõnes:sed etiã ruri præterq cp in urbe atria pxima ianuis so
lẽt esse ruri a pseudourbáis stati pistilia deide tũc atria hñtia circũ
porticus pauimẽta spectãtia ad palestras & ambulatiões. Quoad
potui urbanas rõnes ædificiope sũmatim pscripsi ut pposui. Nũc
rusticape expeditiõnũ:ut sint ad usum cõmode.quibuscp rõnibus
collocare oporteat eas dicam.   De rusticis ædificiis & uillis.

P   Rimũ de salubritate uti in primo uolumie de mœnibus
        collocandis scriptũ est regiones aspiciant : & ita uille col
        locent :magnitudies eape ad modũ agri copiascp fructuũ
comparẽtur. Cortes magnitudinescp earum ad pecoru numerum
atcp quot iuga boum opus fuerit ibi uersari ita finiantur.In corte
culina q calidissimo loco designetur. Coniũcta autem habeat bo
uilia:quorum præsepia ad focum & orientis celi regionem spectẽt
ideocp boues lumen & ignem spectando :horridi non fiunt.Item
agricolæ regionum imperiti non putant oportere aliã regionẽ cœ
li boues spectare:nisi ortum solis.Bouilium autem debent esse la
titudines:nec minores pedum denũ:nec maiores quindenũ. Lõgi

tudo uti singula iugà ne minus occupent pedes septenos. Balnea
ria item cōiuncta sunt culine. ita enī lauationi rusticæ ministratio
non erit lōge. Torcular item proximū sit culine: ita enī ad olearios
fructus cōmoda erit ministratio. habeatq̃ cōiunctã uinariā cellam
habentē ad septentrionē lumina fenestrarꝝ: cū enī alia parte habue
rit qua sol calefacere possit: unū q̃ erit in ea cella cōfusum a calōr
efficiet imbecillū. Olearia aūt ita est collocãda ut habeat a meridie
calidisq̃ regionibus lume. Nō enī oleū dēt cōgelari: sed tpe caloris
extenuari. Magnitudines aūt earꝝ ad fructuū rōnem & numerꝝ do
liorꝝ sunt faciende: q̃ cū sint Cullearia per mediū occupare debent
pedes q̃ternos: ipm aūt torcular si nō cocleis torquet sed uectibus
& prelo premit: ne minus longū pedes. xl. constituat. Ita enī erit
uectiario spatiū expeditū. Latitudo eius ne minus pedū sen_m de
num: nam sic erit ad plenū opus faciētibus libera uersatio & expe
dita Sin aūt duobus prelis loco opus fuerit. q̃tuor &. xx. pedes la
titudini dent. Ouilia & Caprilia ista sunt magna facienda: ut sin
gula pecora areæ non minus pedes q̃ternos & semipedē: ne plus se
nos possint habere. Granaria sublimata ad septētrionē aut aqlonē
spectãtia disponant. ita enī frumēta nō poterūt cito cōcalescet: sed
a flatu refrigerata diu seruant. Nanq̃ cætere regiones procreant cur
culionē & reliq̃s bestiolas q̃ frumētis solēt nocere. Equilibus q̃ ma
xime in uilla loca calidissima fuerint cōstituant: dum ne ad focū
spectent. Cū enī iumēta proxime ignē stabulant horrida fiūt. Item
non sunt inutilia psepia: q̃ collocant extra culinū in aperto cōtra
orientē. Cum enī in hyeme anni sereno cœlo in ea traducunt: ma
tutino boues ad solē pabulū capientes fiunt nitidiores. Horrea fe
nilia farraria. pistrina extra uillã facienda uident. ut ab ignis peri
culo sint uille tutiores. si quid delicatius ī uillis faciēdū fuerit: ex
symmetriis que ī urbanis supra scripta sunt cōstituta ita struant
ut sine impeditiōe rustice utilitatis ædificent: omniaq̃ ædisicia ut
luminosa sint oportet curari: sed que sunt ad uillas faciliora uiden
tur esse: ideo q̃ paries nullius uicini pōt obstare: In urbe autē aut
cōmunium parietū altitudines: aut angustie loci impediendo faci
unt obscuritates: itaq̃ de ea re sic erit expediendū. Ex qua parte lu

men oporteat fumere linea tendac ab altitudine parietis qui uide
tur obſtare ad eum locum: cui oporteat immittere linea tendac &
ſi ab ea linea in altitudinem cum proſpiciac poterit ſpatium puri
cœli amplum uideri:in eo loco lumē erit ſine impeditione:ſin aũt
officient trabes:ſeu limina:aut cõtignationes:de ſuperioribus par
tibus aperiatur:& ita imitatur:& ad ſummã ita eſt gubernandũ:
ut e quibuſcũq̈ partibus cœlum pſpici poterit: per eas feneſtrarũ
loca relinquanc. Sic enim lucida erũt ædificia. Cum aũt in tricli
niis cæteriſq̈ conclauibus maximus eſt uſus luminũ. Tum etiã in
itineribus cliuis ſcaliſq̈:q̈ in hiis ſæpius alii aliis obuiam uenien
tes ferētes ſarcinas ſolēt incurrec. Quoad potui diſtributiões opeꝛ
noſtrorũ:uti ſint ædificationes non obſcure explicui. Nunc &
quéadmodum græcorum conſuetudinibus ædificia diſtribuanc.
uti non ſint ignota ſummatim exponam

  De græcorum ædificiis:eorũq̈ partiũ uſu atq̈ noibus.

     Triis græci quia non utuntur:neq̈ ædificant. Sed ab ia
a   uus introeunribus itinera faciunc latitudinibus nõ ſpa
        tioſis.& ex unã parte equaliá:ex altera oſtrearias cællas.
ſtatimq̈ ianue interiores ſiniunt. hic autem locus inter duas ianu
as græce Tyrorcon appellac. Deinde eſt introitus in periſtilon id
periſtilum in tribus partibus habet pórticus:in parte que ſpectac
ad meridiem duas antas inter ſe ſpatio amplo diſtãtes:in quibus
trabes inuehuntur:& quantũ inter antas diſtant: ex eo tertia dem
pta ſpatium datur introrſus. hic locus apud nõnnullos Proſtas:
apud alios paraſtas nominatur.In his locis introrſus conſtituun
tur oeci magni : in quibus matreſfamilias cũm lanifitiis habent
feſſionem. In proſtadii autem dextra ac ſiniſtra cubicula ſunt col
locata quorum unum Thalamus alterum Amphithalamus dici
tur Circũ aũt in porticibus triclinia quotidiana:cubilia etiã tellæ
familiaricæ cõſtituunt. hec pars ædificii gineconitis appellac. Cõ
iũguntur autem iis domus ampliores habentes latiora periſtilia
in quibus ſunt quatuor pares porticus altitudinis:aut una quæ
ad meridié ſpectac excelſioribus columnis cõſtituit. Id aũt periſti
lũ quod unã altiore habet porticũ Rhodiacum dicic:habet aũtē

hæ domus ueſtibula egregia & ianuas proprias cū dignitate. por
ticuſqȝ periſtilioȝ albariiſqȝ & tectoriis & ex iteſtino opere lacuna
riis ornatas. & in porticibus q̃ ad ſeptemtrionem ſpectāt triclinia
zizicena & pinacothecas ad orientem aūt bibliothecas. exedras od
occidentem: ad meridiē uero ſpectāttis oecos: quadrata hoſtia am
pla magnitudine uti iaciliter in eo tricliniis q̃tuor ſtratis miniſtra
tionum ludorūqȝ operis locus poſſit eſſe ſpatioſus. In his oecis ſi
unt uirilia conuiuia: nõ enim fuerat inſtitutũ matreſſamilias eoꝛ ũ
moribus accumbere: hec autē periſtilia domus antronitides dicun
tur ꝙ in his uiri ſine interpellationibus mulierum uerſant. Præce
rea dextra ac ſiniſtra domunculæ conſtituunt habentes proprias
ianuas: triclinia & cubicula tõmoda uti hoſpites aduenientes non
in periſtilia ſed in ea hoſpitalia recipiant Nam cum fuerint græci
delicatiores & a fortuna opulentiores hoſpitibus adueniētibus in
ſtruebant triclinia & cubicula: cųm penu cellas: primoqȝ die ad ce
nam inuitabāt. Poſtero mittebāt pullos: oua: olera: poma: reliq̃iqȝ
res agreſtis: ideo pictores ea q̃ mittebant hoſpitibus picturis imi
tantur: xenia appellauerunt: Ita patreſſa. in hoſpitio non uideban
tur eſſe peregre habentes ſecretam in hoſpitalibus libertatem. inter
duo aūt periſtilia itinera ſunt q̃ meſaulæ dicunt ꝙ inter duas au
las media ſunt interpoſita noſtri aūt eas andronas appellant. Sed
hoc ualde eſt mirādum: nec enim græce nec latine poteſt id conue
nire. Græci enim andronas appellant oecos ubi cõuiuia uirilia ſo
lent eſſe: ꝙ eo mulieres non accedant. Itcm alie res ſunt ſimiles utī
xyſtos: protirum: thalamones & nõnulla alia hmõi. Xyſtos enim
græca appellatione porticus ampla latitudine: in qua athletæ per
hyberna tēpora exercent Noſtri aūt hypætras ambulatiões xyſta
appellāt quas græci paradromidas dicunt. Item protyra græce di
cuntur q̃ ſunt ante in ianuis ueſtibula. Nos aūt prothyra appella
mus q̃ græce dicũtur diathyra. item ſi qua uirili figura ſigna: mu
tulos aut coronas ſuſtinent: noſtri thelamones appellarunt: cuius
rõnes quid ita aut quare dicant ex hiſtoriis nõ inueniunt: græci
uero eos atlātes uocitāt. Atlas. n. hiſtoria format ſuſtinēs mundũ
ideo ꝙ is primũ curſũ ſolis & lune ſiderūqȝ oīum uerſationũ rões

uigore animi folertiacq curauit hominibus tradedas. Eacq res a pi
ctoribus & ftatuariis deformat pro eo beneficio fuftinens mundu
Filiecq eius atlatides quas nos uergilias greci aut pleiadas noiant
cum fideribus in mundo funt dedicatæ. Nec tamen ego ut mutet
confuetudo noiationu aut fermonis ideo hec ppofui: fed ut ea no
fint ignota philologis exponenda iudicaui. Quibus cofuetudini
bus ædificia italico more & grecoq inftitutis coformant expofui
& de fymmetriis finguloq geneq pportiones perfcripfi. Ergo quo
niam de uenuftate græcoq ante eft cofcriptum. Nunc exponemus
de firmitate: queadmodu ea fine uitiis pmanentia ad uetuftate col
locent.   De firmitate & fundamentis ædificiorum.
          Edificia quæ plano pede inftituunt fi fundameta eoq fa
a   cta fuerint ita ut in prioribus libris de muro & theatris
          nobis eft expofitu ad ueftutate hec erunt fine dubitatioe
firma. Sin aut hypogea cocamerationefcq inftituent fundationes
eoq fieri debet craffi ores q que in fuperioribus edificiis ftructuræ
funt future: eoruq parietes: pilæ: columne ad perpendiculu ad per
pendiculu inferioq medio collocent: uti folido refpodeant. Nam
fi in pandantibus onera fuerint parietum aut columnaru no pote
runt habere perpetua firmitate. Preterea interlimina fecundu pilas
& antas poftes fi fi fupponent erunt non uiciofe: Limina enim &
trabes ftructuris cum fint oneratæ medio fpatio pandates frangut
fublifi ftructuras: Cum aut fubiecti fuerint & fubcuneati poftes
non patiunt infidere trabes: necq eas ledere. item adminiftradum
eft uti leuent onus parietu fornicatioes eaneoq diuifionibus & ad
centrum refpondentes eaq conclufure: Cum enim extra trabes aut
liminu capita arcus cuneis erunt conclufi. Primu no pandabit ma
teries leuata onere: deinde fiquod e uetuftate uiciu cdepit fine mole
tione fulcturaq faciliter mutabit. itemcq que pilatim agunt ædifi
cia & cuneoq diuifionibus coagmentis ad centru refpondentibus
fornices concludutur. extreme pile in his latiores fpatio erunt fact
de. uti uires hæ habetes refiftere poffint: cu cunei ab oneribus pa
rietum preffi per coagmenta ad centrum fe premetes extrudunt in
cumbas. Itaque fingulares pilæ erunt fpatiofis magnitudinibus

continendo cuneos firmitatē operibus preſtabunt. Cum in his re
bus aiaduerſum fuerit:uti ea diligentia in his adhibeat̃.Non mi
nus etiam obſeruandū eſt uti oēs ſtructuræ perpendiculo reſpṍde
ant.neꝗ habeant in ulla parte proclinationes.Maxima aūt eſſe de
bet cura ſubſtructionū:ꝙ in his infinita uicia ſolet facere terræ cṍ
geſtio:ea enim nṍ poteſt eſſe ſemper uno pondere:quo ſolet etiam
per æſtatē:ſed hybernis tēporibus recipiēdo ex hymbribus aquæ
multitudinē creſcens & pondere & amplitudie diſrumpit & extru
dit ſtructuraꝛ ſeptiones.itaꝗ ut huic uicio medeat̃ ſic erit faciun
dum:uti primū pro amplitudine cṍgeſtionis craſſitudo ſtructure
conſtituat̃.Deinde in frontibus Anterides ſuauiſſime ſub una ex
ſtruant̃ hæꝗ inter ſe diſtent tanto ſpatio quanto altitudo ſubſtru
ctionis eſt futura:craſſitudinis eadē qua ſubſtructio.Procurrāt au
tem ab ima per quā craſſitudo cṍſtituta fuerit ſubſtructionis:dein
de contrahant̃ gradatim ita uti ſummā habeāt ꝓminentē quanta
opis eſt craſſitudo.Preterea introrſus contra terrænū cṍiunctæ mu
ro ſerrati ſtruant̃:uti ſinguli dentes ab muro tantū diſtent:quam
ta altitudo futura erit ſubſtructiṍis.Craſſitudinis aūt habeāt den
tium ſtructure uti wuri.item in extremis angulis cū receſſū fuerit
ab interiof angulo ſpatio altitudinis ſubſtructiṍis in utranꝗ par
tem ſignet̃:& ab his ſignis diagoniis ſtructura collocet̃:& ab ea
media altera cṍiuncta cū angulo muri:ita dentes & diagoniæ ſtru
cturæ non patienter tota ui premere muꝛ:ſed diſſipabunt retinen
do impetū congeſtiṍis.Quēadmodū opera ſine uiciis oporteat cṍ
ſtitui.& uti cauet̃ incipientibus expoſui.Nanꝗ de teguliſ & tig
nis aut aſſeribus immutandis non eſt eadē cura:quēadmodum de
his ꝙ ea ꝗuis ſint uicioſa:faciliter mutant̃.itaꝗ nec ſolidi quidem
putāt̃ eſſe.Quibus rṍnibus hec poterūt eſſe firma:& quēadmodū
inſtituantur expoſui. Quibus aūt copiaꝛ generibus oporteat uti
non eſt architecti poteſtas:ideo ꝙ nṍ in oībus locis oīa genera co
piarum naſcunt̃:uti in pximo uolumine eſt expoſitū.Preterea in
dominꝝ eſt poteſtate utrum lateritio an cemētitio:an ſaxo quadra
to uelit ædificare.itaꝗ oīum opeꝛ probationes tripartito cṍſiderā
tur:id eſt fabrili ſubtilitate:magnificētia & diſpoſitiṍe.Cū magni

ficenter opus perfectū aspicitur:ab omni ptāte impensē laudabiť:
cum subtiliter:officinatoris probabiť exactio: cū uero uenustate
proportionibus & symmetriis habuerit auctoritatem: tunc fuerit
gloria architecti:hec aūt constituunť recte:cū & a fabris & ab idī
otis patiať accipere se cósilia. Nanɋ omnis hoies nō solū archite
cti quod est bonum possūt pbare.Sed inter idiotas & eos hoc est
discrimen:ɋ idiota nisi factū uiderit non pōt scire quid sit futuɟ
Architectus simul aīo cōstituerit:anteɋ incœperit:& uenustate &
usu & decoɟ quale sit futurum habet diffinitū:Quas res priuatis
ædificiis utiles pūtaui:& quēadmodū sit faciendū ɋ aptissime po
tui perscripsi.De expplitionibus autem eorum ut sīt elegantes
& sine uitiis ad uetustātem in sequenti uolumine exponam.

.L. VICTRVVII LIBER SEPTIMVS IN QVO AGI
TVR DE EXPOLITIONIBVS AEDIFITIORVM.

Aiores cū sapienter tum etiam utiliter instituerunt
per cōmentariorum relatióes cogitata tradere poste
ris:uti ea nō interirent:sed singulis ætatibus crescē
tia uoluminibus ædita gradatim peruenirent uetu
statibus ad summā doctrinaɟ subtilitatē.Itaɋ non

m

mediocres sed infinite sunt his agendæ gratie ɋ non inuidiose sile
tes pretermiserūt:sed omnium geneɟ sensus cōscriptiōibus memo
riæ tradendos curauerunt. Nanɋ si non ita fecissent:non potuisse
mus scire ɋ res in Troia fuissent geste:nec quid Thales:Democri
tus:Anaxagoras:Xenophanes reliquiɋ physici sensissent de rerū
natura.quasɋ Socrates:Plato Aristoteles.Zenoni.Epicurus:aliiɋ
philosophi agende hoibus uitæ terminationes finiuissent seu Cre
sus Alexander Darius ceteriɋ reges quas res aut quibus rōnibus
gessissent:Fuissent notæ:nisi maiores preceptorū comparatiōibus
oium memoriæ ad posteritatē cōmentariis extulissent.Itaɋ quēad
modū his gře sunt agendæ:sic econtra qui eorum scripta furātes:
p suis predicant:sunt uituperandi: quiɋ non propriis cogitatiōi
bus nitunť scriptoɟ:sed inuidis moribus aliena uiolātes glorian

tur:non modo sunt reprehendédi:Sed etiã quia impio more uixe
runt pœna códemnandi:nec tñ hæ res non uindicate curiosius ab
antiquis esse memorant. Quoꝗ exitus iudicioꝗ qui fuerint non
est alienũ quéadmodũ sint nobis traditi explicare:Reges Attalici
magnis philologiæ dulcedinibus inducti:cũ egregiã bibliothecã
pergami ad tóem delectatióem instituissent:tunc item Ptolemeus
infinito zelo:cupiditatisꝗ inuitatus studio:non minoribus indu
striis ad eundé modũ cótenderet Alexãdris cóparare. Cũ aũt sum
ma diligentia perfecisset:non putauit id satis esse nisi propagatio
nibus i seminãdo curaret augendã:itaꝗ Musis & Apollini ludos
dedicauit:& quéadmodum Athlethiaꝗ sic cõiem scriptoꝗ uictori
bus pmia & honores cóstituit.His ita institutis cũ ludis adessent
iudices lŕati qui ea probarent quæ erant legenda Rex cum iam ex
ciuitaté sex habuisset lectos : nec tam cito septimũ idoneũ inueni
ret:retulit ad eos qui supra bibliothecã fuerãt : & quesiit si quem
nouissent ad id expeditũ. Tunc ei dixerũt quendã Aristophanem
qui summo studio sũmaꝗ diligétia quotidie oés libros ex ordine
perlegeret.Itaꝗ in cóuentu ludoꝗ cũ secrete sedes iudicibus essent
distributæ:cũ ceteris aristophanes citatus quéadmodũ fuerat ei lo
cus designatus sedit.Primo poetarũ ordine ad certatione inducto
cũ recitarent scripta:Populus cũctus significãdo monebat iudicef
qd probaret.Itaꝗ cũ a singulis sñie sunt rogate sex una dixerũt:&
quẽ maxie aiaduerterũt multitudini placuisse ei primum premiũ
insequéti secundũ tribuerunt.Aristophanes uero cũ ab eo sñia ro
garet :eum primũ renũtiari iussit:qui minime populo placuisset.
Cum aũt rex.& uniuersi uehementer indignarent : Surrexit & ro
gando impetrauit ut paterent se dicere.Itaꝗ silentio facto docuit
unum ex his eum esse poetam ceteros aliena recitauisse. Oportere
aũt iudicantes:non furta sed scripta probare. Admirante populo.
& rege dubitate fretus memoriæ certis armariis infinita uolumina
eduxit:& ea cũ recitatis cóferendo coegit ipsos furatos de se cófite
ri.Itaꝗ rex iussit cum his agi furtis condénatosꝗ cũ ignominia di
misit. Aristophanem uero amplissimis muneribus ornauit:& su
pra bibliothecam cóstituit.in sequétibus annis a Macedonia Zoi

lus qui adoptauit cognomen ut homeromaftix uocitaret Alexan
driam uenit:fuaq̃ fcripta contra Iliadem & Odiffeam compata ye
gi recitauit.Ptolemeus uero cũ aiaduertiffet poeta parentẽ philo
logieq̃ oĩs ducẽ abfentẽ uexari & cuius a cunctis gentibus fufcipe
rent fcripta:ab eo uituperari:indignatus nullũ ei dedit refponfũ
Zoilus aũt cũ diutius in regno fuiffet inopia preffus:fũmifit ad
regem poftulans ut aliquid fibi tribueret.Rex uero refpõdiffe di
citur homet qui ante annos mille deceffiffet euo perpetuo multa
millia hoĩum pafcere:ita debere qui meliori ingenio fe profiteret
non modo unũ:fed etiã plures alere poffe:& ad fummã mors eius
ue paricidii damnati uarie memorat.Alii eũ fcripferũt a philadel
pho etiã in crucẽ fixum.Nõnulli aũt ei lapides effe cõiectos. Alii
Smyrne uiuũ in pyram effe coniectũ.Quot utq̃ ei acciderit meẽ
ti digna cõftitit poena. Nõ enim aliter uidet promereri:qui citat
eos:quot refponfũ quid fenferint fcribentes nõ põt coram iudica
ri.Ego uero caefar neq̃ alienis iudicibus mutatis interpofito noĩe
meo id profero corpus neq̃ ullius cogitata uituperans inftitui ex
eo me approbare: fed oĩbus fcriptoribus infinitas gratias ago:q̃
egregiis ingeniot folertiis ex euo collocatis abundantes aliis alio
genere copias ppararunt. Vnde nos uti fontibus haurientes aquã
& ad propria propofita traducétes facundiores & expeditiores ha
bemus ad fcribédum facultates:talibufq̃ confidentes auctoribus
audemus inftitutiones nouas cõparare:Igitur tales ingreffus eot
q̃ ad ppofiti mei rõnes aiaduerti pparatos inde fumédo progredi
cepi.Nanq̃ primũ Agatarcus atheniſ Efchilo docéte tragediã fcoe
nam fecit & de ea cõmétariũ reliquit. Ex eo moniti democritus &
anaxagoras de eadé re fcripferũt:quéadmodũ oporteat ad acié ocu
lorũm radiorũq̃ extenfionẽ certo loco centro cõftituto ad lineas
rõne naturali refpõdere:uti de incerta re certae imagines aedificiot
in fcoenat picturis redderét fpẽm:& quae in directis planifq̃ fron
tibus fint figurata. Alia afcendétia:alia pminentia effe uideant.
Poftea Silenus de fymmetriis doricot edidit uolumen.De aede iu
nonis quae eft Sami dorica Theodorus.Ionica ephefi q̃ eft dianae
Crefiphon & Metagenes De fano minerue quod eft priéne ionicũ

Phileos:item de æde mineruæ doricæ q̃ est athenis ĩ arcë ictionos
& carpiõis Theodorus phoceus de tolo qui est delphis. Philo de
ædium sacraᵣ symmetriis & de armamentatario qd fuerat pirei in
portu. Hermogenes de æde dianæ ionica q̃ est in magnesia pseudo
dipterof:& liberi p̃ris emonopteros. Itë Argelius de symmetriis co
rinthiis:& ionico trallibus esculapio:Quod etiã ip̃e sua manu di
cĩtur fecisse.de mausoleo satyrus & phiteus.Quibus uero felicitas
summã maximũq̃ cõtulit munus.Quoᵣ enĩ artes æuo perpetuo
nobilissimas laudes & sempiterno florétes h̃re iudicant̃ : & cogita
tis egregias operas p̃stiterũt. Nancq̃ singulis frõtibus singuli arti
fices sumpserũt certatim partes ad ornandũ & probandũ.Leocaref
briaxis.scaphes.praxiteles nõnulli etiã putãt Timotheũ quoᵣ ar
tis eminens excellétia coegit ad septé spectaculoᵣ eius opis puenĩf
famã.Preterea minus nobiles multi p̃cepta symmetriaᵣ conscripse
rũt:ut Nexaris Thotides Demophilos:Pollis:Leonidas: Silamõ
Melampus:Samacus: Euphranor:nõ minus de machinatiõibus
ut Diades.Architas.Archimedes. & Esibios.Nymphodorus.Phi
lo.Bizãtius.Diphilos.Demades.Charidas.Poliidos.Pyrrhos. A
gesistratos.Quoᵣ ex cõmétariis utilia his rebus aĩaduerti collecta
in unũ coegi corpus & ideo maxie ꝗ aĩaduerti in ea re a grecis uo
lumia plura edita.a nostris oppido q̃ pauca.Suffitus enĩ mirũ de
his rebus instituit edere uolumé.Itë Terentius uarro de.ix.disci/
plinis unũ de architectura.P.septimus duo Amplius uero ĩ id ge
nus scripture adhuc nemo incubuisse uidet̃.Cum fuissent & anti
qui magni architecti q potuissent nõ minus elegãter scripta cõpa
rare:Nancq̃ athenis anthistates & Calletheros& anthimachides &
Porinos architecti pisistrato ædem ioui olympio faciéti fundamé
ta constituerũt.Post morté aũt eius ꝓpter interpellationé rei.P.in
cœpta reliquerũt.Itacq̃ circiter annis dicentis post anthiochus rex
cum in id opus impensam esset pollicitus:celle magnitudiné & co
lumnaᵣ circa dipteron collocationé.Epistilioruq̃ ceteroruq̃ orna
mentoᵣ ad symmetriaᵣ distributioné magna solertia sciaq̃ sũma
cuius Ro.cõsultus est architectatus nobiliter.Id aũt opus nõ mo
do uulgo sed etiã ĩ paucis e magnificétia noĩatur:nam q̃tuor locis

sunt ædiū facraꝝ marmoreis operibus ornate difpofitiones:e qui
bus ꝓprie de his noiatióes clariſſima fama noiantur.Quoꝝ excel
lentie prudéteſ{q} cogitationū apparatus fufpectus hñt in deorum
fefe maneo.Primúꝗ ædes epheſi dianæ ionico genere ab Cteſipho
ne gnoſio & filio eius metagene eſt iſtituta:quā poſtea Demetriuſ
iꝑius diane feruus & Peonius epheſius dicunꝷ ꝓfeciſſe Mileti apol
lini itē ionicis fymmetriis idē peonius daphniſꝗ mileſius iſtitue
rūt Eleuſine Cereris & ꝓferpie cellā imani magnitudīe ictinos do
rico more ſine exterioribus colūnis ad laxamentū uſus facrificioꝝ
ꝓtexit Eā aūt poſtea cū Demetrius Phalereus athenis reꝝ potireꝷ
philo ante téplū in fróte colūnis cóſtitutis ꝓſtilon fecit. Ita aucto
ueſtibulo laxamétū initrātibuſ:operiſꝗ ſummā adiecit auctorita
tem.Marti uero ad olympū amplo moduloꝝ cóparatu corinthiis
fymmetriis &ꝓportióibus uti eſt architectādū Coſſutius fufcepiſ
fe memoraꝷ.cuius cómentariū nullū eſt inuentū:nec tñ a coſſutio
folū de his rebus fcripta funt defiderāda:fed etiā a.C. Mutio qui
magna fcīa cófiſus ædes Honoriſ & Virtutis mariane celle colūna
rūꝗ & epiſtilioꝝ fymmetrias legittimis artis inſtitutis perfecit:id
uero ſi marmoreū fuiſſet'ut hꝶet quéadmodū ab arte fubtilitatem
ſic a magnificétia & impéſis auctem i primis & fummis operibus
noiareꝷ.Cū ergo & antiq nꝶi iꝰueniānꝷ nó minus ꝗ græci fuiſſe
architecti magni:& nꝶe memoriæ fatis multi & ex his pauciꝗꝑcep
ta edidiſſēt nó putaui filendū:fed difpoſite fingulis uoluminibuſ
de fingulis exponeremus:Itaꝗ qm fexto uolumi ꝰe priuatoꝝ ædi
ficioꝝ rónes perfcripſi:in hoc qui feptimū tenet numeꝝ de expoli
tióibus quibus rónibus & uenuſtaté & firmitaté habere poſſunt
exponam.   De ruderatione.

　　　Rimúꝗ incipiā de Ruderatióe ꝗ principia tenet expoliti
p　　onum uti curiofius fúmaꝗ ꝓuidentia folidationis ratio
　　　habeaꝷ.& ſi plano pede erit eruderandū: queraꝷ folū ſi
ſit perpetuo folidū.& ita exequeꝷ & inducaꝷ'cū ſtatumine rudus
Sin aūt omni ex parte congeſtitius locus fuerit feſtucationibus cū
magna cura folideꝷ.In cótignatióibus uero diligéter eſt ꝶaduerté
dū ne'qs paries qui nó exeat ad fummū ſit extructus fub pauimé
tū:fed potius relaxatus fupra fe habeaꝷ pendenté coaxationé. Cū

'eni folidus erit contignatiōbus arefcētibus aut pandatione fedēti
bus permanēs ftructure foliditate dextra ac finiftra fcdm fe facit ī
pauimētis neceffario rimas . Itē danda eft opa ne cōmifceātur axes
efculini quernis: q̅ querni fimul humorē perceperūt fe torquētes
rimas faciūt in pauimētis:Sin aūt efculus non erit:& neceffitas co
egerit ꝑpter inopiā:quercus fic uidet̅ effe faciundū:ut fecentur te
nuiores:quo minus eni ualuerint:eo facilius claui fixi cōtinebun
tur:deinde ī fingulis tignis extremis partibus axis bini claui figā
tur:uti nulla ex parte poffint fe torquēdo anguli excitare. Nanq̅
de cerro aut fago feu farno nullus ad uetuftatē pōt permanere.Co
axatiōibus factis fi erit filex nō palea fubfternat̅ uti materies a cal
cis uitiis defendat̅:tunc infup ftaminet̅ ne minore faxo q̅ qui
poffit manū implere ftaminatiōibus inductis ruderet̅: fi nouū
erit ad tres partes una calcis mifceat̅: fi rediuiuū fuerit quinq̅ ad
duū mixtiōes habeāt refpōfū.Deinde rudus inducat̅ & uectibus
ligneis decuriis īductis crebriter piftatiōe folidet̅ : & id nō minus
pinfum ad folidū craffitudine fit dodrātis. Infup ex tefta nucleus
inducat̅ mixtiōne hñs ad tres partes unā calcis:ne minore craffitu
dine pauimētū digitoꝝ fenū. Supra nucleū ad regulā & libellā ex
acta pauimēta exftruant̅ fiuę fectilia feu tefferis.cū extructa fuerit
& faftigia fuam ftructiōne habuerint:ita fricent̅ uti fi fectilia fint
nulli gradus in fcutulis aut trigōis aut q̅dratis feu cumulis extēt
Sed coagmetoꝝ cōpofitio planā habeat inter fe directiōē: fi teffe
ris ftructū erit ut hæ oēs angulos habeāt eq̅les. Cū eni anguli nō
fuerit oēs eq̅liter pleni:nō erit exacta ut optet fricatura.Itē teftacea
fpicata tiburtina funt diligēter exigēda:ut nō habeāt lacunas nec
extantes tumulos:fed extenta & ad regulā perfricata:fup fricaturā
leuigatiōibus & polituris cū fuerit pfecta incernat̅ marmor: & fu
pra loricæ ex calce & harena inducant̅. Sub diuo uero maxīe ido
nea faciūda funt pauimēta:q̅ cōtignatiōeſ humore crefcēte:aut fic
citate decrefcētes:feu pandatiōibus fedenteſ mouēdo fe faciūt uitia
pauimētis: Preterea gelicidia & pruine nō patiunt̅ integra perma
nere.Itaq̅ fi neceffitas coegerit ut minime uitiofa fiant fic erit faciū
dum:cū coaxatū fuerit fup altera coaxatio tranfuerfa ftruatur:cla
uifq̅ fixa duplicē ꝓbeat cōtignatiōi loricationē.Deinde ruderi no

uo tertia pars teſte tunſæ admiſceať: calciſҁ due partes ad quinҁ
mortarii mixtiõibuſ ꝑſtent reſꝓſũ:Statuminatiõe facta rudus in
ducať:idҁ piſtũ abſolutũ ne minus pede ſit craſſum: tũc aũt nu
cleo iuducto uti.ss.eſt. Pauimẽtũ e teſſera grandi circiter binũ di
gitũ cæſa ſtruať:faſtigiũ hñs in pedes denos.digitos binos:qd ſi
bene tempabiť: & recte fricatũ fuerit ab oibus uitiis erit tutũ. Vti
aũt iter coagmẽta materies ab gelicidiis ne laboret fragibus quot
annis ante hiemẽ ſatureť:ita nõ patieť in ſe recipere gelicidii pruī
nam.Sin aũt curioſius uidebiť fieri oportere.Tegule bipedaleſ in
ter ſe coagmẽtatæ ſupra rudus ſubſtrata materia colloceñť: hñtes
ſingulis coagmentoꝝ frõtibus excelſos canaliculos digitales: qui
bus iunctis impleať calx ex oleo ſubacta:cõfricéturҁ inter ſe coa
gmenta cõpreſſa ita calx q̃ erit herens in canalibus dureſcédo non
patieť aquã:neҁ aliã rem per coagmẽta trãſire.Cũ ergo fuerit hoc.
ita ꝑſtratũ ſupra nucleus inducať:& uirgis cedendo ſubigať. ſu
pra aũt ſiue ex teſſera grandi ſiue ex ſpica teſtacea ſtruañť faſtigiis
quibus eſt ſupra ſcriptũ & cũ ſic erũt facta nõ cito uitiabunť.Cũ
a pauimentoꝝ cura diſceſſum fuerit. tunc dealbariis operibus eſt
explicandũ.   De albariis opeiibus.
       D aũt erit recte ſi glebæ calcis optime multo ante tempe
   i   q̃ opus fuerit macerabunť:uti ſi qua gleba parũ fuerit i
       fornace cocta maceratiõe diuturna liquoȓ deſerueȓ coacta
uno tẽpore cócoquať. Nam cũ nõ penitus macerata ſed recens ſu
miť:cũ fuerit inducta hñs latentes crudos calculos puſtulas emiť
tiť:qui calculi in opere uno tenore cũ permaceranť: diſſoluunt &
diſſipant tectorii politiões.Cũ aũt habita erit ratio maceratiõis:&
id curioſius opere erit præparatũ: ſumať aſcia & quẽadmodũ ma
teria dolať:ſic calx lacu macerata aſcieť. Si ad eam offenderint cal
cul: nõ erit tempata.Cumҁ ſiccũ & purũ ferrũ educeť: indicabit
eam euanidã & ſiticuloſaƺ.Cũ uero pinguis fuerit & recte macera
ca circa id ferramentũ uti glutinũ herens omni rõne probabit eſſe
temperatã.Tunc aũt machinis cõparatis cameraꝝ diſpoſitiões in
conclauibus expedianť:niſi lacunariis ea fuerint ornata.Cũ ergo
camerarum poſtulabitur ratio :ſic erit faciunda.
     De cameraꝝ diſpoſitione trulliſſatione & tectorio opere.

Sſeres directi diſponant̃ iter ſe ne plus ſpatiũ hñtes pedes

a   binos & hi maxie cupſſei ꝗ abiegni a carie & uetuſtate ce
leriter uitiant̃.Hiꝗ aſſeres cũ ad formã circinatióis fuerit
diſtributi catenis diſpoſitis ad cõtignatióes ſine tectoriis crebriter
clauis ferreis fixi religent̃. hæꝗ ex ea materia compaut̃:cui nec ca
ries:nec uetuſtas:nec humor poſſit nocere.id in buxo : iunipero:
olea:robore:cupſſo:ceteriſꝗ ſimilibus preter quercũ.ꝗ eas torquẽ
do rimas faciunt.ꝗbuſ ineſt operibus aſſeribus diſpoſitis.tum to
mices ſparto hiſpanico harundies græce tunſe ad eos uti forma po
ſtulat religent̃.Item ſupra camerã materies ex calce & harena mix
ta ſubinde inducat̃:ut ſi ꝗ ex illis contignatióibus aut tectis ceci
derint ſuſtineant̃.Sin aũt harundinis græce copia nõ erit de palu
dibus tenues colligant̃ & mataxe tomice ad iuſtã lõgitudinẽ una
craſſitudine alligatióibus tempentur: dum ne plus inter duos no
dos alligatióibus binos pedeſ diſtẽt.& hæ ad aſſeres uti ſupra ſcri
ptũ eſt tomice religent̃.cultelliꝗ lignei in eas cõfigant̃ Cetera oĩa
uti ſupra ſcriptũ eſt expediant̃:cameris diſpoſitis & intextis imũ
cœlũ eaꝝ trulliſet̃.Deinde harena dirigat̃:poſtea autem creta aut
marmore poliat̃:cũ cameræ polite fuerit ſub eas coronæ ſũt ſubii
ciendæ ꝗ maxie tenues & ſubtiles oportere fieri uidebit̃.Cũ enim
grandes ſunt põdere deducunt̃:nec pñt ſe ſuſtinere:in hiſꝗ mini
me gipſum debet admiſceri:ſed excepto marmore uno tenore ꝑdu
ci:uti ne percipiẽdo nõ patiant̃ uno tenore opus inareſcere.Etiãꝗ
cauende ſunt in cameris priſcoꝝ diſpoſitióes: ꝗ'eaꝝ plᵃnitie coro
narũ graui pondere'impẽdentes ſunt periculoſe.Coronaꝝ aũt ſũt
figure alie celate cõclauibus aut ubi ignis: aut plura lumina ſunt
ponẽda pura fieri debẽt:ut ea facilius extergeant̃.In æſtiuis exhæ
dris ubi minus fumus eſt nec fuligo põt nocere ubi celate ſũt faci
ende.Semper enī albũ opus ꝓpter ſuperbiã candoris nõ modo ex
ꝓpriis ſed etiã alienis ædificiis cõcipit fumũ.coronis'explicatis pa
rietes ꝗ aſperrime trulliſſent̃.Poſtea aũt ſupra trulliſſatióem ſuba
reſcẽte deforment̃ directióes harenati:uti lõgitudines ad regulã &
lineã altitudies ad perpẽdiculũ.anguli ad normã reſpõdẽtel exigã
tur.Nanꝗ ſic emẽdata tectoꝝ i picturis erit ſpẽs:ſubareſcẽte iterũ
ac tertio iducat̃ :ita quõ ſũdatior erit ex harenato directura eo fir

mior erit ad uetuſtatē ſoliditas tectoriī: Cum ab harena ꝑter trul
liſſatione nó minus tribus coriis fuerit deformatū tunc e marmoꝛ
grandi directiones ſunt ſubigende:dum ita materies temperet uti
cum ſubigat non hereat ad rutꝛum ſed puꝛ ferrū e mortario libe
retur:grandi inducto & in areſcente alteeū coriū mediocre dirigat
id cum ſubactū fuerit: & bene fricatū ſubtilius inducat: ita cum
tribus coriis harene & item marmoris ſolidati parietes fuerit:neꝗ
rimas neꝗ aliud uitiū in ſe recipere poterūt. Sed & baculoꝛ ſubac
tióibus fundate ſoliditates marmoriſꝗ candore firmo leuigatæ co
loribus cum politionibus inductis nitidos expriment ſplendoreſ
Colores autem nudo tectorio cum diligenter ſūt inducti ideo nó
remittunt:ſed ſunt perpetuo permanētes:ꝗ calx in fornacibus ex
cocto liquoꝛ ſacta raritatibus & euanida ieiunitate coacta corripit
in ſe ꝗ res forte cótingerunt mixtióibuſꝗ ex aliis poteſtatibus col
locatis ſeminibus ſeu principiis una ſolideſcendo in quibuſcunꝗ
membris eſt formata cum ſit arida redigit uti ſui generis &ꝓpriaſ
uidet habere qualitates:itaꝗ tectoria que recte ſnnt ſacta:neꝗ ue,
tuſtatibus fiunt horrida:neꝗ cū extergent remittunt colores:niſ
parum diligenter & in arido fuerint inducta.Cum ergo itaꝗ i pa
rietibus tectoria ſacta fuerint uti ſupra ſcriptum eſt & firmitatem
& ſplendorē ad uetuſtatē permanentē poterunt habere.Cum uero
unum corium arene & unum minuti marmoris erit inductum: te
nuitas eius minus ualendo facilius rumpit:nec ſplendorē politio
nibus ꝓpter imbecillitatē craſſitudinis propriū obtinebit.Quem
admodū enī ſpeculū argenteū tenui lamella ductū incertos & ſine
uiribus habet remiſſiores ſplēdores.Quod aút e ſolida temperatu
ra fuerit ſactū recipiens in ſe ſi. mis uiribus politionē fulgētes in a
ſpectu certaſꝗ cóſiderantibus imagines reddit: ſic tectoria quæ ex
tenui ſunt ducta non modo fiunt rimoſa:ſed etiam celeriter euane
ſcunt : Quæ autem fundata harenationis & marmoris ſoliditate
ſunt craſſitudine ſpiſſa: cum ſint politionibus crebris ſubacta nó
modo ſunt nitentia : ſed etiam imagines expreſſas aſpicientibus
ex eo opere remittunt . Græcorum uero tectores non his rationi,
bus ſolum utendo faciunt opera firma : ſed etiam mortario collo

cato calce & harena ibi confusa de curia hoium inducta ligneis ue
ctibus pinsant materiã:& ita ad certamẽ subacta tũc utunꝰ. Itaꝗ
ueteribus parietibus nõnulli crustas excidentes pro abacis utunꝰ
Ipsaꝗ tectoria abacoꝛ & speculorũ diuisiõibuſ circa se pominẽtes
habent expressiones. Sin autem in Cratitiis tectoria erunt faciẽda
quibus necesse est etiam in arectariis & transuersariis rimas fieri:
ideo ꝗ luto cum linunꝰ necessario recipiunt humorem. Cum aũt
arescente extenuati in tectoriis faciunt rimas: id ut nõ fiat hec erit
ratio: Cum paries totus luto inquinatus fuerit: tunc in eo opere.
Canne clauis muscariis perpetue figantur. Deinde iterum luto in
ducto si spissiores transuersariis harũdinibus fixe sunt secunde ere
ctis figanꝰ:& uti supra scriptũ est harenatũ:& marmur: & omne
tectoriũ inducaꝰ ita cannarũ duplex in parietibus harundinibus
trãsuersis fixa perpetuitas nec tegmina nec rimam ullã fieri patieꝰ
  De politionibus in humidis locis.
    Vibus rationibus siccis locis tectoria oporteat fieri dixi:
q   Nunc quẽadmodũ humidis locis politiones expedianꝰ
      ut permanere possint sine uiciis exponam. Et primũ con
clauibus ꝗ plano pede fuerint in imo pauimento alte circiter pedi
bus tribus pro harenato testa truilisseꝰ & dirigatur: uti hæ partes
tectorioꝛ ab humore ne uitienꝰ. Sin aũt aliquis paries perpetuoſ
habuerit humores paululũ ab eo recedaꝰ:& statuatur alter tenuiſ
distans ab eo ꝗ̃ntum res patieꝰ & inter duos parietes canalis duca
tur inferior ꝗ libramentũ cũ clauis fuerit: habens nares ad locum
patentẽ. Item cũ in altitudinẽ perstructus fuerit relinquanꝰ spira
menta. Si eni non per nares humor & in imo & in summo habue
rit exitus: non minus in noua structura se dissipabit: his perfectiſ
paries testa trullifeꝰ & dirigaꝰ & tunc tectorio poliaꝰ. Sin aũt lo
cus nõ patieꝰ structurã fieti: canales fiant & nares exeãt ad locũ pa
tentẽ. Deinde tegule bipedales ex una parte supra marginẽ canales
iponanꝰ ex altera parte bessalibus pile substruanꝰ. In ꝗbus duaꝛ
tegulaꝛ anguli sedere possint: ꭗ ita a pariete hæ distẽt ut ne plus
pateãt palmũ: deinde insuꝑ erectæ hamate tegule ab imo ad sũmũ
parietẽ figanꝰ. quarũ interiores partes curiosius picenꝰ ut ab se re

spuāt liquorē. Item in sūmo, & in īmo supra cameram habeāt stra
menta. Tum aūt calce ex aqua liquida daalbet, uti trullissationem
testaceam non respuāt. Nānq̃ ppter ieiunitatem que est a forna i
bus excocta non pñt recipere: nec sustineř: nisi calx subiecta utras
q̃ res inter se cōglutinet: & cogat coire. Trullissatione inducta pro
harenato testa dirigat, & cetera oīa uti supra scripta sunt in tecto
riis rōnibus perficiant. Ipsi aūt politionibus eox ornatus ppriasˌ
debent hre decoris rōnes: uti & ex locis aptas & genex discrimini
bus nō alienas habeant dignitates. Tricliniis hybernis nō est uti
lis cōpositiōe: nec melographia: nec camerax coronatio ope subti
lis ornatus: q̃:ea & ab ignis sumo ea & ab luminū crebris fuligini
bus corrumpunt. In his uero supra podia abaci ex atramēto sūt
subigendi & poliēdi cuneis siliceis seu miniaceis interpositis, expli
cate camere pure polite & pauimentox non erit displicens: si quis
aīaduertere ūoluerit græcox hybernaculorū usum: minime sump
tuosūs & utilis est apparatus. Fodit eni intra libramentū triclinii
altitudo circiter pēdū binum: & solo festucato inducit aut rudus
aut testaceū pauimentū ita fastigatū ut in canali habeat nares. De
inde congestis & spisse calcatis carbonibus inducit & sabulone &
calce & fauilla mixta materies crassitudine semipedali ad regulā &
libellam: summo libramēto cote despumātā reddit spēs nigri pa
uimēti ita cōuiuiis eorū & quod poculis splutis in atriis effundet q̃
simul cadit: siccessitq̃: quicq̃ uersant ibi ministrātes & si nudis pe
pedibus fuerint non recipiunt frigus ab hmōi genere pauimēti.

De ædificiorum picturis.

Aeteris cōclauibus uernis autumnalibus: æstiuis: etiam
c   atriis & peristiliis constitutæ sunt ab antiquis & certis re
          bus certæ rationes picturarum. Nānq̃ pictura imago sit
eius quod est: seu potest esse: uti homines ædificia: naues. relique
q̃ res e quibus formis certisq̃ corporibus figuratā similitudine su
muntur exempla. Ex eo antiqui qui initia expolitionibus insti/
tuerūt: imitati sunt primū crustarum marmorex uarietates & col
locatiōes deinde coronax siliculox cuneox inter se uarias distribu
tiones. Postea ingressi sunt ut etiā ædifitiorum figuras columnax

& faſtigiorum eminétes proiecturas imitent̃.Patentibus aũt locis
ita exhedris propter amplitudiné parietũ ſcœnaꝗ frontes tragico
more:aut comito:ſeu ſatyrico deſignarét.Ambulationibus uero
ꝓpter ſpatia longitudinis uarietatibus topioꝗ emanarét ab certis
ꝓprietatibus locoꝗ imagines exprimentes.Pinguntur eñ portus
promontoria:littora:flumina:fontes:pecora:paſtores:ſana: luci.
montes pecora paſtores nõnullis locis.Item ſignorum megalogra
phiam:habentes deoꝗ ſimulacra ſeu fabularũ diſpoſitas explicati
ones.non minus troianas pugnas:ſeu ulixis errationes:per topia
ceteraꝗ q̃ ſunt eoꝗ ſimilibus rõnibus ab rerum natura procreata.
Sed hec q̃ ex ueteribus rebus exépla ſumebant:nunc iniquis mo
ribus improbantur.Tectoriis monſtra potius:q̃ ex rebus finitis
imagines certe.pro colũnis eñ ſtatuuntur calami pro faſtigiis apa
ginetuli ſtrati cum criſpis foliis & uolutis teneris.Item cãdelabra
ædicularũ ſuſtinentia figuras ſupra faſtigia eoꝗ ſurgétes ex radi ci
bus cum uolutis teneri plures hñtes in ſe ſine rõne ſedentia ſigilla
non minus coliculi dimidiati hñtes ſigilla alia humanis : alia be
ſtiarũ capitibus.Hæc aũt nec ſunt nec fieri poſſunt nec fuerunt.Er
go ita noui mores coegerunt uti inertiæ mali iudicis cõuincerét ar
tium uirtutes.Quéadmodũ eñ põt ealamus uere ſuſtiner̃ tectum
aut candelabrũ ornaméta faſtigii ſeu coliculus tam tenuis & mol
lis ſuſtiner̃ ſedens ſigillũ:aut de radicibus & coliculis ex parte flo
res dimidiata ſigillaꝗ procrearet̃ At hec falſa uidentes hoies nõ re
prehendũt:ſed delectant̃:neꝗ aíaduertunt ſiquid eorum fieri põt
nec ne iudiciis aũt infirmis obſcuratæ mentes:non ualent probar̃
quod poteſt eſſe cũ auctoritate & ratióne decoris:neꝗ eñ picture
probari debent q̃ non ſunt ſimiles ueritati: nec ſi ita facte ſunt ele
gantes ab arte ideo de his ſtatim debet recte iudicari: niſi argumé
tationis certas rónes habuerint ſine offenſiõibus explicatas. Eteñ
etiã trallibus cũ Apaturius alabandus elegáti manu ſinxiſſet ſcœ
nam in munuſculo theatri quod egleſinterion apũd eos uocitat̃.
in eaꝗ feciſſet colũnas:ſigna:centauros ſuſtinentes. Epiſtilia pho
lumoꝗ rotunda tecta:Faſtigioꝗ prominétes uerſuras. Coronalꝗ
capitibus leoninis ornatas:quæ oïa ſtillicidioꝗ e tectis habent ra

tione.Preterea fupra ea nihilominus epifcœniũ.in qua tholi: pro
nai:femifaftigia omnifqʒ tecti uariis picturis fuerat ornatus . Itaqʒ
cũ afpectus eius fcœne propter afperitatẽ eblãdiret̃: oĩum uifus
etiã id opus pbare fuiffent parati tũ Lichinuʒ mathematicus pro
diit:& ait alabãdos fatis acutos ad œs res ciuiles haberi. Sed pro
pter non magnum uitiũ indecentiæ infipiétes eos efle iudicatos:qʒ
in gymnafio eoʒ que funt ftatuæ:pẽs funt caufas agētes foro.Di
fcos tenentes:aut currentes:aut pila ludentes:ita indecens inter lo
corũ proprietates ftatus fignoʒ publice ciuitatis uitiũ exiftimati
onis adiecit. Videamus item nũc ne Apaturii fcœna effitiat & nof
alabãdos aut abderitas. Quis enim ueftrum domos fupra tegula
rum tecta poteft habere aut columus:feu faftigic̃ rũ expolitionef.
Hec enim fupra contignationes ponuntur non fupra tegularum
tecta. Si ergo que non poffunt in ueritate rõnem habere facti in
picturis pbauerimus accedemus & nos his ciuitatibus q̃ propter
hæc uitia infipientes funt iudicate.Itaqʒ apaturius contra refpõde
re non eft aufus:fed fuftulit fcœnam:& ad rõnem ueritatis cõmu
tatam:poftea correctam approbauit. Vtinã dii imortales feciffent
uti Licinius reuiuifceret:& corrigeret hanc inertiã:tectorũqʒ erran
tia inftituta. Sed quare uincat ueritatẽ ratio falfa non erit alienum
exponere.Quod enĩ antiqui infumẽtes laborẽ & induftriã probar̃
contendebant artibuf:id non coloribuf & eoʒ eleganti fpetie cõfe
quunt̃:& quã fubtilitas artificis adiiciebat operibuf auctem:nũc
dominicus fumptus efficit ne defideret̃. Quis enĩ antiquoʒ non
uti medicamento minio parce uidet̃ ufus effe:At nunc paffim ple
runqʒ toti parietes inducunt̃:Aecedit huc Chrifocolla:Oftrũ:Ar
meniũ. Hec uero cum iuducunt̃ & fi non ab arte funt pofita. ful
gentes oculoʒ reddunt uifus:& ideo q̃ p̃tiofa funt legibus excipi
untur ut a domino nõ a redemptore reprefentent̃.Que cõmonefa
cere potui ut ab errore difcedatur in opere tectorio fatis expofui.
Nunc de apparatiõibus ut fuccurrere potuerit dicam.& primum
quoniam de calce initio eft dictum nunc de marmore dicam.

De marmore & quomodo ex eo fit argentum uiuum &
de auro argentoqʒ ueftium ueterum recuperando.

m 	'Armor nō eodem genere oībus regionibus procreat̄:ſed
quibuſdā locis glebæ ut ſalis micas perlucidas hn̄tes na
ſcuntur:que contūſe & molite preſtant opibus utilitatē.
Quibus autem locis hæ copie non ſunt : cementa maːmorea ſiue
aſſule dicunt̄: Que marmorarii ex opibus deiiciunt: cōtundunt̄
& molunt̄:& is qui ex his ab ignis uapore ſuſcitat̄ ſumus: cum
reſedit in ſolum furni:inuenit̄ eſſe argentū uiuū:exemptis glebis
guttæ hæ q̄ reſidebunt propter breuitates nō poſſunt colligi: ſed
in uaſa q̄ conuertuntur·& ibi inter ſe cōgruunt & una fundunt̄.
Id autem cum ſint quatuor ſextarioꝝ menſure cum expediuntur
inueniunt̄ eſſe pondo centum.Cum in aliqua aqua eſt confuſum
ſi ſupra id lapidē centenariū pondus imponat̄: natat in ſummo.
Neq̄ enim liquorē pōt onere ſuo premere nec elidere nec diſſipare
Centenario ſublato ſi ibi auri ſcrupulū imponatur non natabit:
ſed ad imum per ſe deprimetur: ita nō amplitudine ponderis:ſed
genere ſingulaꝝ rerum grauitatē eſſe non negandū eſt. id aūt mul
tis rebus eſt ad uſum expeditum. Neq̄ eni argentū neq̄ es poteſt
ſine eo recte inaurari . Cumq̄ ī ueſte intextū eſt auꝝ.eaꝗ ueſtis cō
trita propter uetuſtatē uſum non habeat honeſtū:panni in ſictili
bus uaſis impoſiti ſupra ignē comburuntur:is cinis coniicitur in
aquā & addit̄ ei argētū uiuum. Id aūt omnes micas auri corꝛipit
in ſe:& cogit ſecum coire:aqua diffuſa cū id in pannū infunditur
& ibi manibus premit̄ argētum per panni raritates propter extra
labitur:aurum compreſſione coactum purum inuenitur.

De minii temperatura.
Euertar nūc ad minii temperaturam: ipſe enim glebæ cū
r 	ſunt aride contundunt̄ pilis ferreis:& lotiōibus & coctu
ris crebris:relictis ſtercoribus efficiunt̄ ut adueniāt colo
res.Cū ergo emiſſa erūt ex minii ꝓpter argenti uiui relictiones q̄s
in ſe naturales habuerat uirtutes efficitur tenera natura & uiribus
imbecillis.Itaq̄ cū eſt in expolitionibus cōclauiū tectis inductum
permanet ſine uitiis ſuo color̄.Apertis uero id eſt periſtiliis aut ex
hedris aut ceteris eiuſmodi locis quo ſol & luna poſſit ſplendoꝛes
& radios immittere:cum ab his locus tangit̄ uitiat̄:& amiſſa uir

tute coloris denigratur. Itacʒ cum alii multi tum etiã Faberius scri
ba cum in auentino uoluisset habere domũ eleganter expolitã pe
ristiliis parietes oẽs induxit minio qui post dies. xxx. facti sunt ĩ
uenusto uariocʒ colore. itacʒ primo locauit inducendos alios colo
res. At si quis subtilior fuerit & uoluerit expolitióem miniaceam
suum colorem retinere cum paries expolitus & aridus est subcre
tum in opibus utunt̃. Aliis locis & inter mágnesie & ephesi sines
sunt loca unde foditur parata. quã nec molere nec cernere opus est
sed sic est subtilius quemadmodum si ꝗua est manu cótusa & sub
creta.   De coloribus & primum de ochra

　　　　Olores uero alii sunt qui per se certis locis procreantur
c　　　etiã inde fodunt̃. nõnulli ex aliis rebus tractationibus
　　　　mixtionibus: tempaturis cópositi perficiunt̃ uti præstét
eandẽ in operibus utilitatẽ. Primũ aũt exponemus quæ per se na
scentia fodiunt̃. uti quod grece ochra dicit̃. Hec uero multis locis
ut etiã in italia inuenit̃ sed que fuerat optima attica ideo nunc nõ
habetur: ꝗ athenis argẽtifodine cum habuerint familias tunc spe
cus sub terra fodiebant̃ ad argentũ inueniẽdũ. Cum ibi uena for
te inueniretur nihilominus ũti argentũ persequebant̃. itacʒ antiꝗ
egregia copia salis ad politióne opeꝝ sunt usi. Item rubrice copio
se multis locis eximunt̃: sed optime paucis: uti ponto synope: &
egypto: in hispania balearibus: nóminus etiã lemno: cuius insule
uectigalia atheniẽsibus. S. P. Q. R. cócessit fruendo Paratonium
uero ex ipsis locis unde fodit̃ habet nomen: eadẽ róne Melinũ: ꝗ
eius uis metalli insule cycladi melo dicit̃ esse. Creta uiridis itẽ plu
ribus locis nascit̃ sed optĩa smyrne. hanc aũt greci Theodotheon
uocant ꝗ theodotus noĩe fuerat cuius in fundo id genus crete pri
mo est inuentũ: Auripigmentũ quod arscenicon græce dicit̃ fodi
tur ponto: Sandaraca item pluribus locis sed optima ꝓxime flu
men hypanim habet metallum.   De minii rationibus.

　　　　Ngrediar nunc minii rónes explicare. Id aũt agris ephe
i　　　iorum clibanis primũ memorat̃ esse inuentum: cuius &
　　　　res & ratio satis magnas habet admiratióes. Fodit̃ enim
gleba: que dicitur anteꝗ tractationibus ad minii perueniant uenã

uti ferreo magis fubrufo colore habens circa fe rubrum puluerem
Cum id foditur ex plagis ferramentoɣ crebras emittit lachrimas
argenti uiui que a foſſoribus ftatim colligunt̃:hæ glebe cum col
lecte funt in officina propter humoris plenitatē coniiciunt̃ in for
nacem ut interarefcant . Cum fuerint ceram punicam igni liquefa
ctam paulo oleo temperatā feta indicat.deinde poftea carbonibus
in ferreo uafe compofitis eam ceram a primo cū pariete calefaciun
do fudar̃ cogat:Fiatɋ ut perequet̃:deinde cū candela linteifɋ pu
ris fubigat:uti figna marmorea nuda curant̃:hec aūt gnofis græ
ce dicitur:ita obftans cere punice lorica non patit̃ lune fplendorē
nec folis radios lambendo eripere ex his politionibus colorē.Que
aūt in ephefioɣ metallis fuerunt officine nūc traiecte funt ideo ro
mam : ɋ id genus uenæ poftea eft inuenium hifpanie rcgiõibus:
quibus metallis glebe portant̃:& per publicanos Rome curant̃.
He aūt officine funt inter ædem Flore & Quirini.Vitiat̃ minium
admixta calce:itaɋ fi quis uelit experiri id fine uitio effe:fic erit fa
ciundum:ferrea lamina fumat̃ in ea miniū imponat̃:ad ignē col
locetur donec lamina candefcat:cū e candore color immutatus fue
rit eritɋ ater:tollat̃ lamina ab igne & fi refrigeratum reftituat̃ in
priftinū colorē fine uitio effe probabit:Sin aūt permanferit nigro
colore fignificabit fe effe uitiatū. que fuccurrere putuerūt mihi de
minio dixi.   De chryfocollá & atramento.

Hryfocolla apportatur a Macedonia:fodit̃ aūt ex his lo
e   c̃s qui funt proximi ærariis metallis:miniū & indicum
          in oĩbus ipfis indicat̃ quibus in locis procreat̃. Ingredi
ar nūc ad ea que ex aliis generibus tractatronū tempaturis cõmu
tata recipiunt coloɣ proprietates:& primū exponā de atramento.
cuius ufus i operibus magnas habet utilitates ut fint note quēad
modum certis rõnibus artificioɣ ad id tempature. Nanɋ ædifica
tur locus:ut laconicum & expolit̃ maˡmore fubtiliter:& leuigat̃.
Ante id fit fornacula habēs in laconicum nares:& eius prefuiniū
magna diligentia cõprimitur ne flãma extra diffipetur.in fornace
refina collocet̃.hanc aūt ignis poteftas urendo cogit emittere per
nares intra laconicum fuliginem: que circa parietem & camere cur

maturam adherefcit:inde collecta partim cōponit ex gummi fub
acto ad ufum atraméti librarii:reliquū tectores glutinū admifcen
tes in parietibus utunt.Si aūt he eopie non fuerint parate:ita ne
ceffitatibus erit adminiftrandū ne expectatione more res retinean
tur.Sarmēta aut thedæ fchidiæ cōburant:cum erunt carbones ex
tinguant.Deinde in mortario cū glutino terant:ita erit atramen
tum tecto.ibus non inuenuftum.Non minus fi fex uini arefacta
& cocta in fornace fuerit:& ea contrita cum glutino in opere indu
cetur fuper:que atraméti fuauitas efficiet colorē:& quo magis ex
meliore uino parabitur nó modo atramenti fed etiā indici colo.ē
dabit imitari.   De cerulei coloris temperationibus.
     Erulei temperatiōes Alexandrie primū funt inuente: po
c   ftea item Neftoreus puteolis inftituit faciúdum . Ratio
     autem eius e quibus eft inuenta fatis habet admiratiōis
Harrna enim cum nitri flore conterit adeo fubtiliter:ut efficiatur
quéadmodū farina:& es cipriū limis craffis uti fcobis facta imix
ta cōfpergit ut cōglomeretur:deinde pile manibus uerfando effici
untur:& ita colligant ut inarefcant. he aride cōponunt in urceo
fictili:urcei in fornace fint ita es & ea harena ab ignis uehementia
cōferuefcédo cum coaruerint inter fe dando & accipiēdo fudores a
ppríetatibus difcedunt:fuifqʒ rebus per ignis uehementiā cōfecti
ceruleo rediguntur colore . Vfta uero que fatis habet utilitatis in
operibus tectoriis fic temperatur:gleba filix boni coquitur ut fit
in igne candens:ea aūt aceto extinguit & efficit purpureo colore
          De ceruffa & fandaraca.
     E ceruffa eruginecʒ quā noftri erucam uocant nó eft alie
d   num quéadmodū cōparetur dicere . Rhodi eni doliis far
     menta collocantes aceto fuffufo fupra farmeuta collocant
Plumbeas maffas:deinde ea operculis obturant: ne fpiramentum
obturata emittāt. Poft certum tēpus aperientes inueniút e maffis
plumbeis ceruffam.eadem ratione lamellas erea collocantes effici
unt eruginé que eruca appellat.Ceruffa uero cum i fornace coqui
tur mutato colote ad igné incédii efficitur fandaraca. Id aūt incen
dlo facto ex cafu didicerunt hoies:ex eo multo meliorē ufum præ

stat q̃ quæ de metallis per se nata foditur.

Ncipiam nunc de ostro dicere:quod & carissimam & ex
cellentissimam habet preter hos colores aspectus suauita
tem. Id autem excipitur ex conchilio marino e quo pur
pura inficit. Cuius non minores sunt q̃ ceteraꝛ nature considerã
tibus admirationes.q̃ habet non in oibus locis quibus nascitur
unius generis colorem :sed solis cursu naturaliter temperat. Itaꝗ
quod legitur ponto & gallia:q̃ hæ regiones sunt proxime ad sep
tentrioneḿ est atrum : Progredientibus septentrione inter se occi
dente inuenitur liuidum. Quod auten legit ad equinoctionalem
orientem & occidentem inuenitur uiolaceo colore. Quod uero me
ridianis excipit regióibus rubra procreatur potestate: & ideo hoc
Rhodo etiam insula creatur ceterisꝗ eiusmodi regióibus que pro
xime sint solis cursui. Ea conchilia cum sunt lecta ferrametis circa
scinduntur e quibus plagis purpurea sanies uti lacrima profiueś
excussa in mortariis teredo cóparatur. & q̃ ex concarum marinarū
tectis eximitur ideo ostrum est uocitatum. Id autem propter salu
ginem cito fit siticulosum nisi mel habeat circa fusum.

De aliis operibus coloribus.

Iunt etiam purpurei colores infecta creta rubra radice. &
ex cigno nó minus:& ex floribus alii colores. Itaꝗ tecto
res cum uolunt silacticū imitari:uiolam aridam cóiicien
tes in uas cum aqua cóferuescere faciūt ad ignem. Deinde cum est
temperatū coiiciunt in linteum:& inde manibus expriḿentes reci
piunt in mortariū aqua ex uiolis coloratam:& eo cretam infundē
tes & eam terentes efficiunt silis actici colorē.eadem róne uacciniū
temperantes & lac miscentes purpuram faciunt eleganter.Item qui
non possunt chrisocolla propter raritatem uti herba que lutheum
appellatur ceruleum inficiunt:& utuntur uiridissimo colore:hæc
autem infectꝗua appellat.Item propter inopiam coloris indici cre
tam similiam aut anulariam uitroꝗ quod græci insalim appellãt
inficientes imitationem faciunt indici coloris.Quibus rationibuſ
& rebus ad dispositióem firmiter quibusꝗ decore oporteat fieri pi
cturas.Ité quas habent omnes colores in se potestates ut mihi suc

currere potuit in hoc libro perscripsi. Itaq; oēs ædificiorᵱ perfectio
nes quam habere debeant oportunitate: ratiotinatiōis septē uolu
minibus sunt finite. In sequenti autem de aqua si quibus locis nõ
fuerit quemadmodum inueniatur: & qua rōne inducat :quibusᚃ
rebus si erit salubris & idonea probetur explicabo.

. L. VICTRVVII POLLIONIS LIBER OCTAVVS
IN QVO PRECIPIT DE AQVA INVENIENDA
PROBANDA ET INDVCENDA'.

E septem sapientibus thales milesius omaium rerᚃ
principiú aquã est professus Heraclitus ignē . Ma
gorum sacerdotes aqua & ignē. Euripides auditor
Anaxagore: quem philosophum athenieses scœni
cum appellauerūt: aera & terram: eamᚃ ex cœleᚃ
um hymbrium conceptionibus inseminãtã fœtus gentiũ & oium
aialium in mũdo procreauisse & q̃ ex ea essent prognata cũ dissol
uerent tempoᚃ necessitate coacta in eandem redire: Queᚃ de aere
nascerentur item in cœli regiones reuerti neᚃ interitiones recipere
& dissolutióe mutata in eadem recidere in qua ante fuerant pprie
tatem. Pythagoras uero Empedocles Epicarmus aliiᚃ physici &
philosophi hec principia quatuor esse posuerūt. Aerem. Ignem.
Aquam. Terram. Eorumᚃ inter se coherentias naturali figuratio
ne & generᚃ discriminibus efficere qualitates . Aiaduertimus uero
non solũ nascentia ex his esse procreata. Sed etiã res oēs nõ ali sine
eorum potestaie neᚃ crescere nec tueri. Nanᚃ corpora sine spiritu
redundantia nõ possunt habere uitam nisi aet influens cum incre
mento fecerit auctus & remissiones continenter. Caloris uero si nõ
fuerit in corpore iusta comparatio non erit spiritus animalis: neᚃ
erectio firma. cibiᚃ uires uon poterunt habere cõcoctionis tempe
raturam. Item si non terrestri cibo membra corporis alantur defici
ent: & ita a terreni principii mixtióe erunt deserta . Animalia uero
si fuerit sine humoris potestate. exanguinata & exucta a principio
rum liquore interarescent. igitur diuina mens que proptie necessa

ria eſſet gentibus non cõſtituit difficilia & cara uti ſunt margari
te:aurum:argentū:cetera:que nec corpus nec natura deſiderat:ſed
ſine quibus mortalium uita non poteſt eſſe tuta effudit ad manū
parata per omnē mundū.Itaq̉ ex his ſiquid deſit forte in corpore
ſpiritus ad reſtituendum aer aſſignatus id preſtat.apparatus autē
ad auxiliū caloris ſolis impetus ac igniſ inuentuſ tutiorem efficit
uitam.Item terrenus fructus eſcaꝗ preſtans copiis ſuperuacuis de
ſiderationibus alit & nutrit.Animalia paſcẽdo continenter. aqua
uero non ſolū potus ſed infinitas uſui prebẽdo neceſſitates gratas
ꝗ eſt gratuita preſtat utilitates.Ex eo autem qui ſacerdotia gerunt
moribus egyptioꝝ oſtendunt omnis res e liquoris poteſtate conſi
ſtere.Itaq̉ cum hydria que ad templū ædemꝗ caſta religiõe referſ
tunc in terra ꝓcumbẽtes manibus ad cœlūiſublatis inuẽtionibus
gratias agunt diuine benignitati.   De aquæ inuentionibus.
e   Vm ergo a phiſicis & philoſophis & a ſacerdotibuſ iudi
          cetur ex poteſtate aque oẽs res cõſtare:putaui quoniã in
          prioribus ſeptem uoluminibua rõnes ædificioꝝ ſunt ex
poſite.in hoc oporteſ de inuentionibus aquæ quaſꝗ habeat in lo
corum proprietatibus uirtuteſ.quibuſꝗ rõnibus ducaſ:& quem
admodū interea probeſ ſcribere.Eſt enim maxime neceſſaria & ad
uitam & delectationes & ad uſum quotidianū.ea autē facilior erit
ſi fontes erunt aperti & fluentes.Sin autē non profluent: querẽda
ſub terra ſunt capita & colligẽda q̃ ſic erunt experienda uti procū
bant uidentes anteq̃ ſol exortus fuerit in locis quibus erit queren
dum. & in terra mento collocato & ſulcto proſpiciãtur he regiões
Sic enim non errabit excelſius q̃ oporteat uiſus:cum erit īmotum
mentum:ſed libratam altitudinē in regionibus certa finitione de
ſignabit:tunc in quibus locis uidebunſ humores criſpantes & in
aera ſurgentes ibi fodiatur:nõ enim in ſicco loco hoc ſignum põt
fieri.item aĩaduertendū eſt querentibuſ aquam quo genere ſint lo
ca.Certa enĩ ſunt in quibus naſcitur In creta tenuis & exilis & nõ
alta eſt copia:ea erit optimo ſapore.Itē ſabulone ſoluto tenuis ſed
ſi inferioribus locis inuenieſ ea erit limoſa & inſuauis. Terra aūt
nigra ſudores & ſtille inueniunſ exiles.que ex hibernis tempeſta

tibus collectæ in spissis & solidis locis subsidunt. hæ hūt optimū
saporē. Glarea uero mediocres & nó incerte uenæ reperiuntur:hæ
quoq; egregia suauitate sunt.item sabulone masculo:harenaq; car
bunculo certiores sūt copiæ:hæq; sunt bono sapore rubro saxo &
copiose & bone si non per interuenia dilabant & liquescant.Sub
radicibus autem montium & in saxis silicibus uberiores & afflu
entiores:hæq; frigidiores sūt & salubriores. Campestribus autem
fontibus salse graues:tepide:nó suaues nisi que ex montibus sub
terra submanantes erumpūt in medios campos;sibiq; arborū um
bris contecte prestant montanoꝛ fontium suanitatē.Signa autem,
quibus terraꝛ generibus supra scriptū est:ea inuenientur nascētia
tenuis iuncus:Salix erratica:alnus : uitex:harundo:hædra:aliaq;
que huiusmói sunt:que non possunt nasci per se sine humore. so
lent autem in lacunis eadem nata esse que sedētes preter reliquum
agrum excipiūt ex hymbribus & agris per hyemē propter capaci
tatem diutius seruant humorem:quibus non est credendum:Sed
quibus regionibus & terris non lacunis ea signa nascuntur nó sa
ta sed naturaliter per se procreata:ibi est querēda:in quibus si hæ
significabuntur inuentiones sic erunt experiunde Fodiantur quo
q; uersus locus latus ꞅe minus pedes quinq;:in eoq; collocetur cir
citer solis occasum.Scaphium æreum aut plumbeum aut peluis:
ex his quod erit paratū idq; intrinsecus oleo ungatur: ponaturq;
inuersū:& summa fossura operiat harundiꞇibus:aut fróde supra
terra obruat :tum postero die aperiat :& si in uase stille sudoresq;
erunt:is locus aquā habebit.item si uas ex creta factū nó coctū in
ea fossione eadē róne opertū positū fuerit,si is locus aquā habꞇbit
cū apertū fuerit uas:humidū erit & etiā dissoluet ab hꝰore. Vel
lusꝗ lane si locatum erit:in ea fossura:in sequenti aūt die de eo aꝗ
expressa erit:significabit eum locū hꝛe copiā. nó minus si lucerna
cócinnata oleiꝗ plena & accensa in eo loco operta fuerit collocata
& postero die nó erit exusta:sed habuerit reliquias olei & i lychno
ipsaꝗ humida inueniet indicabit locū hēt aquā;ideo ꝗ ois tepor
ad se ducit hꝰores.item i eo loco ignis si factus fuerit;& percalefa
cta terra & adusta uaporē nebulosū ex se excitauerit:is locus habꞇ

bit aquã.Cũ hec ita erunt pertentata & quæ supra scripta sunt sig
na iuuenta:tum deprimẽdus est puteus in eo loco:& si erit caput
aque inuentũ plures sunt circa fodiendi & perspecus in unum lo
cũ oẽs cõducendi.hec aũt maxie in mõtibus & regionibus septen
trionalibus sunt querẽda eo ꝗ in his & suauiora & salubriora &
copiosiora inueniunt Auersi enim sunt solis cursui & in his locis
primũ crebre sunt arbores & siluose: ipsiꝗ montes suas habẽt um
bras obstantes:& radii solis nõ directi perueniũt ad terrã: nec pñt
humores exurere.interuallaꝗ montiũ maxime recipiũt hymbres
& propter siluaꝵ crebritates niues ab umbris arboꝵ & montium
ibi diutius conseruant.Deinde liquate per terre uenas colant: &
ita perueniunt ad infimas montiũ radices:ex ꝗbus ꝓfluentes fon
tium erumpunt fluctus.Cãpestribus aũt locis cõtrario nõ possũt
habere copias.Nam quecunꝗ sunt non possunt habere salubrita
tem:ꝗ solis uehemens impetus ꝓpter nullã obctantiam umbraꝵ
eripit exhauriendo seruens ex planitie campoꝵ humorẽ.& si quæ
sunt aque apparentes:ex his quod est leuissimum tenuissimumꝗ
&subtili salubritate aera uorans dissipat impetũ cœli.quæꝗ gra
uissime dureꝗ & insuaues sunt partes:he in fontibus cãpestribus
relinquuntur.   De aqua hymbrium.
Taꝗ que ex hymbribus aqua colligitur salubriores ha
bet uirtutes:eo ꝗ elegit ex oĩbus fõtibus leuissimis sub
tilibusꝗ tenuitatibus:Deinde p aeris exercitationẽ perco
lata tẽpestatibus liquescẽdo peruenit ad terram:etiãꝗ nõ crebriter
in campis confluũt hymbres sed in mõtibus aut ad ipsos montes:
ideo ꝗ humores ex terra matutino solis ortu moti cum sũt egressi
in quãcunꝗ partem cœli sunt ꝓclinati trudunt aera. Deinde cum
sũt moti propter uacuitatẽ loci post se recipiũt aeris ruentes undas
Aer aũt qui ruit trudens quocunꝗ humore peruiũ spũs:& impe
tus & undas crescẽtes facit uentoꝵ. a uentis aũt quocunꝗ ferunt
humores cõglobati ex fontibus & fluminibus & paludibus & pe
pelago cum tepore solis colligunt & exhauriunt& ita tollunt in
altitudinẽ nubes.Deinde cum aeris unda nitentes cũ per uentũ ad
mõtes ab eorum offensa & procellis ꝓpter plenitatẽ & grauitatẽ li

quelcendo diſperguntur:& ita diffundūt in terras. Vaporēm autē
& nebulas & humores ex terra naſci:hec uidet efficere ratio: cp ea
habet in ſe calores feruidos: & ſpiritus inanes:refrigerationeſcp:&
aquaꝛ magnā multitudinē:ex eo cum refrigerat noctu ſol oriens
impetu tangit orbem terre:& uentorum flatus oriētium per tene
bras ab humidis locis egrediunt in altitudinē nubes. aer aūt tūc
a ſole percalefactus cū rōnibus ex terra tollit humores Licet ex bal
neis exemplū capere.Nulle eni camere que ſunt caldarioꝛ ſupra ſe
habere pūt fontes: ſed coelum quod eſt ibi ex preſurniis ab ignis
uapore percalefactum corripit ex pauimētis aquā & aufert ſecum
in cameraꝛ curuatueas & ſuſtinet:ideo cp ſemp uapor calidus ī al
titudine ſe trudit:& primo non remittit propter breuitatē:Simul
autē plus humoris habet congeſtum non poteſt ſuſtinere propter
grauitatē:ſed ſtillat ſupra lauantiū capita. Item eadem raȝiohe coe
leſtis aer cum a ſole percepit calorē ex oibus locis hauriēdo tollit
humores & congregat ad nubes.Ita eni terra feruoꝛ tacta eiicit hu
mores:& corpus hominis ex calore emittit ſudores. Indices autem
ſunt eius rei uenti:ex quibus qui a frigidiſſimis partibus ueniūt
procreati ſeptētrio & aquilo extenuatos ſuccitatibus in aere flatuſ
ſpirant. Auſter uero & reliqui qui a ſolis cuiſu impetum faciunt
ſunt humidiſſimi & ſemper apportant hymbres: cp percalefactī a
regionibus feruidis adueniunt ex oibus terris labentes eripiūt hu
mores:& ita eos perfundunt ad ſeptētrionales regiões. Hec autem
ſic fieri teſtimonio poſſunt eſſe capita fluminū que orbe terrarum
coſmographis picta:itemcp ſcripta:Plurima maxiacp inueniuntur
egreſſa ad ſeptētrionē:Primumcp in india ganges & indus de cau
caſo monte oritur.Syria tigris & euphrates.Aſie item ponto hori
ſthenes hipanis:tanais:colchis.Galliæ Rhodanus.celticarhenus
Citra alpes timauus & padus. Italia tybris. Mauruſia quā noſtri
mauritaniā appellant ex monte atlante idiris qui ortus ex ſeptētri
onali regiōe progredit per occidētem ad lacū eptagonū & mutaȝo
noie dicit agger.Deinde ex lacu eptagono ſub mōtes deſertos ſub
terfluēs per meridiana loca manat & influit in paludē q appellat.
circūcingit mexeoꝛ q̃ eſt ethyopū meridianoꝛ regnū ab hiicp

paludibus se circumagens per flumina Basean Soban & astoban:
& alia plura peruenit per montes ad catharactam.ab eaq̃ se preci
pitans per septētrionalē peruenit inter elephantida & syenem: the
baicosq̃ in ægyptum campos & ibi nilus appellat' ex mauritania
autem caput nili fluere ex eo maxime cognoscit':qp ex altera parte
montis atlantis alia capita item ˌpfluentia ad occidentē oceanum:
ibiq̃ nascunt' icneumones: crocodili: alie similes bestiæ pisciūq̃
natur̃ preter hippopotamos.ergo cū oĩa flumia magnitudinibus
in orbis terraɽ descriptionibus ad septētrionē uideant' profluere:
Aphriq̃ cāpi qui sūt in meridianis portibus subiecti solis cursui
latētes penitus hn̄t hūores:nec fontes crebros:amnesq̃ raros:relin
quit' uti multo meliora inueniant' capita fontiū q̃ ad septētrionē
aquilonē ue spectāt:nisi inciderint in sulphurosum locū:aut alu
minosum:seu bitūminosum:tūc enim permutant' :aut calide:aut
frigide ŏdore malo & sapore perfundunt fontes.Neq̃ enim calide
aque est ulla proprietas:sed frigida aqua cū incidit percurrens in
ardētem locū ěfferuescit:& percalefacta egredit' per uenas extra ter
rām:ideo diutius non potest permanere: sed breui spatio fit frigi
da.Nanq̃ si naturaliter esset calida non refrigeraret' calor eius:Sa
por autē odor:& color eius nŏ restituit':qp intinctus & cŏmixtus
est propter nature raritatem.

De aquis calidis & eaɽ uirtutibus: quam trahūt a diuersis
metallis:& de uariorum fontium fluminū lacuūq̃ natura.

Vn̄t aūt nŏnulli fŏtes calidi:ex quibus profluit aqua sa
pore optimo:que ita in potione suauis est:/uti nec fonti
nalis a camenis:nec martia sa iens desideretur:hec autem
a natura perficiuntur his ratiŏibas.Cum in imo per alumen: aut
bitumen:seu sulphur ignis excitatur ardore percandefacit terram
que est supra se autem seruidum emittit in superiora loca uaporē:
Et ita siqui in his locis qui sunt supra fontes dulcis aque nascun
tur:offensi eo uapore efferuescunt inter uenas: & ita profluunt in
cŏrrupto sapore.Sunt etiam odore & sapor̃ non bono frigidi fon
tes:qui ab inferioribus locis penitus orti per loca ardentia transe
unt:& ab eo loco per longum spatiū ferre percurrentes refrigerati

peruerniunt fupra terram fapore:odore:coloreq; corrupto uti in ty
burtina uia flumen albula. Et in Ardeatino fontes frigidi eodem
cdore qui fulphurati dicuntur.& reliquis locis fimilibus. hi auté
cum fint frigidi ideo uidentur afpectu feruere:q̃p cum in ardentem
locum alte penitus inciderunt. humore & igni inter fe congruenti
bus offenfi uehemeti fragore ualidos recipiunt in fe fpús & ita in
flati ui uenti coacti bulliétes crebro per fontes egrediunt. Ex his
aút qui nõ fút apti.fed aut faxis detinent. Per anguftas uenas ue
hemétia fpús extrudunt ad fummos grumoꝛ tumulos.Itaq; qui
putant tanta fe altitudine qua funt grumi capita fontiú poffe ha
bere.cú aperiunt foffuras latius decipiunt.Nancq; uti æneum uas
non in fummis labris plenú:fed aquæ menfure fue capacitatis ha
bens e tribus duas partes:operculúq; in eo collocatum:cum ignis
uehementi feruore tangat percalefieri cogit aquam:ea aút propter
naturalé raritaté in fe recipiés feruoris ualidã inflationé nõ modo
implet uas:fed fpiritibus extollens operculú & crefcens abundat.
Sublato aút operculo emiffis inflationibus in aere patenti rurfus
ad fuú locú refidet:ad eundem modú ea capita fontium cum fint
anguftiis cõpreffa ruunt in fummo fpús aque bullitus fimul aút
latius funt aperti examinati per raritates liquide ptãtis refident &
reftituunt in libramenti proprietatem. OMNIS aút aqua calida
ideo q̃p eft medicamentofa q̃p in prauis rebus percocta aliã uirtuté
recipit ad ufum.Nancq; fulphurofi fontes neruoꝛ labores reficiút
percalefaciédo :exurendoq; caloribus e corporibus humores uitio
fos.Aluminofi aút cum diffoluta membra corpoꝛ paralifi aut ali
qua ui morbi receperút fouendo per patentes uenas refrigeratione
cõtraria calore fui reficiút. & hoc continenter reftituuntur in anti
quam membroꝛ curatione.Bituminofi aút interioris corpoꝛis ui
tia potionibus purgando folet mederi.Eft aút aque frigide genus
nitrofum uti pinnæ ueftinæ cutiliis aliifcq; locis fimilibufcq; potio
nibus depurgat p aluúq; tranfeúdo etiã ftrumaꝛ minuit tumores
Vbi uero aurú:argentú:ferrú:plumbú:reliquæ res eæꝛ fimiles fo
diunt fontes inueniunt copiofi:fed hi maxie fút uitiofi. hñt eni
uitia aque calide fulphur:alumen:bitume. Eademq; per potiones

cum in corpus intrant:& per uenas permanando neruos attingūt
& artus:eos durant inflando.Igitur nerui inflatione turgentes seu
longitudine contrahunt̄:& ita aut neruicos aut podagricos effici
unt homies.ideo ꝗ ex duriſſimis:& ſpiſſioribus frigidiſſimiſꝗ re
bus intinctas hēt uenaꝝ raritates: Aquæ aūt ſpēs eſt ꝗ cū habeat
non ſatis perlucidas uenas:& ipſa uti flos natat in ſūmo:colore ſi
milis uitri purpurei. hec maxime conſiderant̄ athenis. ibi enī ex
eiuſmōi locis & fontibus maſti uſꝗ ad portū pyreū ducti̅ ſunt ſa
lietes e ꝗbus bibit nemo ꝓpter eam cauſam ſed lauatiōibus & reli
quis rebus utuntur.bibunt aūt ex puteis & ita uitant eoꝝ uitia.
Troezene nō poteſt id uitari ꝗ omnino aliud genus aque non re
perit̄ niſi quod cibdeli habent.itaꝗ in ea ciuitate aut oēs aut ma
uima parte ſunt pedibus uitioſi:Cilitie uero ciuitate tarſo flumen
eſt noīe Cidnos in quo podagrici crura macerantes leuant̄ dolore
Sunt aūt & alia multa genera que hn̄t ſuas proprietates: ut in Si
cilia flumē eſt himeras qd̄ a fonte cū eſt progreſſū diuidit̄ in duas
partes que pars profluit contra aetnam ꝗ per terre dulcem ſuccum
percurrit eſt infinita dulcedine. Altera pars quæ per eam terrā cur
rit unde ſal foditur ſalſum habet ſaporem.Item Paretonio & quo
eſt iter ad hāmonē.& caſio ad egyptum lacus ſunt paluſtres ꝗ ita
ſunt ſalſi ut habeant inſuper ſe ſalem congelatū.Sunt ergo & alii
pluribus locis & fontes & flumia & lacus qui per ſalifodinas per
currentes neceſſario ſalſi perficiunt̄. Alii aūt per pingues terre ue
nas profluentes uncti oleo fontes erumpunt:uti ſolis:quod oppi
dum eſt ciliciæ flumen nomine liparis.in quo natantes aut lauan
tes ab ipſa aqua unguntur. Similiter Ethiopie lacus eſt: qui un
ctos homines efficit qui in eo natauerint.& in india qui ſereno ce
lo emittit olei magnam multitudinem. Item Carthagine fons eſt
in quo natat inſuper oleum odore uti ſcobe citreo quo oleo etiam
pecora ſolēt ungi. Zacyntho & circa Dirrachium & Apoloniam
fones ſunt qui picis magnam multitudinem cum aqua uomunt
Sub Babilone lacus ampliſſima magnitudie qui limniaſphaltis
appellatur hēt ſupra natans liquidum bitumē. quo bitumine &
later teſtaceo ſtructo muro ſemiramis circūdedit babilonem.Item

Tope in Syria arabiacp numidaru lacus sunt immani magnitudie
qui emittunt bituminis maxias moles:qs diripiunt qui habitat
circa.id aut no est mirandu nam crebre sunt ibi lapidicine bitumi
nis duri. Cu ergo per bituminosa terra uis erupit aque secu extra
hit:& cum sit egressa secernit .& ita reiicit a se bitume. Etiacp est i
Cappadotia:in itinere quod est inter Mazaca & Tuana lacus am
plus in que lacum pars siue harudinis siue alii generis si demersa
fuerit & postero die exempta ea pars q fuerit exempta inueniet la
pidea. q aut pars extra aqua manserit permanet in sua pprietate.
ad eudem modu Hierapoli phrygie efferuet aque calide multitu
do.ex qua circu hortos & uineas fossis iductis immittit . hæc aut
efficitur post annu crusta ladidea:ita quotannis dext a ac sinistra
margines ex terra faciendo inducunt eam & efficiut in his crustis
in agris septa.Hoc aut ita uidet naturaliter fieri:itcp in his locis &
ea terra quibus is nascit succus subest coaguli nature similis. De
inde cu comixta uis egreditur per fontes extra terra solis & aeris ca
ore cogitur congelari ut etiam in areis salinaru uidet. Item sut ex
amaro succo terre fontes exeuntes uehementer amari: ut in ponto
est flume hispanis.a capite pfluit circiter milia.xl. sapore dulcissi
mo:deinde cu peruenit ad locu q est ab hostio ad milia.clx.admi
scetur ei fonticulus oppido q paruulus.Is cu in eum influit:tunc
tantam magnitudine fluminis facit amaram:ideo cp per id genus
terre & uenas unde sandaraca fodit.& aq manando perficit amara
Hec aut dissimilibus saporibus a terre ppriete pficiunt uti etia
in fructibus uidet.Si eni radices arboru aut uitiu aut reliquoru se
minu non ex terre proprietatibus succum capiedo ederent fructus
uno genere essent.in oibus locis & regionibus oium sapores . Sed
aiaduertimus insula Lisbon uinum protiru:maloniā catacecaume
Item Lidiam Moliton Siciliam Mamertinu Campania Falernum
In Terracina & fundis cecubum reliquiscp locis pluribus inume
rabili multitudine genera uini uirtutescp procreari.q no aliter pnt
fieri nisi terrenus cu humor suis pprietatibus sapor in radicibus
infusus emittit materia:p qua egrediens ad cacume pfundat pprii
loci & generis sui fructus sapore.Quod si terra generibus humoru

non esset dissimilis & disparata:nõ tm̃ in Syria & Arabia in haru̅
dinibus & uineis herbisꝗ oĩbus essent odores.neꝗ arbores turise
re:neꝗ piperis darēt bacas:nec myrre glebule. Nec cyrenis in seru
lis laser masceret̃:sed in oĩbus terre regionibus & locis eodē gene̅r
oĩa procrearet̃.Has autē uarietates regionibus & locis inclinatio
mundi & solis impetus propius ut longius cursum faciẽdo tales
efficit terre humores.q̃ qualitates non solum in his rebus sed etiã
in pecoribuſ & armentis discernunt̃:hec non ita dissimiliter efficer
rentur:nisi ꝓprietates singulaꝝ terrarum in regiõibus ad sc̃lis po
testatē temperarent̃.Sunt etiã Boetie flumina Cephysos & Melas
lucanis Cratis. Troia Xantuſ.Inꝗ agris clazomenioꝝ & eritreoꝝ
& laodicensiu̅ fontes ad flumina: cum pecora suis temporibus an
ni parant̃ ad conceptionē partus:per id tp̃s adigunt̃ eo quotidie
potum:ex eoꝗ quamuis sint alba:pereant̃ aliis locis leucophea:
aliis locis pulla aliis coracino colore.ita proprietas liquoris cum
init in corpus proseminãt intinctã sui cuiuſꝗ generis qualitatem
Igitur cum in campis Troianis proxime flumen armenta rufsa &
pecora leucophea nascunt̃:ideo id flumen ilienses xantu̅ appella
uisse feruntur.Etiamꝗ inueniunt̃ aque genera mortifera quæ per
maleficũ succũ terræ percurrentia recipiũt in se uim uenenatã : uti
fuisse dicit̃ Terracine fons qui uocabat̃ Neptu̅nius:ex quo qui
biberant iprudentes uita priuarent̃:quapropter antiq eũ obstru
xisse dicunt̃ . Et crobsitratia lacus ex quo nõ solum qui biberint
moriunt̃:sed etiã qui lauerint.Item in thessalia fons est profluens
ex quo fonte nec pecus ullũ gustat:nec beluaꝝ genus ullũ ꝓpius
accedit:ad quem fontē proxime est arbor florens purputeo colore
non minus in macedonia.quo loci sepultus est Euripides:dextra
ac sinistra monumẽti adueniẽtes duo riui cõcurrunt.in unũ accũ
bentes uiatores transitare solent ꝓpter a que bonitatē ad riuũ aũt
qui est ex altera parte monumenti nemo accedit:cꝗ mortiferã aquã
dicit̃ hr̃e.Item est in archadia Nonacris noiata terre regio:que hĩt
in montibus e saxo stillãtes frigidissimos humores.Hec aũt aqua
Stygos hydor noiatur:quã neꝗ argenteum:neꝗ æneũ:neꝗ ferreũ
uas potest subsistere:sed dissilit & dissipat̃ . Cõseruare aũt eam &

continere nihil aliud nisi mulina ungula poteſt. Quæ etiã memo
ratur ab antipatro in ꝓuinciam ubi erat alexãder per iollã ſilium
perlatã eſſe: & ab eo ea aq̃ rege eſſe necatũ. Item alpibus in crobi re
gno eſt aqua quã guſtat ſtatim cõcidunt. Agro aũt ſaliſco uia cã
pana in cãpo Corneto eſt lacus in quo fõs oriſ : ibiꝗ auiũ & lacer
tarũ reliquarũꝗ ſerpentiũ oſſa iacentia apparent. Itẽ ſunt non mul
læ acidæ uenæ fontiũ uti Linceſto : & in italia Vienna: campania
Theano. aliiſꝗ locis pluribus quæ hãc habẽt uirtutẽ ut calculos
in ueſicis qui naſcũtur in corporibus hominũ potionibus diſcu
tiant. Fieri aũt hoc naturaliter ita ideo uideſ : cp acer & acidus ſuc
cus ſubeſt in ea terra: per qũã egredientes uenæ intingunſ acritu
dine: & ita cũ in corpus inierunt diſipant q̃ ex aquæ ſubſidentia
in corpibus & cõcreſcentia offenderunt. Quare aũt diſcutianſ ex
acidis hæ res ſic poſſumus aiaduertere: Ouum in aceto ſi diutius
appoſitum fuerit molleſcet & diſſolueſ. Item plũbũ quod eſt len
tiſſimũ & grauiſſimũ ſi in uaſe collocatũ fuerit: & in eo acetũ infu
ſum : id aũt opertũ & oblitũ fuerit efficieſ uti plumbũ diſſoluaſ
& fiet ceruſſa. eiſdem rationibus æs quod etiã ſolidiore eſt natura
Similiter curatũ ſi fuerit: diſſipabiſ & fiet ærugo: Item margarita
non minus ſaxa ſilicea: q̃ neꝗ ferꝛ neꝗ ignis põt per ſe diſſoluere
cũ ab igne ſũt percalefacta aceto ſparſo diſſiliũt & diſſoluũſ. Ergo
cum has res ante oculos ita fieri uidemus: ratiocinemur iiſdem ra
tionibus ex acidis ꝓpter acritudinẽ ſucci etiã calculoſos e natura
rerũ ſimiliter põſſe curari. Sunt aũt etiã fõtes uti uino mixti : quẽ
admodũ eſt unus Paphlagoniæ: ex quo eũ ſine uino potãtes fiũt
temuleti. Equicolis aũt in italia: & alpibus natione medullorũ eſt
genuſ aquæ quã qui bibunt efficiũtur turgidis gucturibus: Ar
cadia uero ciuitas eſt nou ignota clitori in cuius agris eſt ſpelũca
profluens aquæ: quã qui bibunt fiunt abſtemii. Ad eũ aũt fontẽ
Epygrama eſt in lapide inſcriptũ huius ſñie uerſibus græcis. eam
non eſſe idoneã ad lauandũ: ſed etiã inimicã uitibus: cp apud eum
fontem Melampus ſacrifitiis purgauiſſet rabiẽ proeti ſiliarum: re
ſtituiſſetꝗ earum uirginũ mentes in priſtinam ſanitatem. Epygra
ma autem eſt id quod eſt ſubſcriptum:

Item est in insula chio fons e quo qui imprudenter biberint fiũt
insipientes: Et ibi est Epigramma insculptum ea sñia: uitãdã esse
potionem fontis eius : sed qui biberit saxeos habiturum sensus.
Sunt autem uersus hi.

Susis autem in qua ciuitate est Regnũ Persarum fonticulus est ex
quo qui biberint amittunt dentes. Item in eo est scriptum Epigrã
ma quod siguisicat hanc sententiam. Egregiã esse aquam ad lauan
dum: sed ea si bibatur excutere e radicibus dentes. & huius epigrã
matos sunt uersus græce.

Sunt etiam nõnullis locis fontium proprietates: que procreãt qui
ibi nascunt egregiis uocibus ad cantandũ uti tharso magnesiæ:
aliis eiusmodi regionibus. Etiamꝗ Zama est ciuitas Aphrorũ Cu
ius mœnia rex iuba duplici muro sepsit: ibiꝗ regiam domum sibi
cõstituit ab ea mil. pass. xx. est oppidum Ismuc: Cuius agrorum
regiones iucredibili sunt functe terminatiõe. Cum esset eni Aphri
ca parens & nutrix feraꝗ bestiaꝗ: maxime serpentiũ: in eius agris
oppidi nulla nascitur: & siquando allata ibi ponat starim morit
Neꝗ id solum sed etiam terra ex his locis si alio translata fuerit. &
ibi id genus terre etiã balearibus dicit esse: sed aliam mirabiliorẽ
uirtutẽ ea habet terra quam ego sic accepi. C. Iulius masinisse fili
us cuius erant totius oppidi agrorum possessiones cũ patre cæsare
militauit: is hospitio meo est usus: ita quotidiano conuictu neces
se fuerat de philologia disputat: interim cũ esset inter nos de aque
potestate & eius uirtutibus sermo: exposuit esse in ea terra eiusmõi

fontes ut qui ibi procrearentur uoces ad cantandu egregias habe
rent:ideoꝗ semper transmarinos calastros emere formosos & puel
las maturas:eosꝗ coniungere :ut qui nascerentur ex his non solu
uoce egregia:sed etia forma essent non inuenusta.Cum hæc tanta
uarietas sit disparibus rebus natura distributæꝗ humanu corpus
est ex aliqua pte terrenum.in eo aut multa genera sunt huoris uti
sanguinis.lactis.sudoris.urine.lachrimaꝝ.Ergo si in parua parti
cula terreni tanta discrepantia inuenitur sapoꝝ:non est mirandum
si tanta in magnitudine terre innumerabiles succoꝝ reperiutur ua
rietates.per quaꝝ uenas aque uis pcurrens tincta peruenit ad fonti
um egressus:& ita ex eo dispares uariiꝗ perficiunt in propriis ge
neribus fontes propter locoꝝ discrepantiam & regionum qualita
tes:terrarumꝗ dissimiles proprietates.ex his aut rebus sunt nonul
la que ego per me perspexi:cetera in libris grecis scripta iueni:quo
ru scriptoꝝ hi sunt autores.Theophrastus.Timeus.Possidonius
Hegesias.Herodotus. Aristides.Metrodorus.qui magna uigilan
tia & infinito studio locoꝝ proprietates:aquaru uirtutes ab incli
natione coeli regionum qualitates ita distributas esse scriptis decla
rauerunt.Quorum sequutus Ingressus in hoc libro perscripsi que
satis esse putaui de aque uarietatibus:quo facilius ex his prescrip
tionibus eligant homines aque fontes:quibus ad usum salientes
prosunt ad ciuitates municipiaꝗ perducere.Nulla enim ex omni
bus rebus tantas uidetur habere ad usum necessitates quantas aꝗ
ideo ꝗ omnium animalium natura si frumenti fructu priuata fue
rit arbustisue aut carne aut piscatu aut etia qualibet ex his reliqs
rebus escaꝝ utendo poterit tueri uitã.Sine aqua uero nec corpus a
nimaliu nec ulla cibi uirtus potest nasci nec tueri nec parari.Qua
re magna diligentia industriaꝗ queredi sunt & eligendi fontes ad
humanæ uite salubritatem.

De aquarum experimentis

Xpertiones aut & probationes eorum sic sunt prouiden
e de si erunt profluentes & apti anteꝗ duci incipiantur aspi
ciantur aioꝗ aduertant qua mebratura sint qui circa eos
habitat homines. Et si erunt corporibus ualetibus.coloribus niti

dis cruribus non uitiofis:non lippis oculis : erunt probatiffimi:
Item fi fons nouus fuerit foffus & in uas corinthium fiue alteriuf
generis quod erit ex ære bono ea aqua fparfa maculam non fecerit
optima eft.Itemᵹ in æneo fi ea aqua deferuefacta & poftea requie
ta & fufa fuerit neᵹ in eius ænei fundo harena aut limus inuenie
tur ea aqua erit item probata.Item fi legumina ĩ uas cum ea aqua
coniecta ad igné pofita celeriter parcocta fuerint iudicabunt aquã
effe bonam & falubrem.Non etiã minus ipfa aqua que erit in fon
te fi fuerit limpida & perlucida:quocũᵹ peruenerit aut profluxe
rit:mufcus non nafcetur neᵹ iuncus neᵹ ĩquinatus ab aliquo in
quinamento locus fuerit:fed puram habuerit fpeciem innuit his
fignis effe tenuis & in fumma falubritate.

De perductionibus aquarum.

Vnc de perductionibus ad habitationes moeniaᵹ ut fi
æri oporteat explicabo . Cuius ratio eft prima perlibra
tio:libratur aũt dioptris:aut libris aquariis: aut choro
bate:fed diligentius efficitur per chorobaten:ᴄ̵ dioptre libreᵹ fal
lunt.Chorobates aũt eft regula longa circiter pedú.xx. Ea habet
ancones in capitibus extrem̨is equali modo perfectos inᵹ regulæ
capitibuf ad normã coagmentatos:& inter regulã & ancones a car
dinibus cõpacta tranfuerfaria:que habent lineas ad perpendiculũ
recte defcriptas:pendentiaᵹ ex regula perpédicula in fingulis par
tibus fingula:q̃ cũ regula eft collocata :eaᵹ tangẽt æque ac pariter
lineas defcriptionis:indicãt libratam collocationé. Sin aũt uentus
interpellauerit:& motiõibus linee nõ potuerint certamfignificatio
né facere:tunc habeat in fuperioᵃ parte canalé longú pedes quinᵹ
Latum digitum:altum fexquidigitú:eoᵹ aqua infundaᵗ :& fi eᵃ̃
liter aqua canalis fúma libra tanget:Scietur effe libratų̃.ita eo cho
robate cũ perlibratú ita fuerit:Scietur quantum habuerit faftigii.
Fortaffe qui Archimedis libros legit dicet non poffe fieri ueram ex
aqua librationé: ᴄ̵ ei placet aquam non effe libratam : fed fpheroi
des habere fchema: fed ibi habere centrú: quo loci habet orbis ter
rarum.hec autem fiue plana eft aqua feu fpheroides neceffe eft ex
trema capita regularum:pariter fuftineᵗ aquam.Sin autem procli

natum erit : ex una parte que erit altior non habuerit regulæ cana
lem : in summis labris aquam nõ esse. necesse enim quocũq; aqua sit
infusa in medio inflationem curuaturamq; habere : sed capita dex
tra ac sinistra inter se librata esse. exemplar aũt chorobatis erit i ex
tremo uolumine scriptum. Et si erit fastigium magnũ facilior erit
decursus aquæ. sin autem interualla erunt lacunosa substructioni
bus erit succurrendũ. Ductus autẽ aque fiũt generibus tribus. Ri
uis per canales structiles aut fistulis plũbeis seu tubulis fictilibus
Quoq; hæ ratióes sunt : si canalibus ut structura fiat q̃ solidissima
solumq; riui libramenta habeat fastigata ne minus in centenos pe
des semipede æque structure confornicentur ut minime sola aqua
tangat. Cũq; uenerit ad mœnia efficiatur castellum & castello con
iunctum ad recipiẽdum aquam triplex immissarium : collocent́ q;
in castello tres fistule æqualiter diuise intra receptacula coniuncta
uti cum abundauerit ab extremis in medium receptaculum redun
det. ita in medio ponentur fistulæ in omnes lacus & salientes in al
tero in balneas uectigal quotannis populo prestét : ex quibus ter
tio in domo priuatas ne desit in publico. non enim poterunt auer
tere cum habuerint a capitibus proprias ductiones. Hæc aũt qua
re diuisa constituerim hæ sunt cause uti qui priuatim ducét in do
mos uectigalibus tueantur per publicanos aquarum ductus. Sin
autem medii montes erunt inter mœnia & caput fontis sic erit faci
undum uti specus fodiantur sub terra librenturq; ad fastigiũ qd
supra scriptum est : & si tophus erit aut saxum in suo sibi canalis
excidatur. sin autem terrenum aut harenosum erit solum & parie
tes cum camera in specu struantur & ita perducantur. Puteiq; ita
sint facti uti inter duos sit actus. sin aũt fistulis plumbeis ducetur
Primũ castellum ad caput ducatur : deinde ad copiam aque lamne
fistularum constituantur æque fistule castello collocent́ ad castel
lum quod erit in mœnibus : fistule ne minus longe pedum denu3
fundantur. que si centenarie erunt pondus habeãt in singulaſ. M.
cc. si octogenarie pódo dcccc. lx. si quinquagenarie pondo. dc. qua
dragenarie pódo ·cccc. lxxx. trecenarie pondo. ccc. lx. uicenarie pon
do. cc. lx. Quindenũ pódo. c. lxxx. Denum pondo. ccxx. octonum

pondo.c. Quinarie pondo.lx.e latitudie autem lamnarum quot
digitos habuerint anteq̃ in rotundatione flectant : magnitudinũ
ita nomina cõcipiunt fistule . Nanq̃ que lamia fuerit digitorum
l.cum fistula perficietur ex ea lamina uocabitur quinquagenaria
Similiterq̃ reliquæ.Ea autẽ ductio quæ per fistulas plumbeas est
futura.hanc habebit expeditione.quod si caput habeat libramen .
ta ad mœnia montesq̃ medii non fuerint altiores ut possint inter
pellare:sed ad libramenta necesse est substruer interualla.quemad.
modum in riuis & cãnalibus.Sin autem nõ longa erit circumitio
circumductiõibus . Sin autem ualles erunt perpetue:in declinato
loco cursus dirigent :cum uenerint ad imum nõ alte substruitur
ut sit libratum q̃ longissimum:hoc autem erit uenter quod græci
appellant cœlian: deinde cum uenerit aduersus cliuum:ex longo
spatio uentris leuiter tumescit:exprimatur in altitudinem summi
cliui Quod si non uenter in uallibus factus fuerit:nec substructũ
ad libram factum : sed geniculus erit:erumpet & dissoluet fistula/
rum cõmissuras.Etiam in uentre colluuiaria sunt facienda per que
uis spiritus relaxetur.ita per fistulas plumbeas aquam qui ducẽt
his rationibus bellissime poterunc efficere:quod & decursus & cir
cumductiones & uentres & expressus hac rõne possunt fieri: cum
habebunt a capitibus ad mœnia fastigii librameta.Itẽ inter actus
ducendos non est inutile castella collocari:ut si quãdo uitium ali
quis locus fecerit:non totum omneq̃ opus contundat : & in qui
bus locis sit factum facilius inueniatur.Sed ea castella neq̃ in de
cursu :neq̃ in uentris planitie:neq̃ in expressiõibus:neq̃ omnino
in uallibus sed in perpetua equalitate. Sin autem minor sumptu
uoluerimus:sic erit faciẽdum. Tubuli crasso corio ne minus digi
torum duorum fiant:sed ubi hi tubuli ex una parte sint lingula
ti ut alius in alium inire cõuenireq̃ possint.Coagmenta autẽ eoӡ
calce uiua ex oleo subacta sunt illimenda: & in declinatiõibus li
bramenti uentris lapis est ex saxo rubro in ipso geniculo collocã
dus:isq̃ perterebratur.uti ex decursu tubulus nouissimus in lapi
de coagmentetur:& primus ex librati uentris ad eũdem modum
aduersum cliuum & nouissimũ librati uentris in cauo saxi rubri

hereat.& primus expreſſionis ad eundem modum coagmentetur.
ita librata planitie tubulorum aut decurſus & expreſſionis nó ex
tolletur.nanꝗ uehemens ſpiritus in aque ductione ſolet naſci ita
uti etiam ſaxa perrumpat niſi primum leniter & parce a capite aꝗ
immittatur & in geniculis & uerſuris alligationibus aut pondere
ſaburra contineatur.reliqua omnia uti fiſtulis plůbeis ita ſunt col
locanda.item cum primo aqua a capite immittitur:ante fauilla im
mittetur uti coagmenta ſiqua ſunt non ſatis oblita fauilla oblinā
tur.habent autem tubulorum ductiones ea cómoda primum in
opere ꝗ ſiquod uitium factum fuerit quilibet id pót reficere. etiā
ꝗ multo ſalubrior eſt ex tubulis aqua quam per fiſtulas.quod p
plumbum uidetur eſſe ideo uicioſum ꝗ ex eo ceruſſa naſcatur.hec
autem dicitur eſſe nocens corporibus humanis:ita quod ex eo p
creatur id eſt uitioſum.non eſt dubium quin ipſum quoꝗ nó ſic
ſalubre.exempla autem ab artificibus plumbariis poſſumus acci
pere ꝗ palloribus occupatos habent corporis colores. nanꝗ cum
fundendo plumbum flatur uapor ex eo inſidens corporis artus &
exinde exurens eripit ex membris eorum ſanguinis uirtutes. itaꝗ
minime fiſtulis plumbeis aqua duci uidetur ſi uolumuſ eam ha
bere ſalubrem.ſaporemꝗ meliore ex tubulis eſſe quotidianus po
teſt iudicare uictus:ꝗ omnes extructas uaſorum argenteorum mē
ſas:tamen propter ſaporis integritatem fictilibus utuntur.ſin aůt
fontes non ſunt unde ductiones aquarum facimus neceſſe eſt pute
os fodere.In puteorum autem poſſeſſionibus non eſt contemnēda
ratio ſed auminibus ſolertiaꝗ magna naturales rerum rationes có
ſiderande ꝗ habet multa uariaꝗ teera in ſe genera. Eſt enim uti re
lique res ex quatuor principiis compoſita & primum eſt ipſa terre
na habtꝗ ex humor aque fontes.item calores unde etiam ſulphur
alumen bitumé naſcitur aeriſꝗ ſpiritus immanes qui cum graues
per interuenia fiſtuloſa terreæ perueniunt ad foſſionem puteorum
& ibi homines offendunt fodientes ut naturali uapore obturante
eorum naribus ſpiritus animales ita qui nó celerius inde effugiūt
ibi interimuntur.Hoc autem quibus ratióibus caueatur:ſic eſt fa
ciendum.Lucerna accenſa dimittatur que ſi permanſerit ardens ſi

ne periculo defcendétur. fin autem eripietur lumé ui uaporis: túc
fecundum púteum dextra ac finiftra defodiantur æftuaria.ita qué
admódum per nares fpiritus exactu diffipabuntur. Cum hæc fic
explicata fuerint & ad aquam erit peruentum.tunc fepiatur ftruc
tura nec obturentur uene.fin autem loca dura erunt aut nimium
uene penitus fuerint:tunc figninis operibus ex teftis aut a fuperi
oribus locis excipiendæ funt copiæ. In figninis autem operibus
hæc funt facienda uti harena primum puriffima afperrimaq; pare
tur.cemétum de filice frangatur nec grauius quam librarium calx
quehementiffima mortario mixta ita ut qq; partes harenæ ad du
os refpondeant.eorum foffa ad libramentum altitudinis quod eft
futurú calcetur uectibus ligneis ferratis parietibus calcatis in mei
dio quod erit terrenum exinaniatur ad libramentum infimum pa
rietum.hoc exæquato folum calcetur ad craffitudinem quæ confti
tuta fuerit.ea autem fi duplicia aut triplicia facta fuerint uti perco
lationibus tranfmutari poffint.multo falubriore3 aque ufum effi
cient.limus eni3 cum habuerit quo fubfidat limpidior fiet & fine
odoribus conferuabit faporem fi non falem addi neceffe erit & ex
tenuari.Que potui de aque uirtute & uarietæte quafq; habeat utili
tates quibufq; rónibus ducant & probent in hoc uolumiepofui.
de gnomonicis uero rebus & horologiorú rónibus infequenti per
fcribá.

.L. VICTRVVII POL. LIBER NONVS IN QVO DIS
SERIT DE GNOMONICIS REBVS ET RATIONIbus
HOROLOGIORVM nunc AVTEM DESCRIPToRVM
ueneratione.

Obilibus athletis qui olympia pithia ifthmia nei
mea uiciffent græcorum maiores ita magnos hono
res inftituerunt uti non modo in conuentu ftantes
cum palma & corona ferant laudes:fed etiam cum
reuertantur in fuas ciuitates cum uictoria triúphá
tes quadrigis in mœnia & in patrias inuehátur e reç.p. perpetua
uita conftitutis uectigalibus fruantur.Cum ergo id animaduertá
admiror quid ita non fcriptoribus iidem honoref etiamq; maioref

sint tributi qui infinitas utilitates æuo perpetuo omnibus genti
bus præstant.id enim magis erat instituí dignú:ꝗathlete sua cor
pora exercitationibus efficiunt fortiora.scriptores non solum suos
sensus sed etiam eorum omnium libris addiscendum & animos ex
acuendos preparant præcepta.quid eni milo crotoniates ꝗ fuit in
uictus prodest hominibus?aut ceteri qui eo genere fuerunt uicto
res nisi ꝗ dum uixerunt inter suos ciues habuerunt nobilitatem?
Pythagor uero pcepta.Democriti:Platóis:Aristothelis.ceteroꝗꝗ
sapientum quotidiana ppetuis industriis culta non solum suis ci
uibus sed & omnibus gentibus recentes & floridos edunt fructus
e quibus qui a teneris ætatibus doctrinarum abundantie satiant
optimos habent sapientie sensus instituút ciuitatibus huanitatis
mores æqua iura leges quibus absentibus nulla potest esse ciuitas
cum ergo tanta munera ab scriptoꝗ prudentia priuati₃ publiceꝗ
fuerint hominibus pparata:non solú arbitror palmas & coronas
his tribui oportere sed etiam decerni triumphos & inter deos ú se
des eos dedicandos iudicari Eoꝗ auté cogitata utiliter hominibus
ad uitam explicandam e pluribus sigula paucoꝗ uti exempla po
nam.Quæ recognoscétes necessario his tribui honoᵉ es oportere ho
mines confitebuntur.& primum Platonis e mults ratio inationi
bus utilissimis unam quemadmodum ab eo explicata sit ponam

Platonis inuentum de agro metiendo.

Ocus aut ager paribus lateribus si erit ꝗdratus.eúꝗ opor
tuerit duplicare ꝗ opus fuerit gener numeri ꝗ multiplica
tióibus nó inuenit eo descriptióibus lineaꝗ emendat s re
perit.Est aút eius rei hæc demóstratio.Quadratus locus q ᵉrit ló
gus & latus pedes denos efficit areæ pedes centum.si ergo opus fu
erit eú duplicari pedes.cc.ité ex pibus lateribus facer queredú e it
ꝗmagnú latus eiusꝗdrati fiat ut ex eo.cc.pedes duplicatióibus a
reæ rspódeát.id aút núero nemo pót iuenire.náꝗ si.xiiii.cóstituen
tur erunt multiplicati pedes.cx.cvi.si.x v.pedes.cc.xxv.ergo
quoniá id nó explicatur numero in eo quadrato & longo & lato
pedes decem quod fuerit linea ab angulo ad angulum diagonis p
ducatur:uti diuidantur duo trigona æqua magnitudine singu

la areæ pedum quinquagenum:ad eiuſcʒ lineæ diagonalis lōgitu
dinem locus quadratus paribus lateribus deſcribatur. itacʒ mag
na duo trigona in minore quadrato quiquagenum pedum linea
diagonio fuerint deſignata eadem magnitudine & eodem pedum
numero quatuor in maiore erunt effecta. hac ratiōe duplicatio grā
micis rationibus a platone uti ſchema ſubſcriptum eſt explicata ē
in ima pagina

De Norma

Tem Pythagoraſ normā ſine artificis fabricationibus in
uentā oſtēdit & q̄magno labore fabri normā faciétes uix
ad uerū perducere p̄nt. id rōnibus & methodis emendatū
ex eius p̄ceptis explicaſ. nancʒ ſi ſumantur regule tres e qbus una
ſit pedes.iii.altera pedes.iiii.tertia pedes.v. hæcʒ regule inter ſe cō
poſite tangant alia aliā:ſuis cacuminibus extremis ſchema haben
tes trigoni deformabunt normam emēdatam ad eas autem regula
rum ſingularum longitudines ſi ſingula quadrata paribus lateri
bus deſcribantur:cū erit trium latus areæ habebit pedes.viiii. qd
iiii.xvi.quod quincʒerit.xxv. ita quantū aree pedum numerum
duo quadrata ex tribus pedibus lōgitudinis laterum & quatuor
efficiunt: equæ tantum numerum reddit unum ex quincʒ deſcrip
tum.ld pythagoras cum inueniſſet non dubitās admiſiſſe in ea in
uentiōe monitus maximas gratias agens hoſtias dicitur diis imo
lauiſſe. Ea autem ratio quemadmodum in multis rebus & men

furis eſt utilis etiam in ædificiis ſcalarum ædificatiōibus:uti tem
p̃ rataſ habeant graduū librationeſ eſt expedita. Si enim altitudo
contignatiōis a ſumma coaxatiōe ad imum libramentū diuiſa fue
rit in partes tres: erit earum quinq̃ in ſcalis ſcapoꝝ iuxta longitu
dinem inclinatio: quã magne fuerint inter contignatiōem & imū
libramentum altitudinis partes tres:quatuor a perpendiculo rece
dant & ibi collocent̃ interiores calces ſcapoꝝ:ita erunt temperatæ
graduum ipſarum ſcalarum collocatiōes:item eius rei erit ſubſcri
pta forma.

Quōmodo portio argenti auro miſta in integro ope re deprehendi diſcerniq̃ poſſit.

Archimedis uerō cū multa miranda inuenta & uaria fue
rint:ex oĩbus & infinita ſolertia:id quod exponã: uide
tur eſſe expreſſum unum. Hiero enim Syracuſis auctus
Regia poteſtate rebus bene geſtis cum auream coronã uotiuã diis
imortalibus quodã in ſano cõſtituiſſet ponendã manu:pretio lo
cauit faciendã:& auꝛ ad ſaconiã appendit redēptoris ad t̃ps opus
manu factū ſubtiliter regi approbauit:& ad ſaconiã pondus coro
ne uiſus eſt p̃ſtitiſſe.Poſteaq̃ iudiciū eſt factū dempto auro tantū
dem argenti in id coronarū opus admixtū eſt: Indignatus Hiero
ſe contēptū eſſe neq̃ inueniēs q̃ rōne id furtū reprehēderet rogauit.

Archimeden uti in se sumeret sibi de eo cogitationé: Tunc is cum
haberet eius rei curam casu uenit in balneum ibiꝗ cum in solium
descenderet animaduertit quantum corporis sui in eo insīderet tan
tum aque extra solium effluere.itaꝗ cum eius rei rationem explica
tionis ostédisset:nó est moratus sed exiluit gaudio motus de solio
& nudus uadens domum uerius significabat clara uoce inueniſſe
quod quereret.Nam currens identidem græce clamabat Euphron
Eurima.tum uero ex eo inuentionis ingreſſu duas dicit feciſſe ma
ſſas equo pondere quo etiam fuerat corona unam ex auro & alterā
ex argento.cum ita feciſſet uas amplum ad ſumma labra impleuit
aquæ in quo dimiſit argenteam maſſam :cuius quáta magnitudo
in uaſe depreſſa est tantum aque effluxit.ita exempta maſſa:quan
to minus factum fuerat refudit:ſextario menſus est ut eodem mo
do quo prius fuerat ad labra equaretur.ita ex eo inuenit quátum
ad certum podus argenti ad certam aque menſuram reſponderet:
cum id expertus eſſet tum auream maſſam ſimiliter pleno uaſe di
miſit & ea exempta eadem ratione menſura addita inuenit ex aque
non tantum ſe minore quanto minus magno corpore eodem pon
dere auri maſſa eſſet ꝗ argenti.Poſtea uero repleto uaſe in eadem a
qua ipſa corona dimiſſa inuenit plus aque defluxiſſe in coronam
argenteam quam in auream eodem pondere maſſam:& ita ex eo ꝗ
fuerit plus aque in corona quam in maſſa ratiocinatuſ deprehédit
argenti in auro mixtionem & manifeſtum furtú redéptoriſ.Tranſ
feratur mens ad Architæ Tarétini & Eratoſthenis cyrenei cogitata
Hi enim multa & grata a mathematicis rebus hominibus inuene
runt.Itaquæ cum in ceteris inuentionibus fuerint grati in eius rei
cócetationibus maxime ſunt ſuſpecti. Alius enim alia ratione ex
plicarat quod delo imperauerat reſponſis apollo uti are eius quan
tú haberent pedum quadratorum id duplicaretur:& ita fore ut hi
qui eſſent in ea inſula liberarentur tunc religione Itaque Architas
cylindrorum deſcriptionibus Eratoſthenes organica ſolari ratio
ne idem explicauerunt . Cum hæc ſint tam magnis doctrinarum
iocunditatibus animaduerſa : & cogamur naturaliter inuentiſ
onibus ſingularum rerum conſiderantes effectus moueri multas

res attédens admiror etiã democriti de rerum natura uolumina &
eius commentariũ quod ſcribiſ Xeipotonton in quo etiã utebaſ
anulo ſignareſ amoltie eſt expertus. ergo eoꝛ uiroꝛ cogitata nõ
ſolũ ad mores corrigendos ſed etiã ad omniũ utilitatem perpetuo
ſunt preparata Athletaꝛ aũt nobilitates breui ſpatio cum ſuis cor
poribus ſeneſcunt florentes:neꝗ poſteritati hi quéadmodũ ſapien
tum cogitatata hoium uite prodeſſe poſſunt Cum uero neꝗ mori
bus neꝗ inſtitutis ſcriptoꝛ preſtantibus tribuanſ honores. Ipſe
autẽ per ſe mentes aeris altiora proſpicientes memoriaꝛ gradibus
ad coelum elati uiui imortalitati nõ modo ſñias ſed etiam figuraſ
eoꝛ poſteris cogunt eſſe notas.Itaꝗ qui lꝛarum iocũditatibus in
ſtructas habent mentes:non poſſunt non in ſuis pectoribus dedi
catas habere ſicuti deoꝛ ſicut Ennii poete ſimulacrum. Accii autẽ
caiminibus qui ſtudioſe dilectanſ non modo uerborum uirtutes
ſed etiã figurã eius uidenſ ſecum habere & preſenté eſſe. Item plu
res poſt noſtram memoriã naſcétes cum Lucretio uidebunſ ueluc
coram de rerũ natura diſputare de arte uero Rethorica cũ cicerone
Multi poſteroꝛ cũ Varrone conferent ſermonem de lingua latina
Non minus etiã plures philologi cum græcorum ſapiétibus mul
ta deliberantes ſecretos cum his uidebunſ habere ſermones: & ad
ſummã ſapientium ſcriptoꝛ ſñie corporibus abſentibus uetuſtate
florenteſ cum inſunt inter conſilia & diſputatióes maiores habent
ꝗ preſentiũ ſunt auctoritates omnes.Itaꝗ cæſar his auctoritatibuſ
fretus ſenſibus eorum adhibitis & conſiliis ea uolumina cõſcripſi
& prioribus ſepté de edificiis:octauo de aquiſ; In hoc de gnomo
nicis rõnibus quéadmodum de radiis ſoliſ in mũdo ſunt per um
bras gnomonis inuente:quibuſꝗ rõibus dilatenſ aut cõtrahanſ
explicabo.

De gnomonicis rationibus ex radiis ſolis per umbrã inuen
tis & mundo atꝗ planetis.

A autem ſunt diuina méte comparata: habentque admi
rationem magnam conſiderantibus : qd umbra gnomo
nis equinoctialis:alia magnitudine eſt Athenis:alia Ale
xandriæ:alia Romæ:non eadem placentie ceteriſꝗ orbis terrarum

locis.Itacp longe aliter diftant defcriptionef horologioȝ locorum
mutationibus.umbraru enim æquinoctialium magnitudinibus
defignatur.Analimma forme ex quibus perficiuntur ad rationem
locorum & umbre gnomonum horarum defcriptióes. analemma
Eft ratio conquifita folis curfu & umbre crefcentis a brume obfer
uatione inuenta equa per ratióes architectonicas circinicp defcri
ptióes eft inuentus effectus in mudo. Mundus aut eft omniu
nature reȝ conceptio fumma cœlucp fideribus conformatum
id uoluitur continenter circum terra atcp mare per axis cardi
nes extremos.Nancp his in locis naturalis poteftas ita archi
tectata eft:collocauitcp cardines tanq centru unu a terra in ma
ri in fumo mundo:ac poft ipas ftellas feptentrionu. Alterum
trans contra fub terra in meridianis partibus : ibicp circum eos
cardines orbiculos circum centra ut in torno perfecit qui græce pa
fche denominantur:per quos peruolitat fempiterno celum.Ita me
dia terra cum mari centri loco naturaliter eft collocata . his natura
difpofitis ita uti feptentrionali parte a terra excelfius habeat altitu
dine centrum.in meridiana aut parte inferioribus locis fubiectuȝ
a terra obfcuret.tunc etiam per medium tranfuerfa & inclinata in
meridie circuli delata zona.xii.fignis eft coformata: q eorum fpe
cies ftellis difpofitis.xii . partibus perequatis exprimit depictam
a natura figurationem.Itacp lucentia cum mundo reliquifcp fideri
bus ornatum circum terra marecp peruolatia curfus perficiunt ad
cœli rotuditate.omnia aut uifitata & inuifitata temporum necefli
tate funt conftituta:ex quibus fex figna numero fupra terra perua
gantur cum cœlo.cetera fub terram fubeuntia ab eius umbra ob
fcurantur:fex autem ex his femper fupra terram nituntur.quanta
pars enim nouiffimi figni depreffione coacta uerfationem fubiici
ens fub terram occultantur:tantundem eius contrarie conuerfatio
nis neceffitate fuppreffa notatione circumacta trans locis patenti/
bus & obfcuris egreditur ad lucem . Namcp uis una & neceffitas
utrumcp fimul orientem & occidetem perficit.Ea autem figna cum
fint numero.xii. partefȝ duodecimas fingula poffideant mundi:
uerfenturcp ab oriente ad occidentem cotinenter: tunc per ea figna

contrario curſu luna ſtella mercurii: ueneris: ipſe ſol: Itemꝗ mar
tis & iouis & ſaturni ut ꝑ graduũ aſcenſioné percurrétes alius alia
circuitióis magnitudine ab occidente ad orientem in mũdo ꝑeua
gantur. Luna die. viii. & . xx. amplius circiter hora cæli circuitioné
percurrens ex quo ceperit ſigno ire ad ſignũ reuertendo. perficit lu
narem menſem. Sol aũt ſigni ſpatiũ quod eſt. xii. pars mũdi men
ſe uertente uadens tranſit. ita. xii. méſibus. xii. ſignorũ interualla
ꝑuagãdo cum redit ad id ſignũ unde coeperit perficit ſpatiũ uer
tentis anni: ex eo quem circulũ luna terdecies in . xii. méſibus per
currit cum ſole hiſdem menſibus ſemel permetiꞇ. Mercurii autē &
ueneris ſtellæ circa ſolis radios: uti per centrum cũ itineribus coro
nantes regreſſus retrorſum & retardatione faciunt etiã ſtationibus
ꝓpter eam circinationem morãꞇ in ſpatiis ſignoꝝ. Id aũt ita eſſe
maxime cognoſciꞇ ex ueneris ſtella: ꝗea cũ ſolem ſequaꞇ poſt oc
caſum eius apparés in cœlo clariſſimeꝗ lucens . Veſperugo uocita
tur. aliis aũt temporibus eum ante currens & oriens ante lucé luci
fer appellaꞇ. Ex eoꝗ nonnunꝗ plures dies in ſigno commorãꞇ:
alias celeriter ingrediunꞇ in alteꝝ ſignũ. Itaꝗ ꝗ non equæ peragũt
numerũ dierũ in ſingulis ſignis: quãtũ ſunt morate prius tranſi
liendo celerioribus itineribus perficiũꞇ uti ꝗ demorenꞇ in nõnul
lis ſignis. Nihilominus cum eripiãt ſe a neceſſitate moræ celeriter
conſeqnunꞇ iuſtam circuitioné. Iter aũt in mundo mercurii ſtella
ita ꝑuolitat uti trecenteſimo & ſexageſimo die per ſignoꝝ ſpatia
currés perueniés ad id ſignũ: exquo priore circulatióe cepit facere
curſũ: & ita perequaꞇ eius iter ut circiter tricenos dies in ſingulis
ſignis habeat numeri róñem. Veneris autē cũ eſt liberata ab impe
ditione radioꝝ ſolis. xxx: diebus percurrit ſigni ſpatium: quo mi
nus quadragenos dies in ſingulis ſignis patiꞇ cum ſtatióem fece
cerit reſtituit eam ſummã numeri in uno ſigno moratã. Ergo cum
circuitioné in celo quadringenteſimo & octogeſimo & quinto die
permenſa iteꝝ in id ſignũ ex quo ſigno prius iter faceꞇ cepit. Mar
tis uero circiter ſexcenteſimo octogeſimo tertio ſideꝝ ſpatia ꝑua
gãdo peruenit eo: ex quo initiũ faciédo curſũ fecerat añ & in qbuſ
ſignis celerius percurrit cum ſtationem fecit explet dieꝝ numeri ra

tionem. Iouis aūt placidioribus gradibus scandens contra mundi
uersationem circiter .ccc.lxv. diebus in singula signa permetit : &
consistit post annū. xi. & dies. cccxxiii. & redit in id signū in quo
ante. xii. annos fuerat. Saturni uero mensibus undetriginta & am
plius paucis diebus peruadens per signi spatiū anno nono &. xx.
& circiter diebus .clx. in quo ante tricesimo fuerat anno in id resti
tuitur : ex eoq̣ quo minus ab extremo distat mūdo tanto maiore
circinatiōe rotæ percurrēdo tardior uidetur esse. hi aūt qui supra
solis iter circinatiōes peragunt maxime cum in trigono fuerint: q̣d
is inierit: cum non progrediuntur sed regressus facientes morant̄
Donicum idem sol de eo trigono in aliud signum transitionem
fecerit id aūt non uullis sic fieri placet quod aiunt solem cū lōgius
absit abstātia quadam nō lucidis itineribus errantia per ea sidera
obscuratis morationibus impediri. nobis uero non uidet̄ . Solis
enim splendor perspicibilis & patens sine ullis obscuratiōibus est
per omnē mundum: ut etiam nobis apparet cum facient he stellæ
regressus & moratiōes. ergo si tantis interuallis nostra spēs potest
id aiaduertere quid ita diuinationibus splēdoribusq̣ astroɤ iudi
camus obscuritates obiici posse. Ergo potius ea ratio nobis consta
bit q̣ feruor quemadmodū ōes res euocat & ad se ducit: ut etiā fru
ctus ex terra surgentes in altitudinē per calorem uidēmus: non mi
nus aquæ uapores a fontibus ad nubes per arcus excitari: eadē ra
tione solis impetus uehemens radiis trigoni forma porrectus inse
quentes stellas ad se perducit: antecurrentes ueluti refrenando reti
nendoq̣ non patit̄ progredi: sed ad se regredi in alterius trigoni
signū esse. Fortasse desiderabit̄ quid ita sol qnto a se signo potius
q̣ secundo aut tertio: q̣ sunt propiora facit in his feruoribus reten
tiones. Ergo quemadmodū id fieri uideat̄ exponam. Eius radii in
mundo utii trigoni paribusq̣ lateribus formæ lineationibus extē
dunt̄: Id aūt nec plus nec minus est ad qntam ab eo signo: Igitur
si radii per omnem mundum fusi circinatiōibus uagarent̄: Neq̣
extentionibus porrecti ad trigoni formam liniarent̄. Propiora fla
grarent. Id aūt etiam Euripides græcoɤ poeta aniaduertisse uidet̄
Ait enim quæ longius a sole essent hæc uehementius ardere: Pro

piora uero eū temperata habere, itacȝ ſcribit in fabula Phaetōte ſic

Si ergo res & ratio & teſtimonium poete ueteris id oſtendit nō pu
to aliter oportere iudicari niſi quemadmodum de ea re ſupra ſcrip
tum habemus. Iouis autem inter martis & ſaturni circinationem
currens: maiorem q̄ mars: minorem q̄ ſaturnus peruolat curſum.
Item relique ſtelle quo maiore abſunt ſpatio ab extremo cœlo pxi
mamcȝ habent terræ circinationē celerius uidentur, q̄ quecūcȝ ea
rum minorem circinationem peragens ſæpius ſubigēs præterit ſu
periorem. quemadmodum ſi in rota qua figuli utuntur impoſite
fuerint ſeptem formicæ canaleſcȝ totidem in rota facti ſint, circum
centrum in imo adcreſcentes ad extremum in quibus hæ cogant
circinatiōem facere: uerſeturcȝ rota in alteram partē meceſſe erit eas
contra rote uerſationem nihil minus aduerſus itinera perficere, &
q̄ proximum centrum habuerit celerius peruagari: quæcȝ extremū
orbem rotæ peragat etiam ſi æque celeriter ambulet propter mag
nitudinem circinationis multo tardius perficere curſum. Similiter
aſtra nitentia contra mundi curſum ſuis itineribus perficiunt cir
cuitum ſed cœli uerſatiōe redundanibus referūt quotidiana tem
poris circulatione. Eſſe autem alias ſtellas temperatas alias feruen
tes: etiamcȝ frigidas hæc eſſe cauſa uidetur q̄ omnis ignis in ſupe
riora loca habet ſcandentem flammā. ergo ſol ethera qui eſt ſupra
ſe radiis exurens efficit candentem in quibus locis habet curſum
martis ſtella itacȝ feruens ab ardore ſolis efficitur. Saturni autē q̄
eſt proxima extremo mundo tangit congelatas cœli regiōes uehe
menter eſt frigida. ex eo eſt iouis cum inter utriuſcȝ circinatiōes ha
bet curſum a refrigeratione calorecȝ eorum medio conuenientes tē
peratiſſimoſcȝ uidetur habere effectus. De zona. xii. ſignorum &
ſeptem aſtrorum contrario opere ac curſu quibus ratiōibus & nu
meris tranſeunt e ſignis in ſigna & circuitum eorum uti a precep
toribus accepi expoſui. Nunc de creſcenti lunæ lumine diminutio
neqȝ uti traditū eſt nobis a maioribus dicam. Beroſus qui a chal
deorum ciuitate ſiue natione progreſſus in aſiam & diſciplinā cal

diſcam patefecit ita eſt profeſſus pilam eſſe ex dimidia parte cande
tem reliqua habere ceruleo colore: Cum autem curſum itineris ſui
peragens ſubiret per orbem ſolis tunc eam radiis & impetu caloriſ
corripi conuertiꝗ cadentem propter eius proprietatem luminis ad
lumen. cum auteʒ ea uocata ad ſolis orbes ſupiora ſpectet tunc in
feriorem partem eius ꝗ candens non ſit propter aeris ſimilitudine
obſcuram uideri: tum ad perpendiculum eſſet ad eius radios totū
lumen ad ſuperiorem ſpeciem retineri & tunc eam uocari primam.
cum preterietis uadit ad cœli orientis partes relaxari ab impetu ſo
lis. extremamꝗ eius partem candentiæ oppido ꝗtenui linea ad ter
ram mittere ſplendorem. & ita ex eo eam ſecundam uocari. Quoti
diana autem uerſationis remiſſione tertiam quartam in dies nume
rari. Septimo ſol die ſit ad occidentem medias teneat cœli regiones
ꝗ dimidia parte cœli ſpacio diſtaret a ſole inter dimidiam canden
tie conuerſum habere ad tertam: inter ſolem uero & lunam cum di
ſtet totum mundi ſpatium & lune orientis. ſol cum tranſit ad occi
dentem eam quo longiuſ arſit a radiis remiſſam. xiiii. die plena ro
ta totius orbis mittere ſplendorem reliquoſꝗ dies de creſcétia quo
tidiana ad perfectionem lunaris menſis uerſationibus & curſu a ſo
le reuocantibus ſubire ſub rotam. radioſꝗ eius & méſtruas etiam
dierum efficere rationeſ. uti autem Ariſtarchus ſamius mathemati
cus uigore magno rationes uarietates diſcipliniſ de eadem reliquit
exponam. Non enim latet lunam ſuum propriumꝗ habere lume
ſed eſſe uti ſpeculum & a ſolis impetu recipere ſplendorem. nanꝗ
luna de ſeptem aſtris circulum proximum terre in curſibus mini
mum peruagatur. ita ꝗ méſibus ſub rotam ſolis radioſꝗ uno die
anteꝗ preterit latens obſcuraſ cum eſt cum ſole noua uocatur: po
ſtero autem die cum numeratur ſecunda preteriens a ſole uiſitatio
nem facit tenuem extreme rotundationis cum triduum receſſit a ſo
le creſcit & plus illuminatur: quotidie uero diſcedens cum peruéit
ad diem ſeptimum diſtans a ſole occidente circiter medias cœli re
giones dimidia lucem & eius que ad ſolem pars ſpectat ea eſt illu
minata. Quarto autem decimo die cum in diametro ſpatio torius
mundi abſit a ſole perficitur plena & oritur cum ſol ſit ad occidea

tem. ideoq̃ cp totum ſpatium mundi diſtans conſiſtit côtra & im
petu ſolis totius orbis in ſe recipit ſplêdorem. Septimodecimo die
cum ſol oriatur ea preſſa eſt ad occidentem. Vigeſimo & altero die
cum ſol eſt exortus luna tenet circiter medias cœli regiones & id
quod ſpectat ad ſolem id habet lucidum reliquis obſcura. item
quotidie curſum faciendo circiter octauo & uiceſimo die ſubit ra
dios ſolis & ita menſtruas perficit rationes. Nûc ut in ſingulis mê
libus ſol ſigna peruadens auget & minuit dierum & horarum ſpa
tia dicam.   De ſolis curſu per.xii.ſigna.

     Anq̃ cum ſol arietis ſignum iniit & partem octauam p
n   uagatur perficit æquinoctium uernum. Quom progre
ditur ad caudam tauri ſiduſq̃ uergiliarû e quibus emi
net dimidia pars prior tauri in maius ſpatium mundi q̃ dimidiû
procurrit. procedens ad ſeptentrionalem partem e tauro cû ingre
ditur in geminos exorientibus uergiliis magis creſcit ſupra terrã
& auget ſpatia dierum. Deinde geminis cum iniit ad cãcrum qui
breuiſſimum tenet cœli ſpatium cum peruenit in partem octauã
perficit ſolſtitiale tempus & peragens perueniens ad caput & pec
tus leonis cp hæ partes cancro ſunt attribute.e pectore autem leo
nis & fini bus cancii ſolis exitus percurrens reliquas partes leonis
imminuit diei magnitudinem & circiationis:reditq̃ in geminoꝝ
æqualem curſum. Tunc uero a leone tranſiens in uirgine₃ progre
dienſq̃ ad ſignum ueſtis eius contrahit circinationem & æquat ad
eam quam taurus habet curſum rationem.e uirgine autem progre
diens per ſignum qui ſinus libre partes habet primas in libre par
te.viii.perficit equiooctium autumnale qui curſus equat eam cir
cinationem que fuerat in arietis ſigno.ſcorpionem autem cum ſol
ingreſſus fuerit occidentibus uergiliis minuit progrediens meridi
anas partes longitudines dierum.e ſcorpione cum percurrendo in
iit in ſagittarium ad femina eius contractiorem diurnu₃ peruolat
curſum. Cum autem incipit a feminibus ſagittarii que pars eſt at
tributa capricorno ad partem octauam breuiſſimum cœli percur
rit ſpatium ex eo a breuitate diurna bruma ac dies brumales ap
pellant.e capricorno autem tranſiens in aquarium adauget.exeq̃t

fagictatfi longitudine diei fpatium.ab aquario tum ingreffus eft
in pifces fauonio flate fcorpionis comparat equalem curfum . Ita
fol ea figna peruagando certis temporibus auget aut minuit die
rum & horarum fpatia. Nunc de ceteris fideribus que funt dextra
ac finiftra zona fignorum meridionali feptentrionaliq; parte ftel
lis difpofita figurataq; dicam.

De cæteris fideribus a dextra & leua zodiaci

Anq; feptentrio quem græci nominant Arcton fiue heli
cen habet poft fe collocatum Cuftodem ab eo non longe
cõformata eft Virgo cuius fupra humerum dextrum lu
cidiffima ftella nititur quam noftri Prouidentiam :maiores græci
propigecton uocant. Candens autem magis fpecies eius eft colora
ta. Item alia contra eft ftella media cuftodis gemini arcti qui arctu
rus dicitur eft ibi dedicatus e regione capitis feptentrionis tranf
uerfus ad pedes geminorum Auriga ftat in fummo cornu tauri.
itemq; in fummo cornu leuo & aurigæ pedes una tenet parte ftel
lam & appellant aurigæ manus. Hedi caput leuo humero tauri
quidem & arietis infuper Perfeus dexterioribus fubtercurrens ba
fim. Vergilias a finifterioribus caput arietis & manu dextra inni
tens Caffiopee fimulacro leua fupra aurigã tenet Gorgoneum ad
fummum caput fubiiciefq; Andromede pedibus. Itẽ Pifces fupra
andromedam & eius uentris & equi que funt fupra fpinam equi
cuius uentris lucidiffima ftella finit uentrem equi & caput andro
medæ. Manus andromede dextra fuper caffiopes fimulacrum con
ftituta eft. Leua aquilonalem pifcem. Item aquarii fupra equi capi
tis equi ungule attinguut aquarii genua. Caffiopæ media eft dedi
cata. capricorni fupra in latitudinem. Aquila & Delphinus fecun
dum eos eft fagitta. Ab ea autem uolucris cuius penna dextra ce
phei manum attingit & fceptrum Leua fupra caffiope innittitur
fub auis cauda. Pedes equi funt fubtecti. inde Sagittarii Scorpio
nis Libre infuper Serpens fummo roftro coronam tangit ad eum

mediuȝ Ophiulcus in manibus tenet ferpentem leuo pede calcans mediam frontem Scorpionis partem ophiulci capitis non longe pofitum eft caput eius qui dicitur Nefus. In genibus autem eoꝗ faciliores funt capitum uertices ad cognofcendum ꝙ non obfcuris ftellis funt conformati. Pes ingeniculati ad id fulcitur capitis tem pus ferpentis: cuius arcturum qui feptentriones dicuntur impli catuſ parue per eos flectitur. Delphinus contra uolucris roftrum propofita lyra inter humeros cuftodis & geniculati corona eft or nata. In feptentrionali uero circulo dux pofite funt arcti fcapulo rum dorfis inter fe compofitæ & pectoribus auerfe e quibus mi nor Cynofura maior helice a græcis appellatur: eæꝗ capita in ter fe defpicient ā funt conftituta: caude capitibus earum aduerfæ contra difpofitæ figurantur. Vtrorúnꝗ enim fuperando eminent in fummo per caudas eorum effe dicitur. item ferpens eft porrecta æqua ftella que dicitur poft polus & lucet circum caput maioris feptentrionis. Nanꝗ que eft proxima Draconem circum caput ei uis uoluitur. Vna uero circu Cynofure caput iniecta fluxu porre ctaꝗ proxime eius pedes. Hæc autem intorta replicataꝗ capite mi noris ad maiorem circa roftrum & capitis tempus dextrum. item fupra caudam minoris pedes funt cephei ibiꝗ ad fummum cacu men facientes ftelle funt trigonum paribus lateribus infuper arie tis fignum. Septentrionis autem minoris & caffiopes fimulacri co plures funt ftelle confufæ. Que funt ad dextram orientis inter zo nam fignorum & feptentrionum fidera in cœlo difpofita dixi effe nunc explicabo quæ ad finiftram orientis meridianifꝗ partibus a natura funt diftributa.

De fideribus ad leuam zodiaci.

Rimum fub capricorno fubiectus pifcis auftrinus cau
p da profpiciens Cephea. ab eo ad fagittariū locuf eft ina
nis. Turibulūm fub fcorpionis aculeo. Centauri priores partes proxime funt libræ & fcorpionem tenent in manibus. Simu

lacru3 id quod Bestiam astrorum periti nominarunt ad uirginé
& leonem & cancrum anguis porrigens agmen stellarum intortus
subcingit regionem cancri erigens rostrum ad leonem medioq3 cor
pore sistinens craterem ad manumq3 uirginis caudam subiiciens
in qua inest Coruus. Que sunt auté supra scapulas peraq3 sunt lu
centia . ad anguis interius uentris sub caudam subiectus est Cen
taurus iuxta craterem & leoné. Nauis est qué nomiatur Argo: cu
ius prora obscuritur sed malus & que sunt circa gubernacula emi
nentia uidentur. Ipsaq3 nauicula & puppis per summam caudam
cani iungitur. Geminos autem minusculos canis sequitur contra
anguis caput. maior item sequitur minorem. Orion uero transuer
sus est subiectus pressus ungula centauro manu leua tenens clua3
alteram ad geminos tollens. Caput eius basim canis paruo inter
uallo insequens leporé arieti & piscibus Cetus est subiectus. a cu
ius crista ordinate utrisq3 piscibus disposita est tenuis fusio. stella
rum quæ græce uocitatur Hermedoné magnoq3 interuallo intror
sus pressus nodus serpentis attingit summam ceti cristam. Ericta
hum per speciem stellarum. flumen prostuit: initium fontis capi
ens a leuo pede orionis. Que uero ab aquario fundi membratur a
qua prostuit inter piscis austrini caput & caudam ceti Que figuré
ta conformataq3 sunt siderum in mundo simulacra natura diuina
q3 mente designata ut Democrito phisico placuit exposui. Sed ea
tamen quorum ortus & occasus possumus animaduertere & ocu
lis contueri. Nanq3 uti septentriones circum axis cardinem uersan
tur non occidunt neq3 sub terram subeunt. sed & si circa meridia
num cardinem qui est propter inclinationem mundi subiectus ter
re sidera uersabunda latentiaq3 non habent egressus orientis supra
terram. itaq3 eorum figurationes propter obstantiam terre non sut
note. Huius autem rei index est stella Canopi que his regionibus
est ignota. Renuntiant autem negotiatores qui ad extremas ægyp
ti regiones proximasq3 ultimis finibus terræ terminationes fuerut
De mundi circa terram peruolitantia duoddecimq3 signorum & sep
tentrionali meridianaq3 parte siderum dispositione ut sit perfectus

docui:nanqz ex eá mundi uersatióne & cótrario solis per signa' cur
su gnomonumqz æquinoctialibus umbris Analemmatorum in
ueniuntur descriptiones. Ceterä ex astrologia quos effectus habét
signá Duodecim stelle quinque Sol Luna ad humanam uitæ ratio
né Chaldeórum ratiocinationibus est concedenduz qp propria est
eorum gentilogiæ ratio uti possint ante facta & futura ex rationi
nationibus astrorum explicare. Eorum autem inuentiones rélique
runt. inqz solertia acuminibusqz fuerunt magnis qui ab ipsa ñatio
ne Caldeorum profluxerunt. Primusqz Berosus in insula & ciuita
takónsedit ibiqz aperuit disciplinam. Postea studens Antipater. ité
qz Archinapolus qui etiam non e nascentiá sed ex córeptione gen
tilogiæ rationes explicatas reliquit. De naturalibus autem rebus
Tales Milesius Anaxagoras Clazomenius Pytagoras SamiusEXe
nóphanes Colophonius Democritus Abderites rationes quibus
e rebuf ñatura rerum gubernaretur quemadmódum quosqz effec
tus habeat excogitatas reliquerunt. Quórum inuenta secuti side
rum & occasus tempestatumqz significatus. Eudoxus Euchemon
Cal istus Melo Philippus Hipparchus Aratus ceterisqz ex astrolo
gia Parapegmatorum disciplinas inuenerunt &eas posteris expli
catas reliquerunt. Quorum scientie sunt hominibus suscipiéde qp
tanta cura fuerunt út etiam uideantur diuina mente tempestatum
significatus post futuros ante pronuntiare. Quás ob res hæc corú
curis studiisqz sunt concedenda. nobis autem ab his sepeáde sunt
rationes explicandc menstrue dierum breuitates. itemqz depalatio
nes. Nanqz sol æquinoctiali tempore Ariete Libraqz uersádo quas
ex Gnomone partes habent nouem eas umbre facit .viii. in decli
natione cœli que est Rome itemqz Athenis que sunt magne gno
monis partes quatuor umbre sunt tres ad quinqz duo rhodi .xv.
ad Tarenti undecim quinqz ad tres ceterisqz omnibus locis Aliæ
alio modo umbre gnomonum æquinoctiales a natura rerum in
ueniuntur disparate. itaqz in quibuscunqz locis horologia erút de
scribéda.eo loci sumenda est equinoctialis umbra.& si erunt qué
admodum Romæ Gnomonis partes nouem umbre octogene de

scribantur in planitia & ex media Prosorchas erigatur uti sit ad
normam que dicitur Gnomon & a linea quæ erit planities in fine
Gnomonis circum nouem spatia demetiantur . & quo loco none
partis signum fuerit centrum constituatur ubi erit littera A. & de
ducto circino ab eo centro ad lineam planitia ubi erit littera.B. cir
cinatio circuli describatur quæ dicitur meridiana. Deinde ex nouē
partibus que sunt in planitia ad Gnomonis centrum octo suman
tur & signentur in linea quæ est in planitia ubi erit littera.C. hæc
autem erit gnomonis æquinoctialis umbra. & ab eo signo & litte
ra.C. per centrum ubi est littera. A. linea perducatur ubi erit solis
æquinoctialis radius. Tunc a centro deducto circino ad lineam
Planitiæ æquilatatio signetur ubi erit littera e. sinisteriori parte &
inde altiore in extremis lineis circinationis & per centrum perducē
dum ut equa duo hemiciclia sint diuisa. Hec autem linea a mathe
maticis dicitur Orizone. Deinde circinationis totius sumē la pars
est. xv. & circini centrū collocandum in linea circinationis. Quo lo
ci secat eam lineam equinoctialis radius ubi erat littera.c. & signā
dum dextra sinistra ubi sunt litterę.g.h. Deinde ab his lineis usqȝ
ad lineam planitiæ perducende sunt ubi erunt littere.t.r. ita erit so
lis radius unus hibernus Alter æstiuus Contra autem e littera.i.
erit qui secat circinationem linee que est traiecta per centrum ubi e
runt littere.I.R.L.M. & contra.R. linee erunt.R.H.X.I.L.& cō
tra.c.&.F.&.A. erit littera.N. Tunc perducēde sunt diametro ab
c.ad.i.& ab.h.ꝗ erit inferior partis æstiue superior hibernæ eque
diametro sunt æque medie diuidende ubi erunt littere. O. &. P.
Ibiqȝ centra signanda & per ea signa & centruȝ.c. linee ad extremas
lineas circinationis sunt perducendæ ubi erunt littere .G. P. T .
R. hæc erit linea Prosorchas radio equinoctiali. Vocabitur autem
hæc linea mathematicis ratiōibus Axon, & ab eisdem cētris deduc
to circino ad extremas diametros describantur hemiciclia. Quorū
unum erit estiuum alterum hibernum. Deinde in quibus locis se
cant lineæ paralellon & lineam que dicitur Orizon in dexteriore p̄
te erit littera. P. in sinisteriore .T. & ab littera.F. ducatur linea

parelellos axon ad extremum hemicicliuȝ ubi erit littera. V. & ab
c. ad siniſtram hemiciclii. item peralellos linea ducatur ad litteraȝ
x. hæc autem paralellos linea uocitatur Locothomus & cum circi
ni centrum collocandum eſt eo loci quo ſecat circinationem æqui
noctialis æſtiuus radins erit littera. e. & deducendum ad eum locú
quo ſecat circinationem eſtiuus Radius ubi erit littera. N. e. & de
ducendum ad eum locum quo ſecat circinationem æſtiuus radius
ubi eſt littera. h. e. centro æquinoctiali interuallo eſtiuo circinatio
circuli menſtrui agatur qui maiachus dicitur: ita habebit̃ analé
matos deformatio. Cum hoc ita ſit deſcriptum & explicatum ſiue
per hybernas lineas ſiue equinctialis radius ubi erit. e. lra ſed de
ducendum ad eum locum quo ſecat circinationem per eſtiuas ſiue
per equinoctiales aut etiam per menſtruas in ſubiectionibus ratio
nes horarum erunt ex analemmatis deſcribende : ſubiicianturȝ
in eo multę uarietates & genera horologiornm: & deſcribuntur ra
tionibus his artificioſis. Omnium autē figuraruȝ deſcriptionúȝ
earundm effectus unus uti dies equinoctialis brumaliſȝ idemȝ ſol
ſtitialis in. xii. partes tȳliter ſit diuiſus. Quas ob res non pigritia
deterritus pretermiſi. ſed ne multa ſcribendo offendam. a quibus
que ihuenta ſunt genera deſcriptioneſȝ horologiorum exponam
Neȝ enim nunc noua genera inuenire poſſuȝ nec aliena pro meis
predicanda uidentur. Itaȝ que nobis tradita ſunt & a quibus ſiut
inuenta dicam.

De Horologiorum ratione
& uſu atꝗ eorum inuentione

Emiciclium excauatum ex quadrato ad enclimaꝗ ſucciſũ
h Beroſus Chaldeus dixit inueniſſe Scaphē ſiue hemiſphe
rium Ariſtarchus Samius idem etiam diſcũ in planitia.
Arachanen Eudoxus aſtrologus. Nonnulli dicunt Apollonium
Panthium ſiue Lacunar quod etiam in circo flaminio eſt poſitum
Scopinaſ Syracuſius proſta tiſtorumena Parmenon Propſandema
Theodoſius & Andrias Patrocles Pelecinum. Dieniſius Poruſcô
num Apollonius Paretrum Aliaꝗ genera & qui ſupra ſcripti
ſunt & alii plures inuenta reliquerunt. uti Ghonarchenen Cona
tum Plinthium Anthiboreum. Item ex his generibus uiatoria pē
ſilia uti fierent plures ſcripta reliquerunt. Ex quorum libris ſi qs
uelit ſubiectiones inuenire poterit dummmodo ſciat Analemma
tos deſcriptiones. Item ſunt ex aqua conquiſite ab eiſdem ſcriptori
bus horologiorum rationes. Primumꝗ a cleſbio Alexandrino q
etiã ſpiritus naturales pneumaticasꝗ res inuenit. ſed uti fuerunt
ea exquiſita dignum ſtudioſis agnoſcere. Cleſbius enim fuerat A
lexandriæ natus patre tonſore. Is ingenio & induſtria magna præ
ter reliquos excellens dictus eſt artificioſis rebus ſe delecta e. náꝗ
cũ uoluiſſet ĩ taberna ſui pfis ſpeculũ ita pēdere ut cũ duceret ſur
ſũꝗ reduceret linea latēs pôdus deduceret ita collocauit machiató
nē Canalē ligneũ ſub tigno fixit ibiꝗ trocleas collocauit p canalē
lineam in angulũ deduxit ibiꝗ Tubulos ſtruxit in eos pilaꝛ plũ

beam per lineam demittendam curauit ita pōdus cum decurrēdo
in angustias tubulorum premeret coeli crebritatem uehementi de
cursu per fauces frequentiam coeli compressione solidatam extru
dens in aerem patentem offensionem tactu sonitus e xpresserat cla
ritatem. ergo Cteibius cuz animaduertisset ex tactu coeli & expres
sionibus spiritus uocesq̃ nasci his pricipiis usus hydraulicas ma
chinas primus instituit. Item aquarum expressiones auctomato pie
tasq̃ machinas multaq̃ delitiarum genera. in his etiam horologio
ruz ex aqua comparationem explicuit. Primumq̃ constituit czuū
ex auro perfectum aut ex gemma terebrata. ea enim nec teruntur
pertussu aque nec sordes recipiunt ut obturentur. Nanq̃ aequali
ter per id cauum influens aqua subleuat scaphum inuersum qd
ab artificibus phelos siue timpanum dicitur in quo collocata est
regula. uersatile timpanum denticulis equalibus sunt perfecta. q
denticuli alius alium impellentes uersetiones modicas faciunt &
motiones. Item alie regule aliaq̃ timpana ad eundem modum den
tata una motione uersando faciunt effectus uarietatesq̃ motionū
. in quibus mouentur sigilla uertuntur mete calculi aut 7ona p
proiiciunt buccine canunt. Reliquaq̃ Parerga. in his etiam
aut in columna aut parastatica horae describuntur qua sigillum e
grediens ab ima uirgula significat in diem totum. Quorum breui
tates aut crescentias Cuneorum adiectus aut exemptus in singulis
diebus & mensibus perficere cogit. Preclusiones aquarum ad tem
perandum ita sunt constitute: mete fiunt due una solida una ca
ua ex torno ita perfecte ut alia in aliam inire conuenireq̃ possit &
eadem regula laxatio earum aut coarctatio efficiat aut uehementē
aut lenem in ea uasa aque influentem cursum ita his rationibus
& machinatione ex aqua componuntur horologiorum ad hiber
num usum collocationes. Sin autem Cuneorum adiectionibus &
detractionibus correptiones dierum aut crescentie ex Cuneis non
probabuntur fieri: cp cunei sepissime uitia faciunt. sic erit explica
dum in Columella hore ex analemmatis trasuerse describantur mē
strueq̃ linee in columella signentur eaq̃ Columella uersatilis perfi

ciatur:uti ad sigillum uirgulamq; qua uirgula egrediēs sigillum stendit horas:colūna uersando continenter suis cuiusq; mensibus breuitates & crescentias faceret horarum. Fiunt etiam alio genere horologia hyberna quæ anaporica dicuntur perficiunturq; ratiōi bus his Hore disponūt̃ ex uirgulis æneis & ex analemmatos de scriptiōe ab centro disposite a fronte:in ea circuli sunt circumdati menstrua spatia facientes. Post has uirgulas timpanum in quo de scriptus & depictus est mundus signiferq; circulus descriptioq; ex xii. cœlestium signorum figurata eius & centro deformatio unum maius alterum minus. Posteriori autem parti timpāo medio axis uersatilis est inclusus. inq; eo axi ænea mollis catena est inuoluta ex qua pendet ex una parte phellos siue timpanū quod ab aqua subleuatur altero æquo pondere phellis sacoma saburrali. ita quā tum ab aqua phellis subleuatur tantum saburre pondus infra de ducens uersat axem. Axis autem timpanum:cuius timpani uersa tio alias efficit uti maior pars circuli signiferi alias minus in uersa tionibus suis temporibus designet horarum proprietates. Nanq; in sigulis signis cuiusq; mensis dierum numeri caua sunt perfecta cuius bulla quæ solis imaginem horologiis tenere uidetur signifi cat horarū spatia. ea trāslata ex terebratiōe in terebrationē mēsis uer tētis pficit cursum suū. itaq; quemadmodū sol per siderū spatia ua dens dilatat contrahitq; dies & horas sic bulla in horologiis ingre diens per puncta contra centri timpani uersationem quotidie cū transfertur aliis temporibus per latiora aliis per angustiora spatia menstruis finitionibus imagines efficit horarum & dierum. De administratione autem aquæ quemadmodum se temperet ad rati onem sic erit faciendum. Post frontem horologii ita collocetur ca stellum. in idq; per fistulam saliat aqua & in imo habeat cauum. ad id autem affixum sit: ex ære timpanum habens foramen per quod ex castello in id aqua influat. in eo autem minus timpanū includatur cardinibus de torno masculo & femina inter se coarcta tis ita uti minus timpanum quemadmodum epithonium in mai ore circūagēdo arcte leuiterq; uerset. maioris aūt timpani labrum

æquis interuallis.cccc.lxv.pũcta habeat fignata,minor uero orbi
culus in extrema circinatione fixam habeat lingulam:cuius cacu
men dirigat ad punctorum regiones.inꝗ eo orbiculo temperatuʒ
fit foramē quia in timpanum aqua influit per id & feruat admini
ftrationē.Cum autem in maioris timpani labro fuerit fignoi
rum cœleftium deformationes.Id autem fit immotum & in fum
mo habeat deformatum cancri fignum ad perpendiculum eius in
imo capricorni ad dextram fpectantis libre ad fini&ram arietis fig
ni ceteraꝗ inter eorum fpatia defignata fint uti in cœlo uidentur.
Igitur cum fol fuerit in capricorni orbiculo Lingula in maioris
timpani parte & capricorni quotidie fingula puncta tangens ad
perpendiculum habens aqut currentis uehemens pondus celeri
ter per orbiculi foramen id extrudit ad uaftum excipiens eam eum
breui fpatio impletur:corripit & contrahit dierum minoera fpatia
& horarum.Cum autem quotidiana uerfatione maioris timpani
lingula ingrediatur in aquario cuncta defcendent foramina perpē
diculo & aquæ curfu uehementi cogitur tardius emittere falientē
in quo minus celeri curfu uas excipit aquam dilatat horarum fpa
tia.Aquarii uero pifciumꝗ punctis uti gradibus fcandens orbicu
li foramen in ariete tangendo octauam partem aquæ temperate fa
lienti preftat equinoctiales horas ab ariete per tauri & geminoruʒ
fpatia ad fumma cancri puncta.Partis octaue foramen aut timpa
num uerfationibus peragens & in altitudinem eo rediens uiribus
extenuatur & ita tardius fluendo dilatat morando fpatia & efficit
horas in cācri figno folftitiales.A cancro cum proclinat & peragit
per leonem & uirginem partis octauæ ad libræ puncta reuertendo.
& gradatim corripiendo fpatia contrahit horas & ita peruenies ad
puncta libre equinoctialis rurfus reddit horas per fcorpionis ue
ro fpatia & fagittarii procliuius deprimens fe fe foramen rediens ꝗ
circumactione ad capricorni partem octauam.reftituitur celeritate
falientis ad brumales horarum breuitates que funt in horologio
rū defcriptióibus rationes & appatus ut fint ad ufū expeditiores ꝗ
aptiffie potui pfcripfi.iftac nūc de machiatóibus & d eaꝛ priciptis

rōcinari. itaq; de his ut corpus emēdatum architecture perficiatur in sequenti uolumine incipiam scribere

VICTRVVII POLLIONIS LIBER DECIMVS IN QVO DE MACHINATIONIBVS RATIOCINATVR.

Obili græcorum & ampla ciuitate ephesi lex uetu sta dicitur a maioribus dura conditione sed iure es se non iniquo constituta. nam architectus cum pu blicum opus curandum recipit pollicetur quanto sumptui adsit futurum tradita estimatione magi stratui bona eius obligātur donec opus sit perfec tum. absoluto autem cum ad dictum impensa respondet decretis & honoribus ornatur. item si non amplius quam quarta in opere consumitur ad estimationem est adiicienda de publico prestatur neq; ulla pœna tenetur. Cum uero amplius quam quarta in opere consumitur ex eius bonis ad perficiendum pecunia exigit'. Vtinā dii immortales fecissent cp ea lex etiam populo romaro nō modo publicis sed etiam priuatis edificiis esset cōstituta. Nanq; nō sine pœna grassarentur imperiti: sed qui summa doctrinarum subtili tate essent prudentes sine dubitatione profiterentur architecturam neq; patres familiarum inducerentur ad infinitas sumptuum ꝓ ro fusiones & ut e bonis eiicerentur ipsiq; architecti pœne timore co acti diligentius modum impensarum ratiocinaces explicarēt uti patres familiarum ad id quod preparauissent seu paulo amplius adiicientes ædificia expedirent. Nam qui quadraginta ad opus possunt parare si adiicient centum habendo spem perfectionis de lectationibus tenentur. Qui autem adiectione dimidia aut ampli ore sumptu onerantur omissa spe & impensa obiecta fractis rebus & animis desistere coguntur. Nec solum id uitium in edificiis sed etiam in mūeribus que a magistratibus foro gladiatoꝝ scēisq; ludoꝝ dāt'. qbus nec mora neꝝ expectatio cōcedit' sed necessitas finito tpe pficere cogit. id ē sedes spectaculoꝝ ueloꝝq; inductiones sūt & ea oīa q scēicis moribus ꝑ machiatiōe ad spectatōes populo

cõparantur. In his uero opus eft prudētia diligens & igenii doctif
fimi cogitata ꝙ nihil perficitur eoꝗ fine machinatione ftudioꝗ
uario ac folerti uigore. igitur quoniam hæc ita funt tradita & cõ
ftituta non uidetur effe alienum uti caute fummaꝗ diligentia an
teꝗ inftituantur opera eorum expediantur rationes. ergo quoniã
neꝗ lex neꝗ morum inftitutio id poteft cogere:& quotannis & ꝓ
tores & ediles ludorum caufa machinationes preparare debēt uƚ
fum mihi eft imperator non effe alienum quoniam de ædificiis in
prioribus uoluminibus expofui in hoc qui diffinitioneꝫ fummã
corporis habet conftitutam que fint principia machinarum ordi
nata preceptis explicare.

De machina quid fit & eius ab organo differen
tia origine & neceffitate.

Achina eft continens ex materia coniūctio maximas ad
m   onerum motus habens uirtutes. ea mouetur ex arte cir
culorum rotundationibus quam græci ciclicentefin ap
pellant. eft aūt unum genus fcanforium quod græce acrobaticon
dicitur alterum fpiritale quod apud eos pneumaticon appellatur
tertium tractorium. id autem græci banufon uocant. Scanforie au
tem machine ita fuerint collocate ut ad altitudinem tignis ftatu
tis & tranfuerfariis colligatis fine periculo fcandatur ad apparatuſ
fpectationem Spirabiles ut cum fpiritu & expreffionibus impul
fus & plage uocefꝗ organicos exprimāt. Tractoriū uero cum one
ra machinis pertrahuntur aut ad altitudinem fublata collocantur
Scanforia uero non arte fed audacia gloriatur. ea catenationibus
& crifmatorum fulcturis continetur. Quæ autem fpiritus potefta
tem affumit ingreffus elegantes artis fubtilitatibus confequentur
effectus. Tractoria autem maiores & magnificentia plenas habet
ad utilitatem oportunitates & in agendo cum prudentia fummas
uirtutes. Ex his funt que mechanicos alia organicos mouētur. in
ter machinas & organa id uidetur effe difcrimen ꝙ machine pluri
bus operibus ut ui maiore cogunt effectus habere uti baliftæ tor
culariumꝗ prela. organa autem unius ope prudenti tactu ꝑficiūt
qd ꝓpofitum eft uti fcorpionis feu latmifofcidorum uerfationeſ

Ergo & organa & machinarum ratio ad usum sunt necessaria. sine quibus nulla res potest esse non impedita. omnis autem est machi natio rerum natura procreata ac a preceptrice & magistra mundi uer satione instituta. Nanque animaduertamus primum & aspiciamus continentę solis lune quinque etiam stellarum naturam. que ni ma chinata uersarentur non habuissemus interdum lucem nec fructu maturitatis. Cum ergo maiores hæc ita esse animaduertissent e re rum natura sumpserunt exempla & ea imitantes inducti rebus di uinis cōmodas uitæ perfecerunt explicationes. itaque comparauerūt ut essent expeditiora alia machinis & earum uersationibus nōnul la organis. & ita que ad usum utilia essent studiis artibus institu gradatim augenda doctrinis curauerunt. Attendamus eni p imū inuentum de necessitate ut uestitus quemadmodum telarum orga nicis administrationibus cōnexu staminis ad subtegmen non mo do corpora regendo tueantur sed etiā ornatus adiiciant honestatę Cibi uero nō habuissemus abundantiā nisi iuga & aratra bobus iumentisque omnibus essent inuenta sucularum & preloꝛ & uectiū si non fuisset torcularis preparatio neque olei nitorem neque uitium fructum habere potuissemus ad iucunditatem. Portationesque eoꝛ non essent nisi plaustroꝛ seu sarracoꝛ per terrā: nauicularum per aquā inuęte essent machinatiōes. Trutinarum uero librarūque pon deribus examinatio reperta uindicat ab iniquitate iustis moribus uitam. non minus que sunt innumerabiles moderationes machia tionum de quibus necesse uidetur disputare ꝗ nō sunt ad manū quotidiane ut sunt mote folles fabrorum rhede cisia torni & cetera que cōmunes ad usum cōsuetudinibus habēt oportunitates. itaque incipiemus de his que raro ueniūt ad manus ut nota sint explicaꝛ

De ædium sacraꝛ publicoꝛque opū machiatiōibus tractoriis.

Rimumque instituemus de his que ædibus sacris ad opeꝛ
p   publicorum perfectionem necessitate comparantur. que
         fiunt ita. Tigna duo ad onerum magnitudinem ratione
expediuntur a capite a fibula coniūcta & in imo diuaricata erigū
tur funibus in capitibus collocatis & circa dispositis erecta retinē
tur: alligantur in summo troclee quem etiam nōnulli rechamum

dicunt.in troclea induunt orbiculi per axiculos uersatiōts habē
tes:per orbiculum traiicitur ductarius funis. Deinde dimittit̃ &
traducitur circa orbiculum imum troclee inferioris refertur autem
ad orbiculū imum throcleæ superioris & ita descendit ad inferiorē
& in foramine eius religatur:altera pars funis refert̃ iter imās mā
chine partes.In quadris autem tignoꝝ posterioribus quo loci sūt
diuaricata figunt̃ chelonia:in quæ coiiciuntur suculaꝝ capita ut
faciliter axes uersentur:he sucule proxime capita habent furamīa
bina ita temperata ut uectes in ea conuenire possint. Ad rechamū
autem imū ferrei forsices religantur . Quoꝝ dentes in saxa forata
accomodantur. Cum autem funis habet caput ad sucula religatū
& uectes ducentes eam uersant funis inuoluendo circum suculam
extenditur & ita subleuat onera in altitudinem & operum colloca
tiones.hæc autem ratio machinatiōis ꝙ per tres orbiculos circum
uoluitur trispatos appellatur.Cum uero in ima troclea duo orbi
culi in superiori tres uersantur id pentaspaton dicitur.sin autē ma
ioribus oneribus erunt machine comparande amplioribus tigno
rum longitudinibus & crassitudinibus erit utendum eadem ratiō
ne in summo fibulationibus in imo sucularum uersationibus ex
pediendum.his explicatis antani funes ante laxi collocentur reti
nacula super scapulas machine longe disponatur:& si nó erit ubi
religetur pali resupinati defodiantur & circum festucatione solidē
tur quo funes alligentur.Troclea in summo capite machine rudē
ti contineatur & ex eo funes perducantur ad palum & que est in
palo troclea illigata circa eius orbiculum funis inducatur & refera
tur ad eam trocleam que erit ad caput machine religata.circum au
tem orbiculum a summo traiectus funis descendat & redeat ad su
culam que est in ima machina ibiꝗ religetur. Vectibus autem co
acta sucula uersabit̃ eriget per se machinam sine periculo.ita circa
dispositis funibus & retinaculis in palis herentibus ampliori mo
do machia collocabitur.Trocleæ & ductarii funes uti supra scrip
tum est expediuntur.sin autem Colossicotera amplitudinibus &
ponderibus onera in operibus fuerint non erit suculæ comittedū
Sed quemadmodum sucula thelonis retinetur ita axis includatur

habens in medium timpanum amplum quod nonnulli rotam ap
pellant.graeci autem amphrefen Alii Peritrochium uel Periteruꝫ
uocant.In his autem machinis Troclee non eodem fed alio modo
comparantur.Habent enim & in imo & in fummo duplices ordi
nes orbiculorum ita funis ductarius traiicitur in inferioris troclee
foramen uti aequalia duo capita fint.funis cum erit extenfus ibiꝗ
fecundum inferiorem trocleam refticula circundata & contenta uſ
treꝗ partes funis continenſ ut neꝗ in finiftram partem poffint ꝓ
dire.Deinde capita funis referuntur in fumma troclea ab exteriori
parte & deiiciuntur circa orbiculos imos & redeunt ad imum con
iiciunturꝗ in finem troclee ad orbiculos exteriori parte & referunt
dextra finiftra ad caput circa orbiculos fummos redeunt.Traiecti
autem ab exteriori parte referuntur dextra:finiftra timpanum in
axe.ibiꝗ ut hereant colligantur.Tum autem circa timpanum in
uolutus alter funis referturiad ergatam & hiis circumactus timpa
num & axem fe inuoluendo pariter extendunt & ita leuiter leuant
onera fine periculo.Quod fi maius timpanum collocatum aut in
medio aut in ima parte extrema fuerit fine ergata calcantes homi
nes expeditiores habere poterit operis effectus.

Aliud machine tractorie genus.

St autem aliud genus machine fatis artificiofum & ad
E   ufum celeritatis expeditum fed in eo dare operam non
poffunt nifi periti.Eft enim tignum quod erigitur & di
ftenditur retinaculis quadrifariam.Sub retinaculo celonia duo fi
guntur Troclea funis fupra celonia religatur.Sub Troclea Regu
la longa circiter pedes duos Lata digitos fex craffa quatuor fuppo
nitur.Troclee ternos ordines orbiculorum in latitudinem haben
tes collocantur:ita tres ductarii funes in machina religantur:De
inde referuntur ad imam trocleam & traiiciuntur ex interiore par
te per eius orbiculos fummos.Deinde referuntur ad fuperiorem
trocleam & traiiciuntur ab exteriore parte in interiorem per orbi
culos imos.Cum defcenderint ad imum exteriori parte & per fecu
dos orbiculos traducuntur in extremum & referuntur ad fummu
ad orbiculos fecundos traiecti redeunt ad imum & primo referun

tur ad caput traiecti per summos redeunt ad machinam imã. In ra
dice autem machine collocat tertia Troclea: eam autem græci epa
gonta nostri artemonem appellant, ea Troclea religatur ad troclee
radicem habens orbiculos tres per quos traiecti funes traduntur
hominibus ad ducendum. Ita tres ordines hominum ducentes si
ne ergata celeriter onus ad summum perducunt. hoc genus machi
ne Polispafion appellatur quod multis orbiculorum circuitioni
bus & facilitatem summam præstat & celeritatem. Vna autem sta
tutio tigni hanc habet utilitatem cp ante quantum uelit a dextra
ac sinistra ad latera declinando onus deponere potest. Harum ma
chinarum omnium quæ supra sunt scripte rationes non modo ad
has res sed ad onerandas & exonerandas naues sunt paratæ, aliæ e
recte alie plane in charchesiis uersatilibus collocate, non minus si
ne tignorum erectionibus in plano etiam eadem ratione & tempe
ratis funibus & Trocleis subductiones nauium efficiunt.

       Aliud machine subtilius genus.

On est alienum etiam Cresiphonos ingeniolam inuen
  tionem exponere, is enim Scapos columnarum ex lapidi
  cinis cum deportare uellet epheli ad Diane fanum prop
pter magnitudinem onerum & uiarum campestrem mollitudinez
non confisus carris ne rotæ deuorarentur sic est coatus de materia
trientali Scapos quatuor: duos transuersarios interpositos quanta
longitudo scapi fuerat complexus est & compegit & ferreos choda
cas uti subscudes in capitibus scaporuz implumbauit & armillas
in materia ad chodacas circundandos infixit. item baculis ligneis
capita religauit. chodaces autem in armillis inclusi liberam habu
erunt uersationem tantam. ita cum boues ducerent subiuncti sca
po uersando in chodacibus & armillis sine fine uoluebantur. Cũ
autem scapos omnes ita uexerunt & instabant epistilioruz uectu
re Filius Cresiphonos Methagenes transtulit e Scaporum uectu
ra etiam in epistiliorum deductione. Fecit enim rotas circiter pedũ
duodecim & epistiliorum capita in medias rotas inclusit eadem ra
tione chodaces & armillas in capitibus inclusit. Ita cum trientes a

bobus ducerentur in armillis inchufi chodaces uerfabāt rotas: Epi
ftilia uero inclufa uti axes in rotis eadem ratiōe qua fcapi fine mo
ra ad opuf peruenerunt. Exemplar autem erit eius quemadmodū
in paleftris cilindri exequant ambulationes. neqǫ hoc potuiffet fie
ri nifi primum propiquitas effet. Noh enim plus funt ab lapidici
nis ad fanum quam milia paffuum octō nec ullus eft cliuus fed p
petuus campus. Noftra uero memoria cum coloffici apollinis in
fano bafis effet a uetuftate defracta & metuentes ne caderet ea fta
tua & frangeretur Locauerunt ex eifdem lapidicinis bafim exciden
dam. Conduxit quidam Paconius. hæc autem bafis erat longa pe
des duodecim lata pedes octō alta pedes fex. Quam Paconius glo
ria fretus non uti methagenes apportauit fed eadeǳ ratióne alio ge
nere conftituit machinam facere. Rotas enim circiter pedum quin
decim fecit & his rotis capita lapidis incluſit. deinde circa lapidem
fuſos fextātes a rota ad rotam ad circinum compegit ita uti fufus
a fufo non diftaret pedem effe unum. Deinde circa fufos funem in
uoluit & bobus iunctis funem ducebat ita cum explicaretur uol
uebat rotas fed non poterat ad lineam uia recta ducere fed exibat
in unam partem ita neceffe erat rurfus retroducere. Sic pacōius pe
cuniam contriuit ūt ad foluendum non effet pufillum. Extra prǫ
grediar & de his lapicidinis quemadmoduǳ fint inuente exponā.

De lapidifinarum inuentione

Ixodorus fuerat paftoris in his locis uerfabatur. Cum
autem ciues Ephefiorum cogitarent fanum diane ex mar
more facere decernerétǫ a Paro proconeffo heraclea thafo
uti mamor petatur: propullis ouibus Pixodorus in eodem loco
pecus pafcebat. ibiǫ duo arietes inter fe concurrentes alius alium
præterierunt & impetu facto unus cornu percuffit faxum ex quo
crufta candidiffimo colore fuerat deiecta. ita Pixodorus dicitur oĩ
nes in montibus reliquiffe & cruftam curfim Ephefum cum maxi
me de ea re ageretur detuliffe ita ftatim honores ei decreuerunt &
nomen mutauerunt pro Pixodoro Euāgelus nomiaretur: hodieǫ

quot menfibus magiftratus in eam locum proficifcitur & ei facri
ficium facit & fi non fecerit pœna tenetur.

De porrecto & rotundatione machinarum ad onerū leuatōes
E tractoriis rationibus quę neceffaria putaui breuiter: ex
d   pofui: Quorū motus & uirtutes due res diuerfe & inter
fe diffimiles uti congruentes ita principia pariont eos p
fectus unam porrecti quam grǣci Euthiam uocitant alteram rotū
dıtatis quam Cycloten appellant. Sed uero neꝗ fine rotunditate
motus porrecti nec fine porrecto rationis uerfationes onerum pof
funt facere leuationes. id autem ut intelligatur exponaȝ. Inducūf
uti centra axiculi in orbiculos & in trocleis collocantur per quos
orbiculos funis circumactus directis ductionibus & ī fucula col
locatus uectium uerfationibus onerum facit egreffus in altuȝ. cui
us fucule cardines uti centra porrecti in celoniis foraminibufꝗ ei
us uectes conclufi capitibus ad circinum circumactis torni ratiōe
uerfando faciunt oneris elationem. quemadmodum etiam ferreus
uectis cum eft admotus ad onus quod manuum multitudo non
poteft mouere fuppofita uti centro cito porrecta preffione quod
grǣci hipomodió appellant & lingua fub onus fubdıta caput ei
us unius hominis uiribus preffum id onus extollit. id autem qd
breuior pars prior uectis ab ea preffione quod eft centrum fubit
fub onus: & quod longius ab eo centro diftans caput eius per id
deducitur faciundo motus circinationis cogit preffionibus exami
nare paucis manibus oneris maximi pondus. item fi fub onus ue
ctis ferreus lingula fubiecta fuerit. neꝗ eius caput e pſſiōe in imū
fed aduerfus in altitudineȝ extollet lingula fulcta in ereo folo ha
bebit eam pro onere. oneris autem ipfius angulum pro preffione
ita non tam faciliter quam pro oppreffione fed aduerfus nihilo
minus in pondus oneris erit exercitatum. Igitur fi plus lingula
uectis fupra hippomodion pofita fub onus fubierit & caput eiuf
propius centrum preffiones habuerit non poterit onus eleuare ni
fi quemadmodum fupra fcriptum eft. examinatio uectis longitu
dinis per caput neꝗ ductionibus fuerit facta. id auteȝ ex trutinis

iqui statere dicuntur licet consideratu. eo enim ansa propius caput
unde lingula pendet ubi ut centrum est collocata & aequipondiū
ad alteram partem scapi per punctum uagando quo longius aut eti
am ad extremum perducitur ita etiam pari pōdere amplissimā
pensionem parte perficit per scapi librationē; & examinatio lōgi
us a centro recedens. ita im becillior aequipondii breuitas maiore
truz ponderis momēto deducens sine uehemētia molliter ab imo
fusum uersum egredi cogit futurum. quemadmodum etiam na
ues onerarie maximē gubernator ansam gubernaculi tenens qui
bous a graecis appellatur una in manu momērito per centrum rātione
pressionis artis agitans uersat eam amplissimis & immanibus mer
bis & penus ponderibus oneratam eiusque uela cum sunt per altitu
dinem mediae mali pendentia non potest habere nauis nauis celere
iugitem. Cum autem in summo cacumine antenae subductae sunt
tunc uehementiori progreditur impetu q non proxime ealcez ma
li quod est loco centri sed in summo longius & ab eo progressa re
cipiunt in se uelamentuz. itaque uti uectis sub onere subiectus si per
medium premitur durior est neque incumbit. Cum autem caput ei
in summum deducitur faciliter onus extollit. Similiter uela cum
sint per medium temperata minorem habent uirtutem. Quae autē
in capite mali summo collocantur descendentia longius a centro
non acriore sed eodem flatu pressione cacuminis uehementius co
gunt progredi. Nauē etiam remi circa scamos strophis religati cū
manibus impelluntur & reducuntur extremis progredientibus a
centro palmis maris undis spumam impulsu uehementi protru
dunt porrectam nauem secante prorz liquoris raritatem. onerum
uero maxima pondera cum feruntur a phalangariis exaphoris &
tetraphoris examinantur per ipsa media centra phalangarum. uti
indiuisi oneris solido pondere certa quadam diuisionis ratione a
quas partes collis singuli ferant operarii. media enim parte phalā
garum quibus lora tetraphororuz inuehuntur claui sunt finiti
nec labuntur in unam partem cum enim extra finem centri pro
mouentur premunt eum locum ad quem propius accesserit. quē

admodum in statera pondus cum examine progreditur ad fines
ponderationum eadem ratione in iumenta cum iuga eorum sub
iugario loris per medium temperantur æqualiter cohunt onera
cum autem impares sunt eorum uirtutes & unum plus ualendo
premit alterum loro traiecto sit una pars sugillatior que imbecil
liori auxiliatur iumento ita in phalangis & iugis cum in medio
lora non sunt collocata sed in ima parte qua progreditur lorum a
medio unam breuiorem efficit partem longiorem, ea ratione sup
id centrum quo loci per ductum est lorum utraq̃ capita circuma
gentes longior pars ampliorem: breuior agit minorem circinatio.
nem. Quemadmodum uero minores rote duriores & difficiliores
habent motus sic phalange & iuga in quibus partibus habet mi
nora centro ad capita interualla premunt duriter colla; Que autẽ
longiora habent ab eisdem centro spatia leuant onerib9 extrahẽ
tes & ferentes. cum hæc ita ad centrum porrectionibus & circinati
onibus reciperent motus. Tum uero etiam plaustra rhedæ timpa
na rote cocleæ scorpiones baliste prela cetereq̃ machine iisdem ra
tionibus per porrectum centrum & rotationem circini pensando
faciunt ad propositum effectus.

De organorum ad aquam haurienda generibus & primũ d tipano.

Vnc de organis quæ ad hauriendum aquam inuenta
sunt quemadmodum uariis generibus comparentur ex
ponam. & primum dicam de tympano. Id autem non al
te tollit aquam sed exhaurit expeditissime multitudinem magnã
a l to rinum aut circinum fabricatum capitibus lamina serratis ha
bens in medio circa se tympanum ex tabulis inter se coagmentatis,
collocatur in stipitibus habentibus in se sub capite axis serreas la
minas in eius tipani cauo interponuc octo tabule trãsuerse tãgen
tes axem & extremam timpani circinationem q̃ diuidunt equalia,
in tipano spatia circa frõtẽ eius figunt tabule relictis semipedaliu
bus aperturis ad aquam intra concipiendam. Item secundũ axem
Colunbaria fiunt excauata i singulis spatiis ex una parte. id aũt
cum est nauali ratione picatum hominibus calcantibus uersatur.

& hauriendo per aperturas que funt in frontibus timpani reddit
& per columbaria fecundum axem fupofito labro ligneo habente
una fecum coiunctu canalem. ita hortis ad irrigandum & ad falias
ad teperadu prebet aque multitudo. Cu aut altius extolledum erit
eade ro comutabit fic: Rota fiet circu axe eade magnitudie ut ad al
titudine q opus fuerit couenire poffit. Circu extremu latus rotæ fi
gentur modioli quadrati pice & cera folidati. Ita cum rota a calcan
tibus uerfabitur modioli pleni ad fummum & lati rurfus ad imu
reuertentes infundent in caftellum ipfi per fe quod extulerunt. Si
autem magis aliis locis erit prebendum in eiufdem rote axem in
uoluta duplex ferrea catena demiffacp ad imum libramentum col
locabitur habens ftilos fplendentes æreof congiales. ita uerfatio ro
tæ catenam in axem inuoluendo efferet fitulos in fummum qui
fuper axem peruehuntur cogetitur inuerti & infundere in caftellu
aque quod extulerunt.

De rotis & tympanis admolendum farinam

Iunt etiam in fluminibus rotæ eifdeg rationibus quibus
f   fupra fcriptum eft. Circa earum frontes affiguntur pin
ne que cum percutiuntur ab impetu fluminis cogunt p
gredientes uerfari rotam & ita modiolis haurientes & in fummug
referentes fine operarum calcatura ipfius fluminis impulfu uerfa
te præftant quod opus eft ad ufum eadem ratione etiam uerfant
hydraule in quibus eadem funt omnia præterq cp in uno capite
axis timpanum dentatum & inclufum: id autem ad perpendiculu
collocatum in cultrum uerfatur cum rota pariter. fecundug id tim
panum maius item dentatum planum eft collocatum quo conti
netur. ita dentes timpani eius quod eft in axe inclufum impellen
do dentes timpani plane cogunt fieri molarum circinationem: in
qua machina impendens infudibulum fubminiftrat molis frume
tum & eadem uerfatione fubigitur farina

De cocleæ ratione

St aūt ettā coclee ratio quæ magnaʒ uiʒ haurit aquæ sed
nō tā alte tollit ḡ rota.eius aūt ratio sic expedit tignū su
mit cuius tigni ꝙta rōne pedum longitudo,tanta digi
torum expeditur craſſitudo.id ad circinuʒ rotundat in capitibuſ
circino diuidentur circinationes eorum tetrantibus & octantibus
in pedes octo.hæꝙ linee ita collocētur ut plano poſito tigno utri
uſꝙ capitis ad libellam linee inter se reſpondeant & quāmagna ps
ſit octaue circinationis tigni tam magna ſpatia decidantur in lon
gitudinem.item in tigno plano collocato linee ab capite ad alterū
caput perducantur ad libellam couuenientes ſic & in rotundatiōe
& in longitudine æqualia ſpatia fient. ita quo loci deſcribuntur
linee que ſunt in longitudine ſpectantes facient decuſſationeſ & in
decuſſationibus finita puncta.his ita emendate deſcriptiſ ſumitur
ſaligna tenuis ut de uitice ſecta regula quæ iūcta liquida pice ſi
gitur in primo decuſſis puncto deinde traiicitur oblique ad inſe
quentes longitudines & circuitiones. item ex ordine progredietes
ſingula puncta pretereundo & circum inuoluendo collocatur in
ſingulis decuſſationibus & ita peruenit & figitur ad eam lineam
recedens a primo in octauum punctum in qua prima pars est ei
us ſixa eo modo quantum progreditur oblique ſpatium & per oc
to puncta tantundem & longitudinem procedit ad octauum pun
ctum eadem ratione per omne ſpatium longitudinis & rotundita
tis ſingulis decuſſationibus oblique ſixe regule per octo craſſitu
dinis diuiſiones inuolutos faciunt canales & iuſtam coclee natura
lemꝙ imitationem.ita per id ueſtigium alie ſuper alias figunt un
cte pice liquida & exaggerantur ad id ut longitudinis octaua ps
ſiat ſumma craſſitudo.ſupra eas circundantur & figuntur tabulæ
que protegant eam inuolutionem.Tunc hæ tabulæ pice ſaturan
tur & laminis ferreis colligantur ut ab aque ui ne diſſoluantur ca
pita tigni ferrei.dextra aūt ac ſiniſtra coclea tigna collocant i capi
tibus utraꝙ pte habētia traſuerſaria cōfixa .i his foramia ferrea ſūt
incluſa inꝙ ea inducuntur ſtili & ita coclee hominibus calcanti
bus faciunt uerſationes.Erectio autem eius ad inclinationē ſic erit

collocanda uti quemadmodum pythagoricum trigonuʒ ortogo
nium deſcribitur ſicid habeat reſponſum id eſt uti diuidatur lon
gitudo in partes quinqʒ earum trium & tollatur caput coclee. ite
erit ad perpendiculum ad imas naris ſpatium earū pedes quatuor
Qua ratione aūt oporteat id eſſe in extremo libro eius forma de
ſcripta eſt in ipſo tempore que de materia fiunt organa ad haurie̅
dam aquam & quibus rationibus perficiātur quibuſqʒ rebus mo
tus recipientia præſtent uerſationibus ad infinitas utilitates ut eſ
ſent notiora quam apertiſſime potui perſcripta ſunt in illo tépore
                    De Etheſibica machina
      Nſequitur nunc de Etheſibica machina que in altitudi
  i   nem aquam educit monſtrare. Ea fit ex ære cuius in radi
         cibus modioli fiunt gemelli paulum diſtantes habentes
fiſtulas. Furcille ſunt figura ſimiliter coherentes in medium cati
num concurrentes in quo catino fiant axes in ſuperioribus nari
bus fiſtularum coagmenratione ſubtili collocati qui præobturan
tes foramina narium non patiuntur ſpiritus qui in catinum eſt
expreſſuʒ. Supra catinum penula ut infundibulum inuerſuʒ eſt
attemperata & per fibulam cum catino cuneo traiecto continetur
ne uis inflationis aque eam cogat eleuare. Inſuper fiſtula que tuba
dicitur coagmentata in altitudine ſit erecta. Modioli autem ha
bent infra nares inferiores fiſtularum axes interpoſitos ſupra fora
mina eorum que ſunt in fundis ita de ſupernis in modiolis embo
li maſculi torno politi & oleo ſubacti cochluſiqʒ tegulis & uectibuſ
conuoluuntur qui erit aer ibi cum aqua axibus obturantibus fo
ramina cogent extrudent inflando preſſionibus per fiſtularum na
res aquam in catinum e quo recipiens penula ſpiritus exprimit p
fiſtulam in altitudinem & ita ex iteriore loco caſtello collocato ad
ſaliendum aqua ſubminiſtratur. Nec tamen hæc ſola ratio Etheſi
bi fertur exquiſita ſed etiam plureſ & uariis generibus ab eo liquo
re preſſionibus coacte ſpiritus efferre a natura mutuatos effectus
oſtdunt uti merulæ q̃ motu uoces atqʒ agabate labéti aq̃ q̃ & ea
dé mouét ſigilla ceteraqʒ q̃ delectatóribus oculoʒ & auriū uſu ſéſuſ

eblandiuntur e quibus que maxime utilia & neceffaria iudicaui e
legi & in priore uolumine de horologiis in hoc de expreffionibus
aque dicendum putaui. Reliqua quæ non funt ad neceffitatez fed
ad delitiarum uoluntatem qui cupidiores erunt eius fubtilitatis
ex ipfius Ethefibi commentariis poterunt inuenire

De hydraulicis

E hydraulicis autem quas habeant ratiocinationes qua3
breuiffime proximecp attingere potero & fcriptura con
fequi non pret rmittam. de materia compacta bafi area
in ea ex ære fabricata collocatur. fupra bafim eriguntur regule dex
tra ac finiftra fcalari formæ compactæ: quibus includunt ærei mo
dioli fundulis ambulationibus ex torno fubtiliter fubactis habe
ebus infixos in media angones & uerticulis cum uectibus coniuc
tos pellibufcp lanatis inuolutos. item in fumma planitia foramia
circiter digitorum ternum: quibus foraminibus proxime in uerti
culis collocati ærei delphini pendentia habent catenis cimbalia ex
ore infra foramina modiorum celata. intra aream quo loci aqua
fuftinetur ineft in id genus uti infundibulum inuerfum quem fu
per taxilli alti circiter digitorum ternum fuppofiti librant. fpatiu
imum. ima inter labra phigeos & aræ fundum. fupra autem cerui
culam eius coagmenta arcula fuftinet caput machinæ quæ græce ca
non muficus appellatur in cuius longitudine fi canalis Tetracor
dos eft fiunt quatuor. fi exacordos fex: fi octocordos octo. Singu
lis autem canalibus fingula epithonia funt inclufa manubreis fer
reis collocata. Quæ manubria cum torquentur ex arca patefaciunt
nares in canales. Ex canalibus autem Canon habet ordiata in traf
uerfo foramina refpodentia haribus que funt in tabula fuma q̃ ta
bula græce pinax dicit. iter tabulam & canona regule fut iterpofi
te ad eude modu forate ex oleo fubacte ut faciliter ipellant & rur
fus introrfus reducant que obturat ea foramia plitidefcp appellat
Quarum itus & reditus alias obturat alias operit terebratiioes. hæ
regule habent ferrea coragia fixa & iuncta cum pinnis quarum ta
ctus motiones efficit. Regularum continentur fupra tabulam fo

ramina que ex cānalibus habent egreſſum ſpiritus ſunt anuli ag
glutinati quibus lingule omnium includuntur organorū. e mo
diolis autem fiſtule ſunt continentes coniunctæ ligneis ceruicibus
pertinenteſcが ad nares: quæ ſunt in arcula:in quibus axes ſunt ex
torno ſubacti & ibi collocati.qui cum recipit arcula animam ſpiri
tum non patientur obturantes foramina rurſus redire.ita cum ue
ctes extolluntur ancones educunt fundos modiolorum ad imum
Delphiniq, qui ſunt in uerticulis incluſi calcantes in eos cimbala
replent ſpatia modiolorum atq, Ancones extollentes fundos intra
modiolos uehementi pulſus crebritate & obturantes foramia cim
balis ſuperiora.Aera qui eſt ibi clauſus preſſionibus coactum in
fiſtulas cogunt per quas in ligna concurrit & p eius ceruices in ar
cam.motione uero uectium uehementiores ſpiritus frequens com
preſſus epithoniorum aperturis influit & replet anime canaleſ.ita
q, cum pinne manibus tactæ propellunt & reducunt continenter
regulas alterius obturant foramina alterius aperiendo ex muſicis
artibus multiplicibus modulorum uarietatibus ſonātes extitant
uoces.

    Qua ratione rheda uel naui uecti peractū iter dimetiamur.

      Vantum potui niti ut obſcura res per ſcripturam diluci
    q   de pronuntiaretur contendi.Sed hæc non eſt facilis ratio
     neq, omnibus expedita ad intelligendum preter eos qui
in his generibus habent exercitationem.Qd ſiqui parum intellex
erint e ſcriptis cum ipſam rem cognoſcent profecto inuenient curi
oſe & ſubtiliter omnia ordinata.Transfertur nunc cogitatus ſcrip
tura ad rationem non inutilez ſed ſumma ſolertia a maioribus tra
ditam:Qūa in uia Rheda ſedentes uel mari nauigantes ſcire poſ
ſumus quot milia numero itineris fecerimus.Hoc autem erit ſic.
Rotæ que erunt in Rheda ſint latæ per medium diametruz pedū
quaternum & ſextantis ut cum finitum locum habeat i ſe rota ab
eoq, incipiat progrediens in ſolo uie facere nerſationem peruenien
do ad eam finitionem a qua ceperit uerſari certum modum ſpatii
habeat peractum Pedes.xii.S his ita preparatis tunc in rotæ mo
diolo ad partem inferiorem timpanum ſtabiliter includat. habes

extra frontem fuè rotundationis extantem denticulum unum. in
super autem ad capfum rhedæ loculamentum firmiter figatur ha
bens timpanum uerfatile in cultro collocatum & in axiculo con/
clufum. Incuius timpani frontem denticuli perficiantur æqualiter
diuifi numero quadringenti conuenientes denticulo timpani infe
rioris. Preterea fuperiorj timpano ad latus figatur alter denticulus
prominens extra dentes. fuper autem planum eadem ratione denta
tum inclufum in alterum loculamentum collocetur conuenientibuf
dentibus denticulo qui in fecundi timpani latere fuerit fixus. in
eo quoqæ timpano foramina fiant quantum diturni itineris milia
riorum numero cum rheda poffit exire minus plufue rez nihil im
pedit & in his foraminibus calculi rotundi collocentur. Inqæ eius
timpani theca fiue id loculamentum eft: fiat foramen unum habéf
canaliculum: qua calculi qui in eo timpano impofiti fuerint cum
ad eum locum uenerint in rhedæ capfum & uas æneum quod erit
fuppofitum finguli cadere poffint. ita cum rheda rota progrediés
fecum agat timpanum unum & denticulum eius fingulis uerfati
onibus timpani fuperioris denticulos impulfu cogat præterire ef
ficiet cum. cccc. imum uerfatum fuerit fuperius timpanum femel
circumagit & denticulus qui eft ad latus eius fixus unum déticu
lum timpani plani producat. cum ergo rote. cccc. uerfatióibus imi
timpani fimul fuperius uerfabitur progreffus efficiet fpatia pedú
milia quincæ. i. paffus mille. ex eo quot calculi deciderunt fonádo
fingula milia exiffe monebút. numerus uero calculoz ex imo col
lectus fúma diurni miliarioz itineris numerum indicabit. Naui
gationibus uero fimiliter paucis rebus cómutatis eadem ratióe ef
ficiunt náqæ traiicit per latera parietum axis habens extra nauem
prominentia capita in que includunt rotæ diametro pedú quater
num & fextante habentes circa frótes affixas pinnas aquá tágentes
item medius axis in media naui timpanú cum uno déticulo extá
ti extra fuá rotunditaté ad eum locum collocatur loculamentú ha
bens inclufú in fe timpanú pequatis dentibus. cccc. conuenientibuf
denticulo timpani quod eft in axe inclufú: preterea ad latuf affixú
extanié extra rotunditaté alterú denté. unuz infuper in altero locú

ſamento cũ eo cõfixo inclufum tympanũ planũ ad eundem den
tatum:quibus dẽtibus dẽticulis qui eſt ad latus fixus tympano
quo l eſt in cultro eſt collocatu in eos dẽtes qui ſunt plani tympã
ni fingulis uerſatiõibus fingulos dentes impelẽdo in orbem ple
num tympanũ uerſet.In plano aũt tympano foramĩa fiant in qui
bus foraminibus collocabunt calculi rotãdi in theca eius tympa
ni:ſiue loculamẽtũ eſt unum foramen excauet habens canalicu
lũ qua calculus liberatus ab obſtãtia cum cĕciderit in uas æneũ
ſonitum ſignificet:ita nauis cum habuerit impetum aut remorũ:
aut uentõ: flatu p ĩæ que erunt in rotis tangẽtes aquã aduerſam
uehementi retrorſus impulſu coactæ uerſabunt rotas. Hæ aũte ĩ
uoluendo ſe agent axem:Axis uero tympanũ cuius dẽs circum a
ctus fĩgulis uerſatiõibus fingulos ſecundi tympãni dẽtes impel
lendo modicas efficit circuitiones:ita cum.cccc.a pĩnnis rotæ fue
rĩt uerſatæ ſemel tympanum circumactũ impellet dente:qui ad
latus eſt fixus tympani plãt dẽfite. Igitur circuitio tympani quo
tiẽfcunꝗ ad foramẽ perducet calculos emittet per canaliculum.
Ita & ſonitu & numero idicabit miliaria ſpatia nafigatiõis: Quæ
pacatis & ſine metu temporibus ad utilitatẽ & delectationẽ paran
da quẽadmodum debẽant fieri peregiſſe uideor. Nunc uero q ad
pſidia periculi & neceſſitatẽ ſalutis ſint inuẽta: id eſt ſcorpiõum &
baliſtaꝛ rões qbus ſymmetriis cõparati poſſint exponã.

De ſcorpionũ baliſtaꝛꝗ rõnibus & primũ de ſcorpionibus &
Mnes pportiões eoꝛ organoꝛ rõciñatoꝛ & (catapultis.
o   ppoſita ſagitte lõgitudĩe quã id organũ mittet dẽt eiuſꝗ
none partis fit foraminis ĩ capitulis magnitudõ:per q ten
dunt nerui torti q brathia cõtinẽt:ipm debẽt cõtinere eoꝛ tñ fo
raminũ capituli deformatur altitudo & latitudo. Tabule q ſũt in
ſummo & in imo capituli opere relicꝗ uocantur.fiant craſſitudĩe
unius foraminis latitudĩe ũnius & eius dodrãtis ĩ extremis fora
minibus unius & eius paraſtatice dextra ac ſiniſtra preter cardines
alte foraminuȝ.iiii.craſſe foramiñum qũñium.cardinĩs foraminis
paraſtatica dimidia ad foramen ſpatium foraminis.s. T.a forami
ne ad medananim paraſtaticam ratione foraminis eius :s. T.etiam

latitudo paraſtados medius unius foraminiſ & eius. T. K. craſſitu
do foraminis unius interuallū ibi ſagitta collocat. In media para
ſtade foraminis partis quarte anguli quatuor qui ſunt circa in la/
teribus & frontibus laminis ferreis aut ſtilis æreis & clauis cōfigā
tur Canaliculi qui græce ſtrix dicitur. longitudo foraminū. xix.
Regularʒ quas nōnulli bucculas appellant quæ dextra ac ſiniſtra
canalem figuntur foraminū. xix. altitudo foraminis unius & craſ
ſitudo & affigunt regule duæ in quas Inducit ſucula habens lō
gitudinem foraminū triū: Latitudinem dimidiū foraminis: craſſi
tudo buccule quæ affigitur uocitat camillum ſeu quemadmodum
nonnulli loculementū ſecuridatis cardinibus fixam foraminis . i.
Altitudo foraminis. s.   ſucule longitudo O foraminū. s. craſſitu
do ſcutule foraminū noue: epitoxidoſ lōgitudo foraminū. s. Craſ
ſitudo ſuculæ foraminum. ix. Epitoxidos longitudo foraminum
s. craſſitudo foraminū. x. Item chelo item xelonii ſiue manuclea di
citur longitudo foraminū. iii. latitudo & craſſitudo. s.   Canalis
fundi lōgitudo foraminis. xvi. O craſſitudo foraminis O latitu
do. s.   columella & baſis in ſolo foraminū octo Latitudo in plin
thidem in qua ſtatuitur columella foraminis. s.   craſſitudo. F. L.
columelle longitudo ad cardinem foraminū. xii. O latitudo fora
minis. s.   craſſitudo. cc.   eius capreoli tres. Quoʒ longitudo fo
raminum. ix. latitudo dimidiū foraminis   craſſitudo. L. cardiniſ
longitudinis foraminis   columelle capitis longitudo. i. s. k. ante
fixa latitudo foraminis. a. s.   craſſitudo. l. poſterior minor co
lumna que græce dicitur antibaſis foraminū octo latitudo forami
num. s. i. craſſitudinis. F. L. ſubiecto foraminū. xii. latitudinis &
craſſitudiniſ eius de cuiuſ minor columna ſupra minorem colum
nam cheloniū ſiue puluinus dicitur foraminū. ii. s.   altitudiniſ
ii. s.   latitudini. s. ii. carchebi ſucularum foraminū. vi. s.   craſſi
tudo foraminis. s. ii. latitudo. i. s. tranſuerſariis cū cardinibus lon
gitudo foraminū   latitudo. i. s.   latitudo & craſſitudo. brachii
longitudo. is. foraminū. viii. craſſitudo ab radice foraminis. F. L.
in ſumo foraminis. cc. l. curuature foraminū octo. Hec iis propor
tionibus aut adiectiōibus aut detractiōibus comparantur. Nam

ſi capitula altiora q̃ erit latitudo ſacta ſuérint q̃ anatoria dicunꝰ.
de brachiis demeꝰ.ut qui mollior eſt tonus ꝓpter altitudiné tapi
tuli brachii.breuitas faciat plagã uehemétioré:Si minus altũ capi
tulũ fuerit qd catatonũ dićꝰ ꝓpter uehemétiã brachia paulo lon
giora cõſtituenꝰ uti facile ducanꝰ.Nãꝗ queadmodũ uectis cũ eſt
longitudine pedũ.iiii.qd onus quinꝗ hoĩbus extollit idꝗ eſt ex
duobuſ eleuatũ eodé modo brachia quo lõgiora ſũt mollius quo
breuiora durius ducunꝰ.   De baliſtaꝶ rationibus.

Atapultarum rónes ex quibus membris & portiohibus
c   componantur dixi.Baliſtaꝶ autem rationeſ uarie ſurit &
..   differentes unius effectus cauſa cõparate.Alie ením uecti
bus ſuculís nõnulle poliſpaſtis:alie ergaſtis:q̃daʒ etiã timpanoꝶ
torquét róibus:ſed tñ nulla baliſta pſicit niſi ad ꝓpoſitã magni
tudiné ponderis ſaxi:qd id organũ mittere debet:Igitur de ratióe
eaꝶ non eſt oĩbus expeditum niſi qui geometricis rónibus nume
ros & multiplicatióeſ habét notas. Nanꝗ fiunt in capitibus fora
mina per quoꝶ ſpatia cõtenduntur cápillo:maxime muliebri uel
neruo ſunes magnitudine ponderis lapidis quem debet ea baliſta
mittere ex ratione grauitatiſ proportióe ſumunꝰ queadmodũ cata
pultis de longitudinibus ſagittaꝶ.Itaꝗ ut etiã qui geometrice nõ
nouerint habent expeditũ ne in periculo bellico cogitatióibus de
tineanꝰ:q̃ ipe ſaciédo certa cognoui:q̃ꝗ ex parte accepta ꝑceptori
bus ſinita exponã:& qbus rebus grꬲcoꝶ ꝑſitatióes ad modulos
habeãt ratioñ ad eam ut etiã nr̃is ponderibus reſpondeant tradã
explicata.   De pondeꝶ mittendoꝶ ad baliſtã ꝓportione.

Anꝗ baliſtà duo pódo ſaxũ mittér dét:foramé erit ĩ eius
n   capitulo digitoꝶ.v.ſi pódo.iiii.digitoꝶ.vi.& digitoꝶ vii
O x.pódo digitoꝶ.viii.O.xx.pódo digitoꝶ.x.xl.pódo
digitoꝶ.vi.s.k.lx.pondo digitoꝶ.xiii.& digiti.viii.parte.lxxx.
pódo digitoꝶ.xv. cxx.pódo.is.& ſexqdigiti.c.&.lx.pedeſ.ii.ꞏꞏ꞉
c.&.lxxx.pedeſ.& digiti.c.v.cc.pódo pedeſ.ii.& digitoꝶ.vi.ccx.
pedeſ.& digitoꝶ.vi. ccclx.is.pe.Cũ ergo foramís magnitudo ſue
rit iſtituta deſcribaꝰ ſcutula q̃ grꬲce perietroſ:cuius lõgitudo fora
minũ uel latitudo duo & ſexte partis diuidaꝰ mediũ lineꬲ deſcrip

ee.& cum diuiſum erit contrahantur extreme partes eius ſoꝛmæ ut
obliquã deformationẽ habeat longitudinis ſexta parte latitudiniſ
ubi eſt uerſum quartã ptem.in qua pte aut eſt curuatura in quibus
procurrunt cacumina anguloꝛ & foramina conuertunt.& coniec
tura latitudinis redeat introrſus ſexta pte.foramen autẽ nẽ oblõ
gius ſit tanto quantũ opitigis habet craſſitudinẽ.Cũ deformatuꝛ
fuerit circũ diuidatur extremam ut habeat curuaturã molliter cir
cũacta o craſſitudo eius foraminis S.L. conſtituat modioli fora
minũ duo latitudo .L.IX. craſſitudo preterꝗ quod in foramine
inditur foraminis.SI.ad etremũ autẽ latitudo foraminis .IL. paꝛa
ſtatorum longitudo foraminum v.s.r. curuatura foraminis pars
dimidia craſſitudo foraminis.cc.& ptis.Ix.adiicitur autẽ ad mediã
latitudinem quantũ eſt prope foramen factũ in deſcriptione latitu
dine & craſſitudine foraminis.v.altitudo parte.iiii.regule que eſt
in menſa longitudo foraminũ.viii.latitudo & craſſitudo eſt dimi
dium foraminis cardinis.ii.L.craſſitudo foraminis meuſt.o o cur
uatura regule.s.g.r. exterioris regule latitudo & craſſitudo tantã
dẽ longitudo quã dederit ipſauerſuradeſoꝛmationis & paraſtadi
re latitudo & ſuam curuaturã.K.ſupiores aut regulæ æquales erunt
inferioribus K.mẽſe tranſuerſariis foraminis.cc.K.climaci glos ſca
pi longitudo foraminũ.xiii. craſſitudo.iiI.K.interuallũ medi
um latitudo foraminis ex parte quarta o craſſitudo pars octo.K
Climacidos ſuperioris pars que eſt proxima brachiis que conide
ta eſt menſe tota longitudine diuidatur in partes quinꝗ ex his dẽ
tur due partes ei membro quod græci chelon uocant o latitudo
& craſſitudo o longitudo foraminũ.iii.& ſemis.K.extantia che
les foraminis.pentigomatos foraminis.L.& ſicilicus Quod autem
eſt ad axona quod appellatur frons tranſuerſarius foraminum tri
um o Interiorum regularum latitudo foraminis.s.craſſitudo.z.k
chelon replum quod eſt operimentum ſecuricule includitur.k.ſca
pos.climacidos latitudo.z.G.craſſitudo foraminum.xii.K craſſi
tudo quadrati qd eſt ad climacida foraminis.f.c. in extremis.k
rotundi aut axis diametros equaliter erit cheles.ad claniculas aut
mius pte ſextadecima.k.æteridiõ lõgitudo foraminũ eius latitudo

in imo foraminis   in summo crassitudo .v. k. basis que appel
latur schia. longitudo foraminum   ante basis foraminu. iiii
utriusق crassitudo & latitudo foraminis   cópingitur autem
dimidia altitudinis k columna .latitudo & crassitudo .i.s. altitu
do autem non habet foraminis proportioné sed erit quod opus erit
eductum brachií   longitudo foraminú. sex.vii.   crassitudo
in radice foraminis in extremis   unde balistis & catapultis symme
trias quas maxime expeditas putaui exposui.queadmodum autč
hæ contentionibus temperentur e neruo capilloق tortis rotunda
tionibuf rudétibuf ăntú cópréhédeí scriptif potuero nó ptermittá
am De balistaq Catapultaeق cótentionibus & temperamentis:
Liber bi Vnuntur tigna amplissima longitudine supra figuntur
    chelonie in quibus ícludunt sucule. p media aút spatiá
    tignoq insecant excidunt forme in quibus excisionibus
includuntur capitula catapultarum: cuneisق disinentur ne in con
tenti onibus moueátur. cûm uero modioli ærei í ea capitula inclu
duntur uí: & ín eos cuneoli ferrei quas episcidias græci uocãt. Collo
cantur deinde anse rudétum induunt per foramina capitulorum
in alteram partem parietum traiciuntur. Deinde in suculam cóii
ciuntur. Inuóluúntur uti uectibus per eas extrudentef cum mani
bus sunt tacti equale in utróq sonitus habent responsum. Tuuc
aút cuneis ad foramina concludunt: ut non possint se remittere.
ita traiecti in alteram parté eadé ratióe uectibus per suculas exten
duntur donec equaliter sonent. Ita cuneorum cóclusionibus ad so
nitum musicis auditionibus catapulta temperantur.

De oppugnatoriis & defensoriis rebus & primú de Arietis in
    uentione eiusق machina

    E his rebus quæ potui dixi. Restat mihi de oppugnato
d   riis rebus quemadmodú machinationibus & duces & ui
        ctores & & ciuitates defense esse possint. Primú ad oppug
nationes Aries sic inuentus memoratur esse. Carthaginéses ad Ga
des oppugnandas castra posuerunt. Cum auté castellú ante cepis
sent id demoliri sunt conati: posteaق non habuerunt ad demoliti

onē ferraméta sumpserūt tignū idq, manibus sustinétes capiteq, ei
us sūmū murū cōtinenter pulsantes sūmos lapidū ordines deiicie
bant & ita gradatim ex ordine totā cōmunitionē dissipauerūt. po
stea qdam faber Tyrius nomie Pephasmenos hac rōne & inuētiōe
inductus malo statuto ex eo alterū transuersuz uti trutinā suspen
dit & in reducendo & impellēdo uehemētibus plagis deiecit gadi
tanoꝶ muꝶ. Ceteꝶ aūt Calchedōius de materia primū basim sub
iectis rotis fecit. supraq, cōpegit arrectariis & iugis uaras & in his
suspēdit arietē coriisq, bubulis texit uti tutiores essent qui ī ea ma
chinatione ad pulsandū murum essent collocati. Id aūt ꝙ tardos
conatus habuerat testudinē arietariā appellare coepit. his tunc pri
mis gradibus positis ad id genus machinatiōis: Postea cum phili
ppus amynthæ filius bizantium oppugnaret Pholidos thetalos
pluribus generibus & facilioribus explicauit. a quo receperāt do
ctrinā demades & charias qui cum alexandro militauerūt. Itaq,
diades scriptis suis ostēdit se inuenisse turres ambulatorias: quas
etiam dissolutas in exercitu circūferre solebant. Preterea terebram:
& ascendētem machinam qua ad murū plano pede transitus esset.
etiā Coruum demolitorez quē nonnulli gruem appellant. Nō mi
nus utebatur arietz subrotato cuius rōnes scriptas reliquit. Turrē
autem minimā ait oportere fieri ne minus altam cubitoꝶ. ix. Lati
tudinem. xvii. Contracturam aūt summā imæ partis quintam.
Ariectaria in turris imo dodrante. alia in summo semipedalia. Fie
ri autem ait oportere eam turrē tabulaꝶ decem singulis partibus ī
ea fenestratis. Maiorem uero turrem altam cubitoꝶ. cxx. Latam cu
bitoꝶ. xx.   contracturā itē quīta parte   ꝙ ariectaria pedalia
in imo: in summo semipedalia. Hanc magnitudinē turris faciebat
tabulatoꝶ. xx. cū haberēt singula tabulata circuitionē cubitorū
centū. Tegebat aūt coriis crudis ut ab oī plaga essent tuta. Testu
dinis arietariæ comparatio eadem ratione perficiebatur. habuerat
autem interuallum cubitorum. xxx. altitudinem preter fastigiuz
xvi. fastigii autem altitudo ab strato ad summum cubita. vii. Exi
bat autem in altum & supra medium tectum fastigiū: non miuf
cubita duo & supra extollebatur turricula cubitorum. iiii. tabula

torum.in quo tabulato summo statuebant scorpiones & catapul
tæ. in inferioribus congerebatur aque magne multitudo ad extin
guendum siqua uis ignis mitteretur. Constituebatur autem in ea
arietaria machina quæ græce criodocis dicitur.in qua collocabat
tur coruus perfectus in torno;in quo insuper cõstitutus aries pru
dentium ductionibus & reductionibus efficiebat magnos operis
effectus: Tegebatur autê is coriis crudis:quêadmodum turris: de
terebra has explicuit scriptis rationes: ipsam machinam uti testu
dinem in medio habentem collocatũ in hortostatis canalê: quêad
modum in catapultis aut balistis fieri solet: Lõgitudine cubitorũ
L.altitudine cubiti in quo constituebat transuersa sucula. In capi
te autê dextra ac sinistra troclex dux per quas mouebat quod in
erat in eo canali capite ferrato tignum.Sub eo aũt in ipo canali in
clusit uti celeriores & uehemãtiores efficiebant eius motus. Supra
aũt ad tignum:quod inibi erat:arcus tegebant ad canalem crebri
ter uti sustinerent corium crudum: quo ea machina erat inuoluta
De corace nihil putauit scribeudũ cp aiaduerteret eã machiã nullã
habere uirtutem.De accessu qui epibatra græce dicitur:& de mari
nis machinatiõibus quæ per nauium aditus habere possent scrip
sit se tm pollicitum esse uehementer aduerti:neq ratiões eorũ eum
explicauisse.Quæ sunt a demade de machinis scripta quibus sint
compositiõibus exposui.Nunc quemadmodum a preceptoribus
accepi & utilia mihi uidentur exponam.

De testudine ad congestionem fossarum paranda.
    Estudo quæ ad congestionem fossax paratur:Eaq etiam
    accessus ad murum potest habere: sic erit facienda. Basis
    compingat quæ græce thera dicitur qdrata:habens quo
quouersus latera singula pedum.xxv.&transuersaria qtuor. hæc
autê contineat ab alteris duobus crassis.F.s.latis,s, Distent aute
transuersaria inter se circiter pedes..xviii.Supponãturq in singu
lis interuallis eox arbuscule quæ græce anaxopodes dicuntur:in
quibus uersantur rotarũ axes cõclusi lamnis ferreis:heq arbuscu
le ita sint têperate ut habeant cardines & foramina:quo uectes tra

iecti uerfationes eam expediāt:uti ante:& poft, & ad dextrum fiue
finiftrum latus:feu obliq; ad angulos opus fuerit ad id per aꝛbu
ftulas uerfati progredi poſſint. Collocentur autē iſuper baſim tī
gna duo in utranq; partem proiecta pedes ſenos. Quorū circa pro
iecturas figantur altera proiecta duo tigna ante frontes pedes. vii.
craſſa & lata uti in baſi ſunt ſcripta. Inſuper hanc compactionem
exigantur poſtes cōpactiles preter cardines pedum. ix. craſſitudie
quoquouerſus palmo pedales: interualla habentes inter ſe ſeſqui
pedis: ea concludantur ſuperne inter ſe cardinatis trabibus. ſupra
trabes collocentur capreoli cardinibus. alius in alium concluſi in
latitudie exercitati pedes. ix.ſupra capreolos collocetur quadragū
tigna quo capreoli coniungantur. Ipſi autē laterariis circa fixis
cōtineant tegunturq; tabulis maxie primis ſi nō: ex certa materia
quæ maxime habere poteſt uirtutē:preter pinum:aut alnū. Hæc
enim ſunt fragilia & faciliter recipiunt ignem. circū tabulata collo
centur crates ex tenuibus uirgis creberrime textis. maximeꝙ; recē
tibus percrudis coriis duplicibus conſutis ſarctis alga:aut paleis
in aceto maceratis:circa tegatur machina tota:ita ab his reiicient
plagę haliſtarum & impetus incendiorum.

De aliis teſtudinibus.

St autem & aliud genus teſtudinis quod reliqua omnia
habet quēadmodum quæ ſupra ſcripta ſunt preter capre
olos:ſed habet circa pluteum & pinnas ex tabulis & ſu
pernę ſubgrundas proclinatas ſupraꝙ; tabulis & coriis firmiter fi
xis continens:Inſuper uero argilla cū capillo ſubacta ad eam craſ
ſitudinem inducat ut ignis omnino nē poſſit ei machiue nocere.
Poſſūt autem ſi opus fuerit hæ machinæ ex octo rotis eſſe. Sed ad
loci naturam ita opus fuerit temperare.Quæ autem teſtudines ad
fodiendum cōparantur orgines græce dicuntur. Cetera omnia ha
bent uti ſupra ſcriptum eſt Frontes uero earum ſiunt quemadmo
dum anguli trigonioruꝫ:uti a muro tela cū in eas mittantur non
planis frontibus excipiant plagas:id ab lateribus labētes ſine pe
riculoꝙ; fodientes qui intus ſunt intuentur.

Non mihi uidet esse alienum de testudine quam Hector bizanti
us fecit quibus rationibus sit facta exponer. Fuerat.n. eius baseos
longitudo pedu.lx.latitudo.xiii.ariectaria que supra compactio
ne erant.iiii.collocata ex binis tignis fuerant copacta i altitudini
bus singuloru pedu.xxxvi.crassitudine palmo pedali latitudine
sesqpedali.basis eius habuerat octo rotas quibus agebat. fuerat
aut eaq altitudo pedum sex crassitudo pedum trium ita fabri
cata triplici materia alternis contra succidibus inter se coagmenta
laminisq ferreis & frigido ductis alligate:hæ in arbusculis siue a
fraxopodes dicuntur habuerant uersatione.ita supra trastrorium
planitiemq supra basim fuerant:postes erant erecti pedes.xxviii.
latitudinis crassitudinis.s.l.distantes inter se.is. supra eos trabes
circumclusæ continebant totam compactione late pede crasse
supra eam capreoli extollebant altitudie pedu.xii.supra capo
los tignu collocatum coiungebat capreolog compactiones.itez si
xa habuerant lateraria in transuerso quibus insuper cotabulatio
circudata contegebat inferiora:habuerat autem mediam contabu
latione supra trabiculas ubi scorpiones & catapulte collocabant
& erigebantur & ariectaria duo compacta pedu.xxxv. crassitu
dine sequipedali latitudine.p.ii.coniuncta capitibus trasuersa
rio cardinato tigno & altero mediano inter duos scapos cardinato
& laminis ferreis religato quo insuper collocata erat alterius mate
ries inter scapos & transuersarium traiecti chelonis & angonibus
firmiter inclusa in ea materia fuerunt ex torno facti aviculi duo
e quibus funes alligati retinebant arietem supra caput eorum qui
continebant arietem collocatum erat pluteum, turricule similitudi
ne ornatum uti sine periculo duo milites tuto stantes prospicere
possent & renuntiare quas res aduersarii cohærentur.aries autem e
ius habuerat longitudinez pedum.c.vi. latitudine in imo pal
mo pedali crassitudine pedali contractura a capite in alitu
dine pes crassitudine is autem aries habuerat de ferro duro
rostrum uti haues longe solent habere & in ipso rostro lamine fer
reæ quatuor circiter pedum.xv.fixe fuerut in materia.a capite aut
ad imam calcem tigni contenti fuerunt funes quatuor crassitudine

digitoruʒ octo ita religati quemadmodū nauis a puppi ad prorā
continenter:eiuſʠ præcincturæ funes tranuerſis erant religati:ha
bētes inter ſe palmipedalia ſpatia. Inſuper coriis crudis totus arieſ
erat indutus. Ex quibus autem funibus pendebant eorum capita
fuerant ex ferro facte q̄druplices cathenæ:& ipſe coriis crudis erāt
i uuolute. Item habuerat proiectura eius ex tabulis arcam compa
ctam & confixam:in qua rudentibus maioribus extentis per qua
rum aſperitates non habentibus pedibus faciliter ad murum per
ueniebatur. atʠ ea machina ex nobis mouebaʒ progreſſu. Item ſ̄
tere dextra ac ſiniſtra porrectióes nóminuſin altitudinē extollebā
tur & in imū inclinatione dimittebanť. Erigebať autem machinā
in altitudinē ad diſiiciendū muræ circiter pedes. c. Itē altera dextra
ac ſiniſtra procurrendo pæſtringebat nóminns pedes. c. Guber
nabant eam hoies. c. habentes pondus talentū q̄tuor miliū. quod
ſit. cccc:lxxx. pondo.   Totius operis peroratio.

E ſcorpionibus catapultis & baliſtis etiāʠ teſtudinibus
d   & turribus que maxime mihi uidebanť idoneæ:& a qui
               bus eſſent inuenta:& quēadmodū fieri debent explicui.
Scalaræ aūt & carcheſioræ:& eorū quorū rónes ſūt imbecilliores nō
neceſſe habui ſcribere. hec etiā milites per ſe ſolēt facere. neʠ ea ipſa
oibus locis nec eiſdē rónibus pñt utilia eſſe:cp differētes ſūt muni
tióes munitióibus nationūʠ fortitudines. Nanʠ alia róne ad au
dacer & temerarios:alia ad diligētes:aliter ad timidos debēt cópa
rari machinatióes:itaʠ his pſcriptionibus ſiquis attendere uolue
rit ex uarietate eoræ eligendo in unā cóparatione cóſerre nó indige
bit auxiliis:ſed quaſcūʠ res & rónibus aut locis opus fuerit ſine
dubitatione poterit explicare. De repugnatoriiſ uero non eſt ſcrip
ptis explicandū. Non enim ad nr̄a ſcripta hoſtes cóparant res op
pugnatorias. ſed machinatióes earū ex tempore ſolerti cóſiliorū ce
leritate ſine machinis ſæpius euertunť:quod etiam Rhodiēſibus
memorať uſu ueniſſe. Diogenes eni fuerat Rhodius architectus
& ei de publico quotannis certa merces pro arte tribuebať ad ho
honorem. Eo tempore quidam architectus ab arado nomine Gal
lias Rhodum cum ueniſſet:acroaſin fecit:exemplaquæ protulit

murū & ſupra id machinā in carcheſio uerſatili cōſtituit: quem le
pidolūs ad mœnia accedēntē corripuit: & trāſtulit intra murum.
hoc exemplar Rhodii cum uidiſſent admirati ademerunt diogeni
quod fuerat quot annis cōſtitutum: & eum honorem ad galliam
trāſtulerunt. Interea rex demetrius qui propter animi pertinatiā
Polycrites eſt appellatus contra rhodū & bellum comparādo Epi
machum Athenienſem nobilem architectū ſecum adduxit. is aūt
cōparauit heliopolim ſumptibus imanibus induſtria laboreꝗ
ſummo. cuius altiēudo fuerat. p. c. xxv. latitudo pedum. lx. ita eā
tiliciis & coriis crudis confirmauit ut poſſet pati plagam lapidis
baliſta immiſſi. p. ccc. lx. ipſa aūt machina milia. p. ccc. lx. fuerat.
Cū aūt Gallias rogaret a rhodiis cōtra eā heliopoliā machiam pa
raret & ut illā uti pollicitus erat transferret intra murum negauit
poſſe. dōn. n. omnia eiſdē rationibus agi poſſunt. ſed ſunt aliqua
que exēplaribus nō magnis ſimiliter magnificata habent effectus
Alia aūt euemplaria nō poſſunt habere ſed per ſe conſtituunt. nō
nulla uero ſunt que in exemplaribus uident ueriſimilia. cū aute
creſcere ceperunt dilabuntur ut etiā hic poſſumus animaduertere.
terebratur terebra foramen ſemidigitale. digitale ſeſquidigitale ſi e
adem ratione uoluerimus palmare facere non habet explicatione3
ſemipedale aūt maius ne cogitandū quidē uidet omnino. ſit item
in nōnuillis exēplaribus uidet queadmodū i minimis fieri uidet
atꝗ eodem modo i maioribus id eodē modo rhodii eadē rōne de
cepti iniuriā cū cōtumelia Diogeni ſecerūt. itaꝗ poſteaꝗ uiderunt
hoſtē ptinaciter infeſtū piculū ſeruitutis machinatione ad capien
dā urbē cōparatā uaſtitate ciuitatis expectandā pcubuerunt Dio
gene rogātes ut auxiliaret priæ eius: primo negauit ſe facturꝝ. po
ſteaꝗ igēue uirgines & ephebi cū ſacerdotibus uenerūt ad deprecā
dum tūcēſt pollicitus his legibus uti ſi eam machinam cepiſſet
ſua eſſet. his ita conſtitutis qua machina acceſſura erat ea e regióe
murū pertudit & iuſſit omnes publice & priuatim ꝗ quiſꝗ habu
iſſetaꝗue ſtercoris luti per eam feneſtram per canales progrediētes
effundere ante murum. cum ibi magna uis aque luti ſtercoris noc
te profuſa fuiſſet poſtero die helipolis accedens antequam appro

pinquaret ad muru:in humido uoragine facta confedit: nec ꝓgre
di nec egredi poftea potuit. Itaꝗ Demetrius cū uidiffet fapiētia di
ogneci fe deceptum effe cū claffe fua difceffit. Tunc rhodii diogne
ti folertia liberati bello publice gratias egerūt: honoribufꝗ omni
bus eum & ornamētis exornauere. Diognetus aūt eam helipolim
reduxit in urbem & in publico collocauit & infcripfit Diognetuf
e manubiis id populo dedit munus:ita r̄repugnatoriis rebus nō
tantum machinæ fed etiam maximę confilia funt comparanda.
Non minus Chio cum fupra naues fambucarum machinas ho/
ftes comparauiffent: noctu Chii terram:harenam:lapides congef
ferūt in mare ante murum. ita illi poftero die cum accedere uoluif
fent naues fupra aggerationem que fuerat fub aqua federunt nec
ad murum accedere:nec retrorfus fe recipere potuerūt: fed ibi mal
leolis confixæ incendio funt conflagrate Appollonia quoꝗ cum
circumfederentur: & fpecus hoftes fodiendo cogitarent fine fufpitio
ne intra moenia penetrare:id aūt a fpeculatoribuf effet apolloniati
bus renuntiatum. Perturbatiī nuntii propter timorē confiliis indi
gentes animis deficiebat: ꝗ neꝗ tempus neꝗ certum locum fcire
poterant: quo emerfu facturi fuiffent hoftes. Tum uero Tripho
alexandrinus ibi fuerat architectus intra murum plures fpecus de
fignauit & fodiendo terram progrediebātur extra murum dumta
xat extra fagittæ emiffionem :& in omnibus uafa ænea fufpendit.
Ex his in una foffura quæ contra hoftium fpecus fuerat uafa pen
dentia ad plagas ferramentoꝝ fonāre cœperunt:ita ex eo intellectū
eft ꝗ regione aduerfarii fpecus agentes intra penetrare cogitabant.
fic limatiōꝗ cognita tēperauit ænea aque feruentis & picis defuper
contra capita hoftium & ftercoris humani & harenæ coctæ candē
tis :.dein noctu pertudit crebra. foramina & per ea repentē perfu
dendo qui in eo opere fuerunt hoftes oēs necauit. Item maffilia cū
oppugnaretur & numero fupra. xxx. fpeculatum agerent. Maffili
eani fufpicati totam quæ fuerat ante muru foffam altiof foffura de
prefferunt. ita fpecus oēs exitus in foffam hūerunt. Quibus autē
locis foffa non potuerat fieri intra murū baratꝝ ampliffima longi
tudine & amplitudine uti pifcinam fecerunt contra eum locū qua

specus agebantur. Eamꝗ ex puteis & ex portu impleuerunt. Itaꝗ
cū specus esset repente naribus apertis uehemēs aquæ uis immissa
supplantauit fulcturas:quique intra fuerunt & ab aquæ multitu
dine & ab ruina specus omnes sunt oppressi. etiam cum agger ad
murum cōtra eos compararetur:& arboribus excisis eoꝗ collocat
tis locus operibus exaggeraret baliftis uectes ferreos candentes in
id mittendo totam munitionem coegerunt conflagrare . Testudo
autem arietaria cum ad muꝝ pulsandum accessisset permiserunt la
queum:& eo ariete constricto per timpani ergata circumagētes su
spenso capite eius non sunt passi tangi murum:Deniꝗ totam ma
chinam malleolis candētibus & baliftaꝝ plagis dissipauerunt.ita
hæ uictoria ciuitates non machinis:sed contra machinaꝝ rationē
architectoꝝ solertia sūt liberate:Quas potui de machinis expedir
rationes pacis belliꝗ temporibus:& utilissimas putaui in hoc uo
lumine perfeci. In prioribus uero nouem de singulis generibus &
partibus cōparaui uti totum corpus omnia architecture membra
in decem uoluminibus haberet explicata.

.L. VICTRVVII POLLIONIS DE
ARCHITECTVRA FINIS.

Io. Sulpitius lectori salutem.

Lector habes tandem ueneranda uolumina docti
   Victruuii:quorum copia rara fuit.
Hæc lege:nam disces:noua:magna:recondita:pulchra:
   Et quæ sint in re sæpe futura tuo.
Emendata uides:sed peccat littera siqua
   Corrige:nemo satis lynceus esse potest.

PRAETERMISSIS paucis in quibus aut deeſt aliqñ aſpiratio
uel.y.uel diphtóguſ:ut in methodo.phyſiologia:hydraulice. tri
glypho:Aut ſupat ut in epitonia & edere.Reliqua ſic emendent
In pria carta per optice due partes ſint. In.ii.uaſa echea ſed quidā
doctiſſimus cenſet ichitica.In.iii.Simphatia. Eurythmia. In.iiii.
Sceographia.Embater.Peritetos.Inter ſcalmio Hypetra.fontinym
phis.ornata. In.v.meridie.ſtoechia.In.vii.Scea.In.viii. amuſſiu
in.xi.Scediiſ.grumi.In.xv.reticulatu.hiſogoniu.pſeohiſogoniu
choriiſ.In xviii.arrectariox.hñs.In.xx.poſt interueniox deeſt ra
ritates.In.xxi.debent hre.In.xxii.epidimeren.epipemptos.ſeſqui
altex.utroſq.In xxiii.picnoſtilos,& pignaſtilos ſpatiis:emender
euſtilos ſpatiis.In.xxiiii.epitrachelia.areobates.Liſis.In xxv.cace
ti.In.xxvi.metatome.elphor uel eoſphorae.epithetos.xxix pythi
us nó.xxx.collocatióez.xxxii.imi.xxxvii.deleat & añ diſdiapete
diagrāma.xxxviii.orcheſtre.xxxix arboribus.topiceli:logió.ho
melici.xliiii.ita quod ultro natura dedit.xlviii.culinā.xlix.Cizi
cena.lii.monopteros.liii.ictionos aſſeres eſculini.lviii. arſenicon
In.lx.maxima.In.lxv.guſtātes.In.lxviii.acuminibus in.lxx.Eu
ron eurima.In.lxxi.Analēmatox forme. in.lxxii.redundantibus
lxxv.deleat eſſe dicit.lxxvii. nihil deeſt in marginibus uacuis.
hiſtorumena:a ſibula deleat a.in.lxxxi. Celonia celoniis. in.lxx
xix.climaciclos diſtineantur.In ſpatiis illis breuibus que ſunt in
ultimis cartis deſunt aliqui numeri & quidā ordies & circuli pun
ctorum quae relinquunt ſtudioſis:ſuntq fere his figuris: ⦂⦂ ❂

Regiſtrum foliorum.

L. Victruuii	eſt in oibus	ideſt mar.	uaturam	Dicunt
de quibus	materiam	Erit uti	currere	tur ad
repente	In peripte.	a genere	Cótinere	quot mé
economia	baltheoru	tremos	fontes	Extra
Septemmilia	pit e tegulis	dentur &	natum	latitudo
de ſitu	Tudine	Ficenter	hereat	te & cuz
aedibus	eius erit	lus qui	Piora	oñe ſer.
areopagi	cóſtituant	ſunt aediu	tem ideoq	
Ad explicati	Peripate	Titionem	medium	Finis.
in periculo	rit ad natu	tute colo	docui